LITTLE CAPITAL STARTUP MANAGEMENT

소자본 창업경영론

정덕화 지음

현우사

머리말

이 세상에서 변하지 않는 진리는 '변하지 않는 것은 없다'는 것뿐이다. 과거에도 여러 환경이 지속적으로 변하고 있었지만, 최근 경제 및 사회를 포함한 모든 분야가 급속도로 변하고 있는데, 특히 창업과 관련된 경제환경 변화는 가속도가 붙어 더욱 빠르게 변하고 있다. 이러한 변화 속에서도 투자자든 창업자든 누구나 성공하고 싶어 하지만, 자신의 역량과 창업환경을 정확히 분석하지 않고 뛰어들어 어려움을 자초하는 경우가 많이 발생하고 있다. 창업은 새로운 기회를 제공해 주기 때문에 삶과 일에 대한 새로운 도전이라 할 수 있다. 따라서 창업은 많은 땀과 노력으로 이루어지며, 기교나 수완보다는 철저한 사전 준비가 더 중요하다는 것을 알 수 있다.

창업은 남의 돈으로 하는 것이 아니라 소중한 나의 재산으로 하는 것이다. 하지만 우리의 창업 현실은 어떤가? 전문가의 몇 마디를 듣고 따라하거나, 대박이라는 소문을 듣고 묻지도 따지지도 않고 창업전선에 뛰어들고 있다. 창업을 시도한 사람들은 누구나 100%의 성공률을 꿈꾸며 창업에 도전하지만 실제 창업성공률은 20~25% 정도에 불과하다는 통계가 있다. 이는 많은 사람들이 창업을 너무 쉽게 생각하고, 이에 대한 철저한 계획과 준비 없이 창업을 시도했다가 실패한 때문이다. 이처럼 누구든지 쉽게 창업을 시도할 수 있지만 누구든지 쉽게 성공하는 것은 결코 아니다.

창업은 새로운 세계를 향해 꿈을 펼치는 도전이다. 즉 창업은 남의 인생을 사는 것이 아닌 나의 인생을 사는 것이다. 나의 재산을 남에게 맡기지 말고 명확한 사업목적과 경영마인드로 어떤 업종과 아이템에 투자해야 실패하지 않는지를 알고 시작해야 한다. 또한 앞으로 창업의 형태도 훨씬 다양화될 수밖에 없는 국면이 펼쳐질 것이다. 지금은 그 과도기에 있는 것으로 보인다. 예전에는 창업에 대한 기본적인 정보나 경험 정도만 있어도 되었지만, 이제는 다양한 경제환경 변화에 대응하기 위해서, 적어도 내가 피땀 흘려 번 돈을 날리지 않고 가족과의 삶을 지키기 위해서라도 창업과 관련된 기초적인 경제와 경영이론을 공부할 수밖에 없는 시대이다. 경제환경이란 창업이나 경영활동에 영향을 미치거나 영향을 받는 경제의 전반적인 요인과 방향을 말한다. 경제적 환경 변화는 다른 환경에 비해 거시적인 환경 요인이다. 이러한 경제적 환경은 기업이 활동하는 경영의 본질과 방향을 결정한다.

우리 주변에는 수많은 창업서적들이 있지만, 국민경제를 기반으로 소자본창업 전반에 걸쳐 체계적으로 폭넓은 이해를 쉽게 전달하는 책은 미흡한 실정이다. 이 책의 출간 목적은 예비창업자들로 하여금 혼돈의 시기에 실패하지 않고 살아남을 수 있는 기본적인 창업지식을 습득하도록 기여하는데 있다. 특히 창업과목을 처음 접하는 대학생과 예비창업자들이 소자본창업에 관해 단계적으로 배울 수 있도록 노력하였다. 그리고 각 장마다 배운 것을 학습하고 정리할 수 있도록 다양한 연습문제를 출제하여 이해를 돕고자 하였다. 창업을 희망하는 예비창업자는 이 책의 내용을 통하여 위기에 흔들리지 않고 안정적으로 소자본창업에 성공할 수 있는 기초 학습에 도움이 될 수 있기를 바라는 마음이다. 또한 이미 창업에 몸 담고 계신 분들은 자신의 창업상황을 돌아보고 재점검하는 계기가 될 수 있다. 창업의 성패가 미래의 부를 좌우하고, 남의 인생이 아닌 자신의 인생이 걸린 문제인 만큼 창업의 기본기를 확실하게 구축하기를 바라는 창업지침서 역할을 제공하리라 생각한다.

본 교재는 특별히 새로운 이론이나 모형을 만들어 낸 것은 아니며, 수많은 국내 창업관련 서적과 연구보고서, 그리고 인터넷 자료 등 선행연구와 실무지침서를 참고로 작성하였다. 교재의 성격상, 일일이 인용처를 밝히지 못하고 참고문헌으로 처리하게 된 점을 넓은 아량으로 양해해 주시기 바란다. 한권의 책에 창업과 관련된 모든 범위와 세부적인 내용까지 모두 담을 수 없기 때문에 저자가 중요하다고 생각하는 부분을 주로 서술하였으므로, 앞으로 보다 나은 책이 되도록 계속 보완 및 수정할 것을 약속드린다.

끝으로 그 어느 때보다도 어려운 여건임에도 불구하고 출간하기 위해 힘써 주신 현우사 배영환 사장님과 직원들에게 진심으로 감사의 말씀을 드린다. 그리고 주변에서 격려와 도움을 아끼지 않으신 모든 지인들에게 이 자리를 빌려 고마움을 표시하고자 한다.

2019년 8월

정덕화

목차

Part 2 창업과 경영관리

PART 1

창업경제와 시장

CHAPTER

01 경제활동과 시장

창업은 처음으로 기업을 세워서 사업 따위를 시작함을 말한다. 서론에 해당하는 1장에서는 창업자가 알아야 할 경제활동의 주체자로서 기업, 가계, 정부의 역할을 살펴보았으며, 시장경제를 움직이는 수요와 공급, 가격에 대한 기본적 작동원리와 개념을 설명하였다. 또한 창업경제 이론의 바탕이 될 수 있는 시장의 경쟁구조와 특징을 부가 설명하였다.

1. 경제활동의 주체

우리의 일상적인 삶은 그 자체가 곧 경제활동의 연속이라 할 수 있다. 우리들은 누구나 아침에 눈을 떠서 잠자리에 들 때가지 수많은 활동을 한다. 그리고 우리는 일생을 살아가면서 단 한순간도 경제생활에서 벗어날 수 없다. 왜냐하면 우리들이 일상적으로 하고 있는 거의 모든 활동이 경제활동이라 볼 수 있기 때문이다.

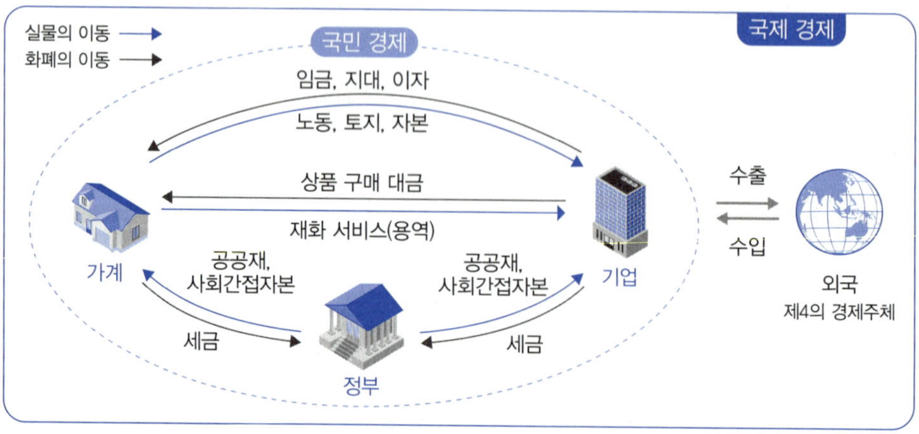

그림 1-1 경제주체 간의 상호작용

그럼 경제활동이란 무엇일까? 우리는 일상생활에서 기본적으로 생존하기 위해서 뿐만 아니라 자신의 다양한 욕망을 충족시키기 위하여 많은 것을 필요로 한다. 우리가 살아가면서 필요로 하는 것은 여러 가지 물질, 비물질적인 것은 다른 사람의 도움을 필요로 한다. 따라서 우리가 일상적으로 살아가는데 필요한 모든 것을 생산(production)하고 분배(distribution)하여 소비(consumption)하는 것과 관련된 모든 활동을 경제활동이라고 한다. 예컨대 의복이나 음식물, 주택 등과 같은 물질적인 것을 생산, 분배, 소비(일명 삼면등가원칙)하는 행위는 물론이고, 영화를 보거나 강의를 듣거나 치료를 받는 것과 같이 비물질적인 것을 생산, 분배, 소비하는 것도 경제활동이다. 심지어 잠자는 것도 시간과 자원을 소비하는 행위이기 때문에 경제활동이라 할 수 있다.

복잡다단해 보이는 경제활동도 가만히 들여다보면, 그 활동을 끌고 가는 주된 개인이나 집단이 있다. 그림에서는 경제활동이라는 사건의 주체가 되는 개인과 집단이 누구인지, 각각의 특징이 무엇인지, 서로 어떤 거래를 주고받는지를 살펴보면 경제활동을 명확하게 이해할 수 있다.

1.1 가계와 기업의 경제활동

경제 주체는 경제활동을 하는 개인 혹은 집단을 말한다. 화폐가 생기기 이전에는 물물교환에 참여한 사람들 각각이 바로 경제 주체였다. 그러나 화폐가 사용되면서 오늘날 경제 주체는 가계와 기업이다.

가계(household)는 일반 가정으로, 생산활동에 참여한 대가로 얻은 소득으로 소비활동을 한다. 그리고 기업(company)은 제품과 서비스를 만들어 내는 생산활동(생산의 3요소: 자연, 노동, 자본)의 주체이며, 가계 구성원을 고용한다. 가계와 기업의 경제활동을 생산, 분배, 소비 그리고 생산요소의 공급을 다음과 같이 정리하였다.

1) 가계는 기업에 노동력과 자본, 토지(자연) 등의 생산요소를 공급한다.
2) 기업은 가계가 제공한 노동력, 자본, 토지로 물건이나 서비스를 생산한다.
3) 가계는 재화(goods)와 서비스(service)를 화폐를 주고 소비한다.
4) 기업은 가계가 소비한 돈을 벌어들인 후 임금의 형태로 이윤을 분배한다.

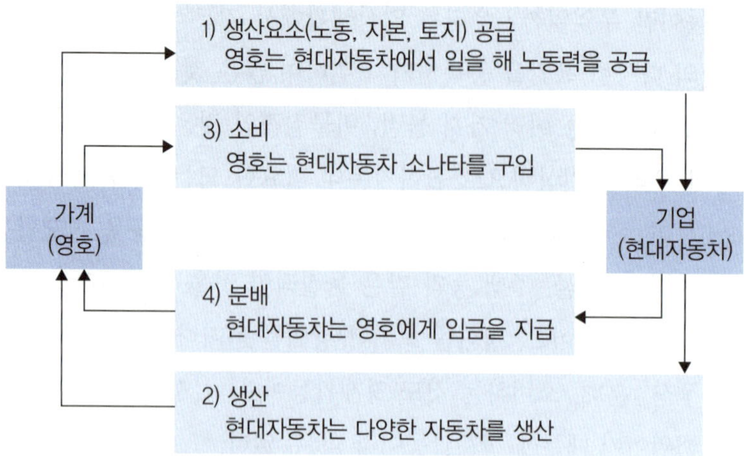

그림 1-2 가계와 기업 간의 경제활동 흐름

소비생활의 유형

- **합리적 소비(rational consumption)**: '최소의 비용으로 최대의 효과', 즉 효용(만족이나 편익)을 극대화하고 기회비용을 최소화하되 계획적인 소비를 하는 것이다. 예를 들어 찐빵, 라면, 과자 중 찐빵을 먹는 것이 가장 기회비용이 작고(기회비용 최소화), 500원짜리 찐빵을 4개가 아니라 3개 먹는 것이 만족감이 크면(효용극대화), 1,500원으로 찐빵을 사 먹는 것은 합리적인 소비이다.
- **비합리적 소비(irrational consumption)**: 과소비, 모방소비, 충동소비를 의미하며, 비합리적인 소비 이유는 편승효과(밴드왜건효과), 과시 · 허영효과(베블렌효과), 의존효과, 투기효과 등이 원인이라 할 수 있다.
- **착한 소비(good buy)**: 윤리적 소비라고도 하며 소비자가 윤리적이라고 판단한 제품과 서비스를 구매하고 사용하는 것을 말하며, 제품과 서비스가 착하다고 판단을 내릴 때는 다양한 기준이 적용되지만 기본적으로 환경과 사람, 그리고 동물에게 주는 해로움을 최소화한 제품과 서비스를 말한다.
- **현명한 소비(smart consumption)**: 돈의 씀씀이에 대한 계획을 미리 세워 돈을 낭비하기 않고 꼭 쓸 곳에만 쓰는 것을 말한다. 즉 아껴야 할 곳에는 아끼고 꼭 써야 할 곳에는 돈을 쓰는 생활을 의미하며, 일반적으로 아껴쓰고, 나눠쓰고, 바꿔쓰고, 다시 쓰자는 '아나바다 운동'이 해당 된다고 할 수 있다.

1.2 정부의 경제활동

가계와 기업뿐만 아니라 정부도 재화와 서비스, 생산요소의 거래에 참여하는 주요 경제 주체이다. 경제 주체로서 정부의 가장 큰 역할은 가계와 기업으로부터 세금을 거두어 공공재를 생산하여 경제 주체 모두에게 공급하는 일이다.

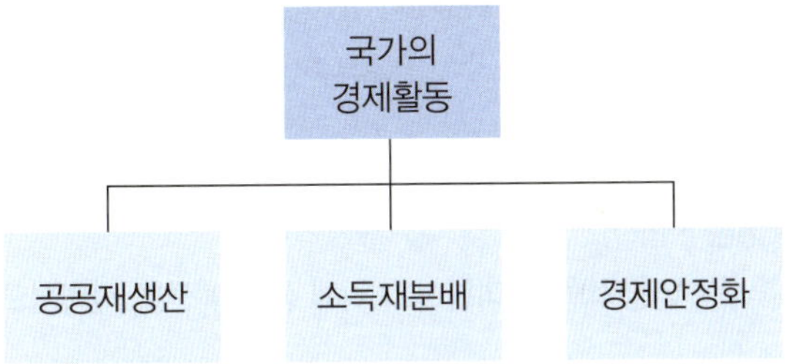

그림 1-3 국가의 주요경제활동

1) 공공재 생산: 자원배분 기능

(1) **공공재 1**

산업혁명 때 영국은 이른바 야경국가로 공장이 마구 들어섰지만, 폐수를 처리할 하수도 시설은 이익이 남지 않기에 아무도 건설하려 들지 않았다. 악취와 질병 때문에 결국 정부가 나서서 하수도 시설을 건설했고, 템스 강은 다시 깨끗한 환경을 찾았다. 이처럼 일상생활에서 꼭 필요한 상 · 하수도, 전기, 도로, 철도, 항만 등의 공공재를 사회간접자본(SOC: social overhead capital)이라고 한다.

사회간접자본 사업은 규모가 매우 크고, 이익 회수기간이 길어 일반 기업들이 대체로 하려 들지 않는다. 또한 민영화되면 가격이 너무 비싸져 서민들에게 부담이 되므로 국가에서 직접 관리하고 있다. 근래에는 사회간접자본도 민영화되고 있는 추세인데, 영종대교, 서울 외곽순환도로의 일부 구간, 신촌기차역 등이 그 예이다. 하지만 사회간접자본의 민영화는 민자사업들의 적자를 세금으로 보전해 주는 점, 외국계 자본의 인수설이 돌았던 인천공항 등으로 많은 논란을 안고 있다.

(2) 공공재 2

치안, 소방, 국방, 교육, 의료 등의 공공재는 사회 질서유지를 위한 것으로 비록 많은 비용이 들어도 사회간접자본과 달리 민영화할 수 없는 공공재이다. 그리고 국가가 선진국이 될수록 수요가 늘어나는 공공재이다. 작은 정부를 표방하며 행정 공무원 감축을 추진했던 이명박 정부도 경찰과 소방 공무원은 오히려 증원했다는 점에서 이러한 특징을 잘 볼 수 있다. 그러나 산업경제가 발전함에 따라 관료사회는 국가 전체보다 오히려 자기 부서의 이익과 출세를 위해 움직일 수 있다는 것이 많은 경제학자들의 지적이다.

> ■ **바그너의 법칙(Wagner's law)**
> 관료사회가 자신들의 이익(힘, 영향력)을 극대화하기 위해 정부 예산을 지속적으로 늘려 가는 현상
>
> ■ **파킨슨의 법칙(Parkinson's law)**
> 관료사회가 자신들이 상급공무원으로 출세하기 위해 공무원 수를 지속적으로 늘려가는 현상

2) 소득재분배 기능

정부의 또 다른 기능 중 하나는 소득의 재분배이다. 경쟁 중심의 자본주의 경제체제에서 어느 정도 빈부의 차는 인정할 수밖에 없다. 하지만 빈곤층이 중산층으로 회복될 가능성이 전혀 없는 사회구조에서는 개인의 생산성이 떨어질 수밖에 없고, 범죄나 폭동 등의 문제가 일어날 수 있다. 그래서 국가는 세금뿐만 아니라 누진세(소득금액이 커질수록 높은 세율을 적용하도록 정한 세금) 등 다양한 조세정책 활용으로 사회적 약자에게 최저생계비 지급, 임대주택 사업, 생활보호대상자 지원, 기초노령연금 등 사회복지정책을 수행한다.

3) 경제안정화 정책

시장경제체제라 할지라도 정부가 전혀 개입하지 않는 것은 아니다. 오히려 정상적인 경기순환(변동)의 곡선에서 지나치게 경기가 좋거나, 지나치게 경기가 나쁠 때에는 정부가 적절하게 개입하여 안정화를 유도해야 한다. 그것이 정부의 역할이며, 정부의 경제정

책이 필요한 이유이다.

정부는 경기가 너무 좋아지거나(호황기), 너무 나빠지기(불황기) 전에 선제적으로 개입해야 한다. 즉 경기가 너무 과열되지 않게, 경기가 너무 침체되지 않게 해야 한다. 경기가 과열되었다는 말은 시중에 돈이 너무 많이 풀려 있다는 의미이므로 정부는 돈을 흡수해야 하고, 반면에 너무 경기가 침체되어 있다면 돈을 풀어야 한다. 이것이 정부가 시장에 개입하여 펼쳐야 할 가장 기본적인 경제안정화 정책의 핵심이다.

- **재정정책**

정부(기획재정부)가 경기안정 또는 부양을 위해 세입과 세출의 크기를 조절하는 정책

- **통화정책**

중앙은행(한국은행)이 물가안정과 경기조절을 위해 시중의 통화량을 조절하는 정책

(1) 재정정책

경기가 좋지 않을 때 정부는 돈을 풀어서 침체된 경기를 살려야 한다. 정부에서 돈을 풀어주는 주체는 두 곳이다. 우리나라는 기획재정부와 한국은행이 되겠고, 미국으로 치면 재무부와 FRB(연방준비제도이사회)가 되겠다.

기획재정부는 재정정책을 통해 시중에 돈을 풀기 위해서 우선 세율부터 낮춘다. 그 이유는 기본적으로 가처분소득(disposable income)을 늘려주기 위해서다. 가처분소득이란 개인이 임의대로 처분이 가능한 소득, 즉 개인 총소득 중 소비와 저축을 자유롭게 할 수

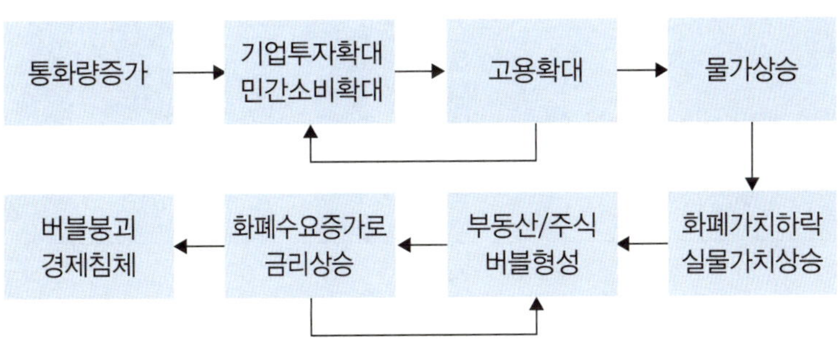

그림 1-4 시중 통화량 증가의 영향

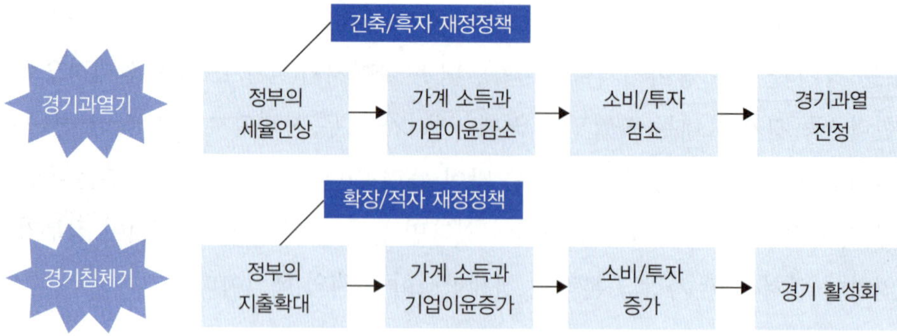

그림 1-5 재정정책의 영향 과정

있는 소득을 말한다. 예를 들면 100만원을 벌어서 50%를 세금과 이자로 나가면 쓸 수 있는 돈은 50만원밖에 안 남기 때문에 제대로 소비를 할 수 없다. 그런데 세율과 이자율이 20%로 줄어들면 마음대로 쓸 수 있는 돈이 80만원으로 늘어난다. 즉 가처분소득이 증가하니까 자연스럽게 소비도 증가하게 된다.

또한 적자재정과 확장재정 정책을 펼치면 시중에 돈이 확 풀리게 된다. 적자재정이란 정부가 세금으로 거둬들이는 돈보다 많은 돈을 지출하는 것인데, 반대는 흑자재정이 된다. 확장재정은 정부가 재정을 확대하여 편성하는 것으로 긴축재정의 반대이다. 즉 세율을 낮추고 적자재정과 확장재정 정책을 펼치는 것이 경기가 나쁠 때 정부에서 쓰는 재정

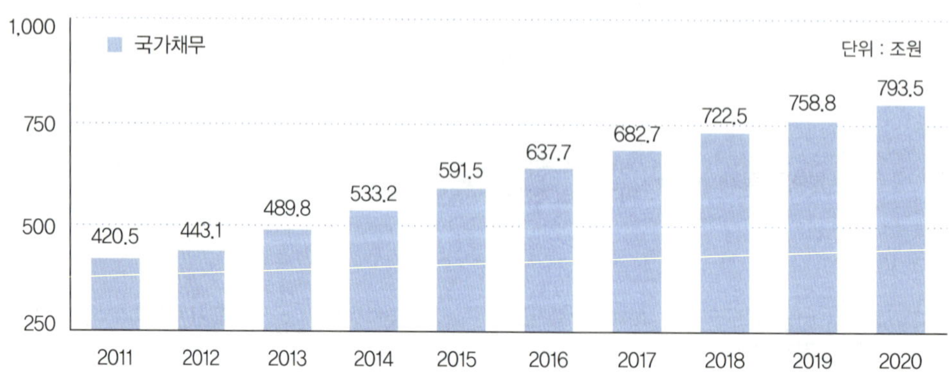

그림 1-6 대한민국 국가채무 추이

출처: 기획재정부

정책의 기본방향이다. 하지만 무리한 국가 재정정책은 채무가 확대되어 남유럽국가들처럼 재정건전성 악화로 인해 국가부도로 이어질 수 있다.

한국, 위기극복 위해 가장 공격적인 재정 · 감세정책 펼쳐

우리나라가 글로벌 금융위기 극복을 위해 전 세계에서 가장 공격적인 확장 재정정책을 펼친 것으로 나타났다. 지난 2년간 GDP(국내총생산)대비 정부의 재정지출과 감세규모가 OECD(경제협력개발기구) 국가 가운데 가장 높았다. 정부가 가장 공세적으로 시중에 돈을 풀고 세금을 깎아줬다는 얘기다. 이런 영향으로 글로벌 금융위기를 가장 일찍 극복하는 성과를 거뒀으나 재정건전성 악화로 향후 정책운용의 제약이 불피할 것이란 지적이다. 추가세수 확보나 세금인상 등이 불가피하다는 얘기다.

국회예산정책처가 25일 발표한 '경제위기와 각국의 조세정책 동향 및 시사점'보고서에 따르면 금융위기 전후 실시된 정부의 재정확대정책으로 2008~2010년 3년간의 감세규모는 GDP 대비 2.8%로 전체 OECD국가 가운데 3위를 기록한 것으로 조사됐다. GDP 대비 4.1%의 감세를 시행한 뉴질랜드가 1위, 3.2%의 미국이 2위를 기록했다. 정부의 재정확대 규모에서도 한국은 이 기간 동안 3.2%로 4.2%의 일본, 호주(4.1%)의 뒤를 이어 3위에 올랐다. 지출확대와 감세를 합친 총 확대재정규모는 GDP 대비 6.1%로 OECD 국가 중 가장 높았다. 금융위기의 진앙인 미국(5.8%)보다 훨씬 공격적인 감세 재정정책을 펼친 것으로 조사됐다. 대부분 국가에서는 확대재정정책을 펼칠 경우 감세규모를 줄이거나 감세규모가 크면 재정지출을 줄인데 반해 우리나라는 두 부문에서 모두 공격적인 정책을 펼쳤다는 분석이다. 신영임 연구원은 "한국이 상대적으로 큰 규모의 재정확대정책을 시행한 것은 비교적으로 낮은 수준의 국가채무로 재정여력이 충분했기 때문이었다"고 말했다.

재정건전성 악화 우려로 정부가 2009년 12월 증세 및 감세유보정책으로 선회하면서 2008~2010년 GDP 대비 0.8%의 재정수지가 증가할 것으로 기대돼 이 기간 동안 우리나라의 재정수지 최종 감소규모는 GDP 대비 5.3%로 다소 낮아질 것으로 전망됐다. 다만 G20 국가 가운데 가장 큰 규모의 재정정책으로 인한 세입기반 악화와 고령화 성정잠재력 저하 등의 조세환경 변화를 감안할 때 재정건전성 훼손가능성 우려가 여전히 높다는 지적이다. 신 연구원은 "'OECD 국가 가운데 가장 공격적인 확대재정정책으로 향후 정부의 정책운영에 제약이 따를 것"이라며 넓은 세원, 낮은 세율을 위해 새로운 세목 신설과 함께 세율인상이 불가피한 측면이 있는 만큼 매년 일몰조항이 도입하는 각종 비과세 감면조항 축소와 세제개편의 간소화를 통한 세수확대 노력이 필요하다"고 말했다.

출처: 한경경제신문(2013. 5. 25)

(2) 금융정책

중앙은행(한국은행)에서 펼치는 금융정책에서 가장 대표적인 것은 금리 조정이다. 경기가 어려울 때에는 당연히 금리를 낮추어 시중에 통화량을 확대해야 한다. 그러면 사람들은 점점 저축을 하지 않게 되고 소비는 그만큼 증가하니까 경기가 회복된다. 기준금리(base rate)라는 것은 한국은행이 시중은행들과 채권 등의 거래를 할 때 기준으로 삼는 금리를 말한다. 다시 말하면 한국은행과 일반 시중은행 간의 거래에 사용되는 정책금리로써 2008년 미국 발 금융위기가 왔을 때 한국은행이 기준금리를 2%로 낮춘 저금리 정책도 이와 같은 이유 때문이다. 그 밖에 한국은행에서 지급준비율과 재할인율을 낮추면 시중에 돈이 풀리게 된다.

시중은행은 예금액 중 일부를 한국은행에 예치해 놓도록 규정되어 있다. 이를 지급준비금이라고 하며, 그 비율을 지급준비율이라고 한다. 예컨대 예금액이 1조원인 은행의 지급준비율이 10%라면, 1,000억원을 대출을 하지 말고 보유하고 있어야 한다. 지급준비율은 시중은행이 예금자의 인출 요구에 응할 수 있도록 하기 위한 제도이지만, 중앙은행은 지급준비율을 바꿈으로써 시중의 통화량을 조절할 수 있다.

채권(bond)은 어음과 마찬가지로 만기가 있어서 정해진 시기에 돈으로 바꿀 수 있고, 그 전에 현금이 필요하면 금융기관을 통해 일정 이자를 공제하고 현금으로 교환할 수 할인제도가 있다. 이때 공제하는 이자율을 '할인율(discount rate)'이라고 한다. 시중은행이 필요한 자금을 마련하기 위해 기업체로부터 받은 채권을 한국은행에 맡기고 자금을 빌리는 것을 재할인이라고 하고, 재할인되는 비율을 '재할인률(rediscount rate)'이라고 한다.

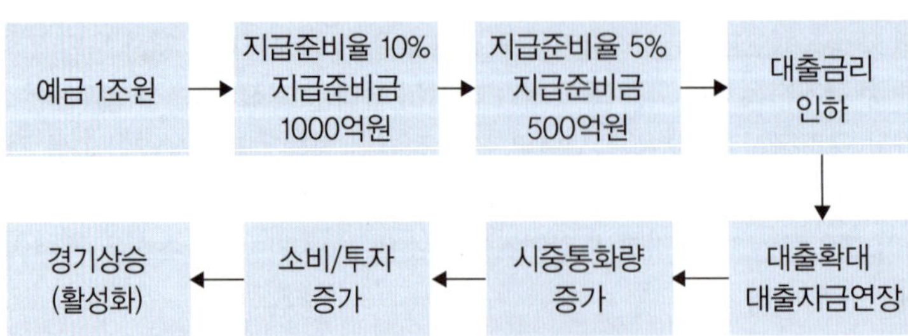

그림 1-7 지급준비율을 낮추는 경우

예컨대 재할인율이 10%라면 시중은행은 한국은행에 보유한 채권 100억원을 맡기고 90억원을 빌릴 수 있다. 따라서 한국은행은 재할인율을 통해서도 시중의 통화량를 조절할 수 있으며, 경기가 침체하면 일반적으로 취하는 정책은 '기준금리 인하–재할인율 인하–지급준비율 인하'를 시행하여 시중에 통화량을 확대한다.

일본의 잃어버린 20년 (1991년 ~ 2011년)

'버블 형성과 붕괴'

1980년대 말 버블의 절정기를 달리고 있던 일본, 당시 일본의 거리에는 "땅 사세요!"라고 쓴 현수막이 넘쳐났고, 은행들은 등기료까지 빌려주며 부동산 대출을 부추겼다. 부동산 가격은 하늘 높은 줄 모르고 뛰었고, 한몫 잡아보려는 사람들이 너도나도 대출을 받아 부동산 투자에 몰입하고 있었다.

당시 일본 내 부동산의 가격을 모두 합치면 무려 3천조 엔, 우리나라 돈으로 치면 2경원이다. 말이 2경원이지 상상이 잘 안 되겠지만 이것이 얼마나 큰돈이냐 하면, 당시 일본 땅을 모두 팔면 미국 땅 전체를 네 번 살 수 있을 정도로 엄청난 규모였다. 지금 보면 누가 봐도 심각한 자산 버블이다. 그런데도 당시 일본 사람들은 버블에 취해 흥청거리느라 위험성을 제대로 인지하지 못했다.

그러나 1990년대 초 자산버블이 붕괴되기 시작하면서 일본에 닥친 현실은 혹독했다. 그들은 끝도 없이 추락하는 경기침체의 늪에 빠져 '잃어버린 20년'이라고 불리는 경제 암흑기를 보내야 했다. 왜 일본이 자산 버블의 시대를 맞게 되었고, 버블은 어떻게 붕괴된 것일까?

일본의 버블이 어떻게 형성되었는지를 이해하기 위해서는 먼저 1970년대 이후 세계 경제 흐름을 알아야 한다. 우선 전 세계적으로 경제 대위기를 가져왔던 대표적인 사건이 1973년과 1979년 두 번에 걸쳐 발생했는데, 그 이름도 유명한 오일쇼크이다. 오일쇼크는 말 그대로 기름값이 엄청 오른 사태를 말한다. 당시 1배럴에 50센트 하던 석유의 가격이 무려 40달러까지 치고 올라갔다. 순식간에 80배 정도나 오른 것이다.

이렇게 갑자기 석유의 가격이 오르자 석유를 원자재로 생산되는 소비재들의 가격이 덩달아 올랐고, 이러한 비용 인플레이션은 전 세계적인 '스태그플레이션', 즉 경기침체 속에 물가상승을 일으키고 말았다. 스태그플레이션이의 물결이 전 세계로 퍼져나가는 동안, 제2차 세계대전 이후 독보적인 위치를 차지하며 세계 경제를 주무르던 미국에게도 그 여파가 여지없이 닥쳤다.

그때 등장한 미국의 대통령이 영화배우 출신의 로날드 레이건(1981-89년 재직)이다. 레이건은 이른바 '레이건노믹스'라는 새로운 경제정책을 통해 금리를 인상하고 물가를 안정시키려 했다. 금리가 오르면 사람들은 저축을 할 것이고, 그러면 시중에 풀린 돈이 자연스럽게 줄면서 물가가 내려간다는 기본적인 물가 안정책이었다.

그런데 문제는 금리가 무려 17%에 달하다 보니 기업의 활동이 위축되고 만 것이었다. 기업이 기본적으로 설비투자를 하려면 은행에서 돈을 빌려야 하는데 17%를 이자로 주어야 하는 상황이었으니 당연한 결과였다. 결국 1980년대 초반 미국의 고금리 정책은 미국 제조업의 붕괴로 이어졌고, 소비자들은 수 많은 소비재를 수입에 의존할 수밖에 없게 되었다. 바로 이때부터 제조업에서 세계 최강의 경쟁력을 자랑하는 일본이 등장했다. 일본의 기업들은 무너진 미국의 제조 기업들을 대신하여 미국에 활발히 진출했다.

일본이 미국의 소비시장을 무섭게 잠식해 들어오면서 미국의 대외 무역적자의 폭은 커져갔다. 미국 정부는 이를 방어하기 위해 뉴욕의 플라자호텔에서 G5 선진국 재무장관 회의를 열어 당시 1달러에 250엔이던 환율을 120엔으로 조정하는 이른바 '플라자 합의'를 이끌어냈다. 일본의 입장에서는 실로 엄청난 일이 아닐 수 없었다. 일본은 당장 수출업체들이 타격을 입었다. 그리고 수출주도형 전략을 취하고 있던 일본의 경제 전체가 휘청거리게 되었다.

그런데 문제는 여기에 대처하는 일본 정부의 정책이었다. 일본 정부는 침체된 경기를 살리기 우위해 제일 쉬운 방법을 선택했다. 기업들이 힘들어지고 수출이 안 되니까 일단 돈을 풀어 사태를 수습하려고 했던 것이다. 그래서 금리를 낮추고 적극적인 금융완화 정책을 펼쳤다. 시중에 엄청난 돈이 풀리기 시작했고 경기가 슬슬 살아났지만, 그것은 실질적인 경기회복 없이 시중에 자금만 넘쳐나는 유동성 장세의 상황이었다. 일본 경제에는 버블이 형성되기 시작했고, 바로 여기서부터 일본의 불행은 시작되었다.

일본에 버블이 한창이던 시절, 동경에서 근무하는 직장인들 출근하는 데 걸리는 시간은 평균 2시간 11분이었다고 한다. 우리보다도 대중교통 수단을 더 많이 이용하는 일본에서 그처럼 출근하는데 많은 시간이 거린 이유는 다름 아닌 부동산 가격 때문이었다. 동경 시내의 집값이 너무 비싸서 다들 집값이 비교적 싼 도시 외곽의 10평 안팎의 작은 아파트에 겨우 들어가 살 수 밖에 없었던 것이다.

하늘 높은 줄 모르고 치솟았던 것은 부동산 가격만이 아니었다. 당시 세계에서 제일 물가가 비싼 나라가 일본이었다. 생수 한 병에 600엔(당시 우리나라 돈으로 6천원), 초밥 한 개에 2천엔(2만원)으로 일본의 초 살인적인 물가를 실감할 수 있었다.

시중에 너무 많은 돈이 풀려 이처럼 물가 상승 압력이 발생하자 일본 정부는 물가를 잡기 위해 1989년에 2.5%였던 기준금리를 급격히 6.0%로 대폭 인상하게 되었다. 바로 버블이 붕괴되는 첫 신호였다. 금리 인상에 이어서는 신규 부동산에 대한 대출 금지 조치까지 이루어져 일본 경제는 무너지기 시작했다. 제일 먼저 위기의 신호가 감지 된 곳은 금융기관이었다. 당시 17개의 시중은행과 14개의 신용금고를 포함해서 124개의 금융기관이 연쇄 도산하였으며, 이로 인해 급격한 경기침체가 도래했다. 당시 도산한 일본 기업의 총수들이 머리 숙여 죄송하다고 말하며, 눈물을 흘리던 모습을 TV에서 자주 볼 수 있었다.

버블이 붕괴되자 일본 정부는 1992년부터 2000년까지 1천조원 이상의 돈을 쏟아 부으며 경기를 살려보려고 노력했으나 결국 살려내지 못했다. 그리고 일본이 본격적으로 "우리는 잃어버린 10년에서 벗어났다."라고 선언한 2003년까지도 전혀 회복의 기미를 보이지 않았다. 2003년 이후에도 장기 불황의 여파는 지금까지 여전히 이어지고 있는 실정이다.

1990년 버블이 붕괴될 때 빚으로 과도한 경기부양책을 쓸 게 아니라, 고생을 각오하고 구조조정에 들어가서 그에 맞춰 노동력을 효율적으로 재배치하는 혁신 작업을 펼쳐야 했다. 그렇게 하지 못했기 때문에 일본은 지금 그야말로 부채의 쓰나미를 맞은 나라, GDP의 두 배가 된 부채를 그대로 떠안은 재정회복 불능의 나라가 되어버렸다.

불황에 시달리던 일본경제는 2004년 들어 오랜 불황의 터널에서 빠져 나와 화려한 부활을 맞는 듯했지만, 2008년 미국발 금융공황이 발생하면서 다시 불황속으로 빠져들고 있다. 2010년 일본이 세계 경제에서 차지하는 비중은 5.8%로 떨어졌고, 세계 2위 경제 대국의 지위도 처음으로 중국에 넘겨주었다. 일본은 또 OECD 회원국 가운데 GDP 대비 국가부채 비율 1위국이라는 오명을 안고 있다. 일본의 막대한 재정적자는 20년간 경기침체를 극복하기 위해 발생했다. 그럼에도 불구하고 일본 경제가 국가 부도를 당할 가능성은 거의 없다고 전문가들은 분석한다. 일본 정부가 발행한 국채의 90% 이상을 일본 은행이나 일본 국민이 보유하고 있고, 설사 일본 경제가 심각한 위기 상황으로 빠지더라도, 일본인이 자국의 부도로 연결될 국채 투매에 나서지는 않을 것이라 예상되기 때문이다.

출처: 한국경제, 돈의 배반이 시작된다(타마키 타다시, 2016, 각색)

2. 시장의 의의와 가격

2.1 시장의 정의와 시장참여자

시장(market)이란 구매자(buyer)와 판매자(seller)가 상품이나 서비스 또는 자원을 거래하기 위해 서로 정보를 교환하고 자유롭게 협상하는 장소이다. 그렇지만 전화, 이메일, 인터넷을 통한 전자상거래를 할 때처럼 구매자와 판매자가 꼭 서로 얼굴을 맞대거나, 남대문시장이나 백화점과 같은 실재하는 물리적 장소가 필요한 것도 아니다. 경제가 점차 발전하고 경제가 개방됨에 따라서 시장이란 남대문시장과 같은 협의의 지역적 개념을 초월하여 국내시장이나 국제시장뿐만 아니라 최근에는 사이버시장과 같은 추상적인 개념으로 확대되고 있다.

시장에서 거래활동에 참여하는 경제주체는 소비자, 생산자, 그리고 구매자와 판매자를 연결해주는 유통업자와 중개업자이다. 유통업자는 동네 구멍가게에서부터 백화점 등 다양하다. 이들은 생산자로부터 상품을 구입해서 소비자들에게 판매한다. 항상 재고를 보유하고 있기 때문에 소비자들은 집에 창고를 가질 필요가 적다.

중개업자는 구매자와 판매자들에게 거래에 필요한 시장정보를 제공한다. 시장정보란 현재의 가격 수준과 등락 폭, 거래량 규모 추이, 품귀 인지 과잉 생산 상황인지, 상품의 공급여력, 상품의 품질정보 등을 뜻한다. 시장정보는 값싸게 얻을 수 있는 경우도 많지만, 유용한 정보를 얻으면 큰 이득을 얻을 수 있기 때문에 값비싼 대가를 지급해야 얻을 수 있다. 이는 유용한 시장정보를 가진 사람은 높은 대가를 받고 판매할 수 있다는 것을 의미한다. 따라서 시장정보를 전문적으로 수집정리해서 제공하는 중개업자들도 매우 중요한 경제주체이다.

생산적(productive)이란 부가가치(value-added)를 창출한다는 의미이다. 제조업자가 1만원의 원재료를 가지고 상품을 만들어 1만5천원에 판매했다면 분명 5천원의 가치를 부가(added)했으므로 생산적이라고 말할 수 있다. 그런데 중개업자가 헌책을 1만원에 팔려는 사람과 헌책을 1만5천원을 주고 구입하려는 사람을 연결해서 거래를 성립시킨다면, 역시 5천원의 부가가치를 창출하게 된다. 따라서 중개업자도 제조업자와 똑같이 생산적임을 이해하고 그들의 역할을 높이 평가해야 한다.

2.2 가격결정: 수요공급이론

가치(value)와 가격(price)이라는 말을 함께 사용하는데, 동일한 것은 아니다. 가치는 상품이나 서비스로부터 소비자들이 얻는 효용의 크기를 가리키고, 가격은 그러한 상품을 구입하는데 소비자가 치러야하는 개당 비용을 가리킨다. 그러므로 일반적으로 상품과 서비스의 가치와 가격은 비례하는 경향이 있다.

- 소비자입장의 가치: 제품 혹은 서비스에서 얻는 효용의 크기
- 생산자입장의 가치: 제품 혹은 서비스에서 얻는 수익의 크기

시장경제에서는 상품이나 서비스의 가격이 생산비용을 반영하는 공급(원가)과 선호(효용)를 반영하는 수요에 의해 결정된다고 설명한다. 이러한 가격결정이론을 수요공급이론이라고 부르는데, 직장이나 사회생활에서 가장 많이 활용되는 경제이론이기도 하다.

1) 수요의 법칙

예전에 브라운관 텔레비전 가격이 대당 200만원이었던 때는 아마도 대부분 가정에서 한 대만 구입해서 거실에 놓고 온 가족이 화목하게 둘러 앉아 드라마도 보고 뉴스도 시청했었다. 그런데 여타 조건이 동일하고, TV가격이 대당 150만원으로 하락했다면 한 대를 더 사 놓아 아이들 방에 한 대 들여 놓아 어린이 프로그램을 마음껏 보게 하고, 아빠의 스포츠 프로그램 시청을 방해하지 않을 수 있다. 여기에서 '여타조건이 일정하다'는 전제는 매우 중요하다. 왜냐하면 가격 이외에 다른 여타 조건, 예컨대 부모님과 함께 동거하기로 했다거나 회사에서 500% 보너스를 받게 되었다면 대답이 달라질 수 있기 때문이다.

만약 TV가격이 100만원으로 하락했다면, 한 대를 더 사서 안방에 놓고 주말 늦은 밤 시간에 성인용 프로그램을 시청할 수 있다. 만약 50만원이라면 한 대를 더 사서 화장실

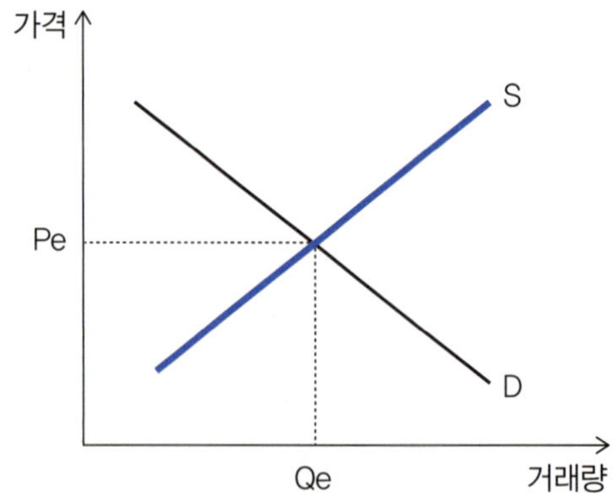

그림 1-8 수요공급곡선

에 놓고 자기가 좋아하는 월드컵 축구경기에서 골인 장면이나 야구선수가 9회 말에 굿바이 홈런 한방으로 일순간에 팀 승리를 이끄는 모습을 놓치지 않으려 할 것이다. 이처럼 가격과 상품의 수요량 사이에는 부(negative)의 관계가 있는데, 이를 수요의 법칙(law of demand)이라고 부른다.

가격이 하락하면 수요량이 증가하는 이유는 가격이 하락하면 소비자들의 실질소득(real income)이 증가하기 때문이다. 실질소득은 화폐소득 또는 명목소득을 상품가격으로 나눈 값이다. TV 가격이 200만원인 경우 연봉 2천만원으로 TV를 구입한다면 10대를 구입할 수 있는데, 이것이 TV로 측정한 실질소득이다. 그러므로 실질소득이란 구매력을 나타낸다.

2) 공급의 법칙

어느 해에 농가에서 재배하는 파, 마늘, 고추 등과 같은 농작물의 가격이 높게 형성될 경우, 그 다음 해에 경작면적이 확대됨으로써 이들의 생산량이 증가하는 이유는 무엇 때문일까? 양담배 수입이 자유화되자 연초재배 농가들 중 상당수가 연초재배를 포기한 이유는 무엇 때문일까? 이러한 문제들은 본질적으로 기업이 생산하여 판매하고자 하는 공급량이 무엇에 의해 영향을 받는가라는 물음 속에 포함된다.

여타조건이 일정할 경우, 상품가격이 상승하면 공급량이 증가하고 가격이 하락하면 공급량이 감소한다. 이처럼 가격과 공급량 사이에 정(positive)의 관계를 공급의 법칙(law of supply)이라고 한다. 여기서 여타조건이란 가격을 제외한 수요에 영향을 미치는 모든 요인들, 즉 소득, 경쟁제품 가격, 예상가격, 소비자 수 등을 의미한다.

가격이 상승할 때 공급이 증가하는 이유는 가격이란 생산자에게 개당 판매수입을 의미하므로, 개당 생산비용이 일정할 때 상품가격이 상승하면 생산자에게 보다 큰 개당이윤이 발생하기 때문이다. 더욱이 타 상품가격이 일정하다면 타 상품생산으로부터 발생하는 이윤은 불변하기 때문에 타상품의 생산을 줄이고 대신 가격이 상승한 상품을 보다 많이 생산해서 판매하면 보다 많은 개당이윤을 얻을 수 있을 것이기 때문이다.

3) 시장의 균형

시장에서 가격은 지금까지 논의한 수요의 법칙과 공급의 법칙이 작용하는 시장에서 수요의 힘과 공급의 힘에 의해 결정된다. 시장에서 보다 많은 사람이 상품을 수요하면 가격을 올리려는 압력이 높아지고, 보다 많은 사람이 상품을 공급하면 가격을 내리려는 압력이 높아진다. 시장에서 두 힘이 만나서 상대적 크기에 따라 가격은 변동하게 된다. 예컨대 상품의 수요량이 공급량보다 많으면, 시장에 초과수요 압력이 발생해서 품귀(부족)문제가 발생한다. 그러면 소비자들 사이에 가격을 올려 주더라도 구입하려는 사람이 생겨나서 시장가격을 상승시킨다. 가격이 상승하면 그렇게 비싼 가격에는 구입하지 않겠다는 사람들이 생겨나서 수요량이 감소하는가 하면, 가격이 높아지니 보다 더 많이 생산해서 판매하겠다는 사람들이 나타나서 초과수요, 즉 품귀문제가 점차 해소되기 시작한다. 가격이 충분히 상승하면 수요량과 공급량이 일치하게 되어 시장에서 품귀문제가 해결될 것이다.

반면에 상품의 공급량이 수요량보다 많으면 시장에 초과공급 압력이 발생해서 과잉생산문제가 발생한다. 그러면 생산자들 사이에 가격을 깎아 주더라도 판매하려는 사람이 생겨나서 시장가격을 하락시킨다. 가격이 하락하면 그렇게 싼 가격에는 판매하지 않겠다는 사람들이 생겨나서 공급량이 감소되고, 한편 가격이 하락하니 보다 더 많이 구입하겠다는 사람들이 나타나서 수요량이 증가하여 초과공급, 즉 과잉생산 문제가 점차 해소되기 시작한다. 가격이 충분히 하락하면 수요량과 공급량이 일치하게 되어 시장에서 과잉생산 문제가 해결될 것이다. 이렇게 어느 가격 수준에서 수요량과 공급량이 일치할 때 시장은 균형상태에 이르게 되고, 이토록 수요량과 공급량을 일치시키는 가격을 균형가격(equilibrium price)이라고 한다.

아담 스미스(Adam Smith)의 보이지 않는 손

1776년에 출간된 「국부론(Wealth of Nations)」의 저자이며 경제학의 아버지라고 불리는 아담 스미스의 혜안은 시장에서 각 개인이나 기업이 공동체 이익을 제고시키겠다는 의식 없이 자기 자신의 이득, 즉 사익(private interest)만을 추구하기 위해 최선을 다하면, '보이지 않는 손(invisible hand)'에 의해 공동체 이득인 사회질서와 조화 그리고 풍요로운 사회를 만들 수 있다고 주장하였다. 그는 좋은 고기가 식탁에 오르는 것은 푸줏간 주인이 이웃의 식생활을 염려한 자비심 때문이 아니라, 좋은 고기를 판매해서 자신의 이익을 증대시키려는 이기적 동기 때문이라는 것이다.

아담 스미스는 인간의 이기심을 선한 것으로 보았고, 이기심과 경쟁이 사람들로 하여금 열심히 일하게 만들고, 자원을 효율적으로 쓰게 만든다고 주장했다. 그리고 이렇게 서로 가격경쟁을 통해 자연스럽게 수급이 조정되는 모습을 가리켜 '보이지 않는 손'이라고 했다. 결국 그는 경쟁이 효율적으로 이루어지는 시장을 가장 좋은 시장으로 보았으며, 정부는 경제주체들이 자기책임 원칙을 분명하게 적용하게끔 단지 야구장의 심판(referee)역할을 수행하는 것으로 보았다.

2.3 수요-공급 법칙의 예외

1) 수요법칙의 예외

(1) 기펜재

대체재의 출현으로 가격이 하락함에도 불구하고 가치가 훨씬 크게 떨어져 소비가 줄어드는 재화를 기펜재(giffen goods)라고 한다. 예컨대 고무신, 연탄, 삐삐, 카세트테이프, mp3 등이 기펜재에 속한다. 몇 십 년 전 고무신은 비싼 돈을 주고 구입할 수 있는 신발이었다. 그러나 지금은 예전에 비해 상대적으로 가격이 훨씬 낮아졌어도 특별한 경우가 아니라면 구입하는 사람이 없다. 고무신이라는 상품은 시대가 바뀌면서 가격의 하락폭보다 유용성의 하락폭이 훨씬 커졌기 때문이다.

(2) 열등재

가치가 하락하지 않았는데도 소비가 줄어드는 재화도 있다. 보리는 1950~60년대만 하더라도 쌀의 대체재였고, 꽤 비싼 가격으로 거래되었다. 그러나 시대가 지나면서 소득이 향상되면서 보리의 품질이 좋아졌음에도 불구하고 소비가 크게 줄어줄었다. 이러한 재화를 열등재(inferior goods)라고 한다. 기펜재는 대체재로 인해 가격이 내렸는데도 불구하고 소비가 줄어드는 상품이고, 열등재는 소득 수준이 향상되어 소비가 줄어드는 상품이다.

(3) 위풍재

가격이 계속 올라도 오히려 수요가 늘어나는 경우이다. 이런 현상은 소비자들이 가격이나 물건의 유용성 대신 '남에게 잘 보이고 싶은 것'을 더 중요시할 때 발생한다. 가격이 상승함에도 불구하고 수요가 늘어나는 재화를 위풍재(prestige goods)라고 한다. 명품백, 비싼 운동화, 고급 승용차, 고급 주거지 등이 그 예이다. 위풍재는 대부분 자기과시(self-display)를 위해 소비되기 때문에 붙은 이름이다. 위풍재는 베블런 효과(veblen effect: 과시욕이나 허영심을 채우기 위해 고가의 물품을 구입하는 사람들 덕분에 물건의 값이 오를수록 오히려 수요가 증가하는 현상) 때문에 체면을 중시하는 한국사회에서 더욱 힘을 얻고 있다. 위풍재의 수요곡선은 가격이 오를수록 수요가 아래로 감소하지 않고 오히려 올라가는 형태를 보인다.

2) 공급법칙의 예외

(1) 독과점

독과점 기업은 흔히 가격이 상승해도 공급량을 통제함으로써 더 높은 가격에 상품을 판매하려고 한다. 일반적으로 석유, 생활필수품 등으로 적절한 대체재가 없는 재화가 그 대상이 된다. 그래서 독점으로 인한 가격 폭등을 방지하기 위해서 국가가 관리하는 재화를 공공재라고 한다. 석유수출기구(OPEC)는 유가 상승에도 불구하고 공급량을 줄여 석유가격을 폭등시키거나, 국내 정유사들은 기름값이 오르기 전날 담합을 통해 일부 기름 공급을 중단하는 경우가 해당된다. 가격이 올라도 독과점에 의해 공급량이 오히려 주는 경우에 공급곡선은 왼쪽으로 올라가는 모습을 보인다.

(2) 예술품과 골동품

가격이 올라도 더 이상 공급을 할 수 없는 경우도 있다. 유명화가의 그림은 이미 그가 죽었기에 더 이상 그림을 공급할 수 없다. 골동품도 마찬가지이다.

(3) 스포츠 경기입장권과 강남 부동산

스포츠 경기나 콘서트 입장권처럼 공급이 일정 수량으로 제한되는 재화도 있다. 부동산도 공급을 쉽게 늘릴 수 없는 재화 중 하나이다. 서울 시내, 특히 강남 아파트의 가격이 비싼 것도 수요에 비해 공급이 제한되어 있기 때문이다.

2.4 가격 탄력성

우리 주위를 둘러보면 쌀과 채소, 육류, 석유, 공공요금 등과 같이 가격이 올라도 수요량이 상대적으로 적게 줄어드는 상품이 있는가 하면, 자동차나 대형 냉장고 등과 같이 가격이 많이 오르면 수요량이 상대적으로 많이 줄어들게 되는 상품이 있다. 이처럼 상품의 가격변화에 대한 수요 혹은 공급의 양이 어떻게 변화하느냐를 표현한 것이 가격 탄력성(price elasticity)이라고 한다.

1) 수요의 가격탄력성

담배값을 올리면 담배소비량은 어느 정도 줄어들까? 담배값을 얼마나 올려야 담배소비량을 현재보다 50%정도 줄일 수 있을까? 이것은 바로 담배 수요의 가격탄력성에 달려 있다.

수요의 가격탄력성(price elasticity of demand)은 어떤 재화와 서비스의 가격이 변화할 때 그 수요량이 얼마나 변화하는가를 측정하는 척도를 의미하며, 민감한 정도에 따라 크게 탄력적이다 또는 비탄력적이다 라고 구분하게 된다.

수요의 가격탄력성 = 수요량의 변화율(%)÷가격의 변화율(%)

수요의 가격탄력성은 한 상품의 가격이 1% 변화할 때 그 상품의 수요량이 몇 % 변화는가를 나타낸다. 예컨대 담배에 대한 수요의 가격탄력성이 0.4라고 한다. 이것은 담배의 가격이 1% 올라갈 때마다 담배에 대한 수요량이 0.4%씩 감소한다는 것을 의미한다. 이를 근거로 정부는 2016년 1월 담뱃값을 80% 올리면서 흡연율이 32% 감소할 것이라고 주장하였다.

수요의 가격탄력성은 0에서부터 무한대(∞)사이의 값을 가진다. 가격 탄력성이 1보다 클 경우를 탄력적(elastic)이라고 하며 수요가 가격의 변화에 민감하게 반응하는 것을 의미한다. 반면에 가격 탄력성이 1보다 작을 경우를 비탄력적(inelastic)이라고 말하며, 수요가 가격의 변화에 민감하지 않게 반응한다는 것을 말한다. 예를들어 농산물의 수요가 가격변동에 비탄력적인 이유는 쌀값이 오르거나 내린다고 해서 쌀의 수요가 곧바로 변하기 어렵다는 의미이다.

2) 공급의 가격탄력성

수요의 가격탄력성과 마찬가지로 공급의 가격탄력성(price elasticity of supply)은 상품의 가격이 오르거나 내렸을 때 공급량이 얼마나 민감하게 변하는가를 나타내는 지표이다. 즉 가격이 1% 변동할 때 그에 대한 공급량이 몇 % 변화하느냐를 나타내는 비율을 말한다. 공급량의 변화율은 공급량의 변화분을 원래의 공급량으로 나누어 측정하며, 가격의 변화율은 가격의 변화분을 원래의 가격으로 나누어 측정한다.

공급의 가격탄력성 = 공급량의 변화율(%)÷가격의 변화율(%)

일반적으로 상품의 공급량은 그 상품의 가격에 의존하고 있어 가격이 상승하면 공급량은 증가하고, 가격이 하락하면 공급량은 감소하기 때문에 가격과 공급량의 변화 방향은 항상 일치(+)한다. 따라서 공급의 가격탄력성은 근본적으로 가격의 하락과 상승에 따라 공급량을 줄이고 늘릴 수 있는 생산자의 능력과 공급기간에 달려 있다. 그래서 농산물은 공급의 가격탄력성이 비탄력적이지만, 공산품의 공급탄력성은 탄력적이다. 공급의 탄력성이 클수록 가격상승의 효과는 작으며, 반대로 탄력성이 적을수록 가격상승의 효과가 크다. 이런 점에서 공급의 가격탄력성의 크기는 공급자의 생산능력과 공급기간이 얼마만큼 여유가 있는지를 나타내는 지표가 된다.

2.5 가격차별화

영화관람료는 주말보다 평일에 싸고, 평일 아침에 보는 조조영화는 훨씬 싸다. 같은 영화인데도 공급자는 가격을 시간대별로 차별화에 적용한다. 이처럼 동일한 공급자가 같은 재화를 다른 가격으로 공급하는 것을 가격차별화(price discrimination)라고 한다. 가격차별화 정책은 기업이 이윤을 극대화하기 위한 정책으로 수요의 가격탄력성에 기반을 두고있다. 모든 소비자에게 가격을 똑 같이 받는 것보다 차별화하는 것이 왜 이윤이 더 많은지, 패밀리 레스토랑을 통해 계산해 보자.

1) 사례–패밀리 레스토랑

패밀리 레스토랑 A사는 평일과 주말에 같은 메뉴를 제공하고 음식의 질도 같고 음식당 단가는 1만원으로 같다. A사가 조사한 바로는 주말에 데이트로 A사를 이용하려는 연인들이 1천명, 평일에 이용하려는 대학생이 2천명이 있다고 가정하자.

잠재고객들의 이용률을 가장 크게 좌우하는 것은 가격이다. 연인들은 비용이 비싸더라도 이용할 것이고, 대학생들은 시간은 있지만 가진 돈이 적으므로 1명당 음식값이 2만원을 넘으면 다른 식당을 이용한다. A사는 어떻게 해야 최대의 이윤을 얻을 수 있을까?

① 음식값이 1인당 5만원이면 수요자는 연인 1천명, 매출은 5천만원, 이익은 4천만원이다. 연인들로부터 최대의 수입을 얻을 수 있으나 대학생 고객은 잃게 된다.

② 1인당 2만원이면 수요자는 연인 1천명과 대학생 2천명으로 모두 3천명, 매출은 6천만원, 이익은 3천만원이다. 두 집단 모두를 고객으로 받을 수 있지만, 연인들로부터 얻는 수입은 적어진다.

A사가 가장 원하는 것은 이윤을 극대화하는 것이나. A사의 입장에서는 연인들에게 5만원을 받고, 대학생들은 음식값을 2만원으로 낮추고라도 고객으로 받아들이는 것이 최선의 방법이다. 대개 연인들은 저녁시간을 이용하므로 그때는 정상가격을 받고, 대학생들을 대상으로 런치타임을 만들어 2만원에 서비스를 제공한다. 그러면 A사는 연인들로부터 이익 4천만원, 대학생들로부터 2천만원의 추가 이익을 얻어 6천만원의 이윤을 올릴 수 있다.

이처럼 가격차별화를 하는 이유는 두 집단이 가격에 대한 반응이 서로 다르기 때문이다. 연인들은 음식 자체보다 분위기를 중시하기 때문에 가격에 둔감한다. 그러나 대학생들은 가격이 비싸지면 이용을 쉽게 포기해 버린다. 이렇게 가격차별화 정책을 통해서 매출을 극대화할 수 있다.

2) 사례–KTX

KTX는 요금이 비씨지만 빠른 열차편을 원하는 사람들을 위해서 만들어진 것이다. 기차는 정해진 좌석에 승객을 가득 싣고 운행해야 이익을 극대화할 수 있다. 그러나 가격이 비싼 만큼 모든 열차 이용객이 KTX를 이용할 수 있는 것은 아니다. 다음은 잠재고객들을 분류한 것이다.

① 부산에 당일치기로 출장을 갔다 와야 하는 직장인

② 주말에 먼 곳으로 여행을 다녀오고 싶어하는 직장인 커플

③ 명절에 고향에 가서 부모님을 뵙고자하는 부부

④ 방학 때 단체로 MT를 가려고 하는 대학생들
⑤ 평일에 가족들을 보러 시골에서 올라오시는 부모님
⑥ 급하게 부산지사에 물건을 보내야 하는 회사
⑦ 기차역은 있으나 KTX역이 없는 지역의 주민

위에서 제시한 사람들은 모두 잠재적으로 KTX를 이용할 수 있는 고객들의 모습이다. 이들은 조건만 맞는다면 KTX를 이용하겠지만, 실제로 이들이 모두 KTX를 이용하는 것은 아니다. 각자에게 가격과 시간이라는 조건이 다르고, 그에 따른 이익의 우선순위가 다르기 때문이다.

①, ③번은 주고객층으로 가격이 비싸더라도 시간이 더 중요하기 때문에 되도록 KTX를 이용할 것이다. 특히 ③번처럼 명절에 고향을 가려는 경우에는 웃돈을 주고서라도 표를 구하려고 할 것이다. ②번 고객은 너무 비싸지 않다면 KTX를 이용하려고 할 것이다. ④, ⑤번 고객은 시간이 많기 때문에 굳이 KTX를 이용할 필요가 없다. 이들은 더 싼 교통수단을 이용하여 이동할 확률이 높다.

그러나 KTX의 좌석수에 비해 ①, ②, ③번의 수요는 턱없이 부족하다. 그렇다고 가격을 낮추면 핵심 고객들에게 얻을 수 있는 이익을 포기해야 한다. 따라서 한국철도공사에서는 ①~③번과 같은 고객들을 유지하면서도 ④~⑦번과 같은 고객들을 끌어들이기 위한 다양한 할인정책을 실시한다.

④번 MT를 가려는 대학생들을 위한 단체할인
⑤번 시골에서 올라오시는 부모님 고객을 위한 평일할인
⑥번 부산지사에 물건을 보내려는 고객을 위한 퀵서비스와 연계한 빠른 수송을 위한 서비스
⑦번 KTX역이 없는 지역의 고객을 위한 일반열차로 환승 할인

이런 정책들을 통해 한국철도공사는 빈좌석을 점점 채워 나가고 모든 빈자리를 채울 수 있게 되었다. 이처럼 모든 잉여를 흡수할 수 있는 상태를 '완전가격차별'을 달성했다고

한다. 물론 완전가격차별은 현실에서는 이루어지지 않는다. 현실 경제에서 소비자는 단지 시간과 가격만을 기준으로 소비를 하는 것이 아니기 때문이다. 그러나 기업은 이익을 극대화하기 위해서 소비자를 그룹으로 분류하여 가격차별을 시도한다. 예를들어 주중, 주말, 심야 등 시간별, 성별, 연령별, 판매지역별로 가격을 차별화한다. 사실 가격차별에 의해 기업 이윤이 부분적으로 감소될 수도 있지만, 궁극적으로 가격차별은 기업의 이윤을 증가시킨다. 그리고 이같은 효과는 독점적인 형태일수록 더욱 유리하다. 언제나 유리한 조건으로 설정할 수 있기 때문이다. 반대로 가격경쟁이 심한 업종일수록 가격차별을 잘못했다가는 오히려 경쟁기업에게 고객을 빼앗기는 현상도 생길 수 있다. 이런 형태일수록 가격할인보다는 프리미엄 서비스를 제공하는 형태로 경쟁력을 키울 필요가 있다.

영화관의 가격차별화는 왜 생기는 걸까?

영화관을 가면 조조와 심야가격과 낮의 가격이 다르다. 같은 영화인데도 판매자는 가격을 시간대별로 차별화하여 적용한다. 이처럼 같은 상품을 다른 가격으로 공급하는 것을 '가격차별화' 라고 한다. 가격차별화는 기업의 이윤을 극대화하기 위한 정책이다. 그런데 어떻게 이윤이 극대화 되는 걸까? 데이트를 하면서 영화를 보는 것은 이제 일상이 되었다. 그래서 평소 연인들은 할것이 없으면 영화를 자주 찾는다. 영화는 같은 공간에 머물면서 동시에 공감대도 생길수 있게 도와주는 좋은 매체이기 때문이다. 그래서 적지않은 연인이 영화를 자주 찾는다. 이런 부류에게 영화티겟은 싸게팔면 좋겠지만 정가대로 팔아도 문제가 되지 않는다. 이들이 찾는 영화시간대는 대체로 특정시간대에 몰려있기 때문에 수요가 늘 공급을 앞서기 때문이다.

반대로 할인이 되는 조조나 심야영화는 입장이 조금 다르다. 낮에 비하면 활동하는 사람이 극히 적어지고 주 고객층인 연인들도 대부분 귀가하는 시간이기에 영화관은 수요보다 공급이 더 많아진다. 이럴때 평소보다 싼 가격으로 고객들을 유혹한다. 여기서 중요한 것은 잠재고객을 끌어들인다는 점이다. 영화에 관심이 없는 사람을 끌어들이는 것은 힘든 일이다. 어떤 마케팅을 써도 잘 회유가 안되기 때문이다. 그에반해 평소에 영화는 좋아하지만 구태여 찾아보지 않는 사람들은 싸진 가격을 이유삼아 찾아보게 된다. 즉 시장을 키우는 샘이 되는 것이다. 사람은 아무래도 가격에 크게 반응한다. 그래서 가장 자극적인 가격을 변경함으로써 평소에 찾지 않는 사람들을 찾게 만드는 것, 이것이 가격차별화의 핵심이다. 가격차별화는 다른 산업에도 마찬가지로 활용하고 있다.

3. 시장의 유형과 특징

시장은 여러 가지로 구분할 수 있는데, 대체로 경쟁구조를 기준으로 독점, 과점, 완전경쟁, 독점적 경쟁 시장 등으로 구분한다.

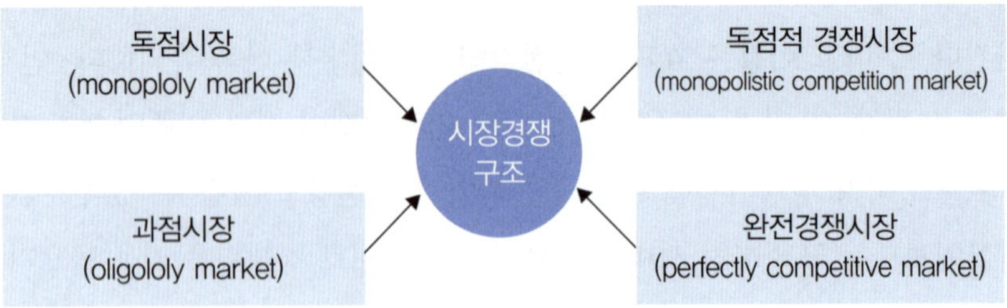

그림 1-9 시장의 경쟁구조

3.1 독점시장

1) 개요

우리나라에서 전기는 한국전력공사라는 하나의 기업이 공급하고 있다. 서울의 도시가스는 서울도시가스라는 하나의 기업이 공급하고 있다. 새로 지은 모 대학병원의 편의점도 하나만 장사를 하고 있고, 안과병원의 안경점 또한 그러하다. 이처럼 시장에 하나의 기업만 있어서 별다른 대체제가 없는 시장을 독점시장(monopoly market)이라고 한다.

하지만 꼭 하나의 기업이 있을 경우에만 독점이라고 하지는 않는다. 한 시장에 기업이 10개가 있더라도 그중 한 기업이 시장의 80%를 차지한다면, 그 기업은 시장에서 독점적 영향력을 미칠 수 있기 때문이다. 그러므로 특정 기업이 시장에서 독점적 지배력을 발휘한다면 독점시장인 것이다. 우리나라는 한 시장에서 제일 규모가 큰 기업의 시장점유율이 50%를 넘으면 독점기업으로 취급한다.

2) 독점시장의 특징

(1) 규모의 경제

수요의 가격탄력성이 큰 상품을 취급하다 보니 가격경쟁을 하게 되고, 그 결과 규모의 경제(생산량이 증가할 때마다 생산단가가 감소하는 현상)를 달성한 기업만이 살아남는 점은 과점시장과 비슷하다. 다만 과점시장에서는 몇 개의 기업이 남은 반면에 독점시장에서는 단 하나의 기업만이 남거나, 특정 기업이 현저하게 시장 지배력을 행사한다는 점이 다르다.

(2) 정부의 정책

정부에서 정책적으로 그 시장에서 하나의 기업만 허가해 준 경우이다. 1970년대 우리나라는 경공업에서 중공업으로 산업구조가 바뀌려면 제철소가 꼭 필요했다. 정부에서는 규모의 경제를 이유로 들어 단 하나의 제철소만 허가하고 정책적으로 지원했다. 덕분에 포항제철은 세계적인 수준의 제철소로 발돋움했다. 만일 다수의 기업이 참여해서 우후죽순 제철소를 지었다면, 규모의 경제 때문에 제철산업이 자리를 잡지 못했을 것이며, 우리나라가 현재와 같은 수준으로 발전하는 데 걸림돌이 되었을 것이다. 전화(지금은 민영화됨)를 비롯하여 수도, 전력 등도 공익성을 이유로 하여 정부에서 독점한 사업들이다.

(3) 자연적 요인

광산이나 온천, 또는 스키장 내의 분식점 등 자연적인 요인으로 인해 독점이 된 경우이다. 예를들어 지리산이나 설악산 산장의 매점도 자연스럽게 지리적으로 독점이 된 경우이다.

3.2 과점시장

1) 개요

석유시장처럼 몇 개의 소수기업이 참여하며, 가격지배력도 크고, 경쟁기업들과는 동질적 또는 이질적 상품을 생산하고, 진입장벽(entry barrier)은 매우 높은 시장을 과점시장(oligopoly market)이라고 한다. 현실경제에서는 항공, 석유류, 자동차, 철강, 조선, 휴대폰, 이동통신 등 우리나라 대기업들 대부분 제품과 서비스가 여기에 속한다.

2) 과점시장의 특징

(1) 수요의 가격탄력성이 큰 상품

과점시장의 상품들은 대체로 수요의 가격탄력성이 크다. 즉 과점시장에서 수요자들은 대체로 제품의 가격변화에 매우 민감하기 때문에, 공급자들은 더 많은 고객을 확보하기 위해 가격경쟁을 한다. 과점시장의 대표적인 상품인 자동차는 수요의 가격탄력성이 커서 소비자들은 옵션 한두 가지를 붙여주는 것보다 가격을 낮추어 주는 것을 훨씬 선호한다. 그리고 가격이 조금이라도 오르면 수요가 눈에 띄게 줄어든다.

(2) 소수의 공급자

가격경쟁을 하려면 제품단가가 싸야 한다. 그러려면 공장의 규모를 키우거나 원재료를 대량 주문하여 원가를 낮추는 등 규모의 경제를 해야 한다. 하지만 모든 기업이 규모를 키울 수 있는 것은 아니므로 여력이 되는 일부 기업만이 규모의 경제를 달성한다. 그래서 과점시장에는 규모의 경제를 달성한 소수의 기업만이 남는다.

(3) 가격결정권

과점시장은 소수의 공급자가 있으므로 기업은 가격 결정권을 가진다. 따라서 기업들은 가격을 낮추어 더 많은 고객을 확보할 것인지, 아니면 가격을 높여 더 높은 마진을 붙일 것인지 결정할 여지가 많다.

(4) 담합과 이탈유인

과점시장에서는 가격 결정권이 시장이 아니라 극소수인 기업들에 있다. 그래서 과점시장의 기업들은 다른 기업의 동향에 매우 민감하다. 너무 높은 마진을 붙여 가격을 올리면 고객을 빼앗기고, 너무 낮은 마진은 수지타산에 맞지 않는다. 따라서 과점기업들은 가격 담합(cartel)을 하는데, 만약 이탈유인으로 인해 한 기업이 담합을 깨고 조금이라도 가격을 내린다면 그 기업은 수요가 늘어 더 큰 이윤을 얻을 가능성이 있다. 예로들면 대표적인 과점시장인 이동통신시장은 몇 년 전 이동통신회사들은 문자 메시지에 건당 30원의 이용료를 부과했다. 소비자들은 문자 메시지 서비스는 기업의 비용이 거의 발생하지 않는데, 건당 이용료가 비싸다고 반발했다. 그러자 SKT, KTF, LGT 모두 건당 이용료를 20원으로 낮추었다. 이때 만약 한 회사가 이용료를 10원으로 낮추었다면, 수요가 늘어서 엄청난 이익을 보았을 것이다. 그러나 세 회사가 모두 이 가격을 유지했다.

3.3 독점적 경쟁시장

1) 개요

독점적 경쟁시장(monopolistic competition market)은 기업은 규모가 작고, 기업체 수도 많고, 이질적 또는 차별적 상품을 생산, 판매하므로 특정 소비집단에서 약간의 가격지배력이 있으며, 진입장벽이 낮아 누구든 쉽게 사업을 시작하거나 그만 둘 수 있는 특징을 갖고 있다. 즉 특정 소비집단 안에서 독점과 경쟁효과를 동시에 가지고 있다고 해서 독점적 경쟁시장이라고 한다. 광고와 품질경쟁 같은 비가격경쟁을 통해 수요를 증가시키며, 우리가 주변에서 가장 흔히 접할 수 있는 음식점, 미용실, 노래방, 카센터, 동네병원, 주유소, 의류소매업, 프랜차이즈 등이 여기에 속한다.

2) 독점적 경쟁시장의 특징

(1) 다수의 시장참여자

독점적 경쟁시장에서는 공급자와 수요자가 매우 많다. 미용실 이용자(수요자)는 몇 천만 명이며, 미용실(공급자) 또한 한 동네에 몇 개씩 있다. 주유소, 음식점, 병원 등도 마찬가지로 무수히 많은 공급자와 수요자가 존재한다.

(2) 진입장벽 부재

독점적 경쟁시장은 진입장벽이 없다. 미용실은 누구나 미용기술과 도구만 있다면 개업할 수 있다. 동네에 미용실이 하나 더 생긴다고 기존 미용실이 더 생기지 못하게 막지 않는다. 주유소, 음식점 또한 이와 마찬가지이고, 병원도 비록 의사 면허증이 있어야 하지만, 기본적으로 어느 곳이든 맘먹으면 개업할 수 있다는 점에서 진입장벽이 없는 독점적 경쟁시장의 성격을 가진다.

(3) 이질적 제품

시장 참여자가 매우 많고 진입장벽이 없기 때문에 독점적 경쟁시장의 기업은 프랜차이즈 및 독립점 형태로 경쟁에 노출된다. 그러나 무한경쟁에 직면하는 것은 아닌데, 이들의 제품이 각각 이질적이기 때문이다. 음식점마다 메뉴와 맛, 인테리어, 서비스가 다르고, 미용실마다 직원의 기술과 태도가 모두 다르다. 그러므로 한 기업의 제품은 다른 기업 제품의 대체제가 될 수는 있지만, 정확히 동일한 제품은 아니다. 소비자들은 자신의 기호에 따라 미용실을 선택하며 미용실은 단골고객에게 독점력을 행사한다.

(4) 제한적 가격결정권

독점적 경쟁시장의 기업은 수요자가 매우 많고, 이질적인 제품을 생산하기 때문에 제한적인 독점력을 가진다. 따라서 무한경쟁일 때보다 가격 결정권이 크며 가격도 조금 비싸다. 고객 한 사람이 커트비 1만원이 비싸다며 오지 않아도 미용실이 문 닫는 것이 아니므로 미용실은 가격을 고수한다.

반면에 독점적 경쟁시장은 경쟁자가 매우 많아 높은 가격을 책정하면 수요자를 상실할 수도 있다. 그래서 마음대로 가격을 올리지는 못하는 제한적인 가격 결정권을 가지고 있다. 즉 수요에 따라 가격이 크게 변하지 않는다. 수요가 많아졌다고 미용실 요금이 오르는 건 아니다. 그래서 독점적 경쟁시장은 수요가 가격에 비탄력적인 시장이라고 볼 수 있다.

3.4 완전경쟁시장

1) 개요

완전경쟁시장(perfectly competitive market)은 시장참여 기업체 수가 무수히 많고, 개별기업의 생산량이 작은 규모이기 때문에 개별기업은 가격을 올리거나 내릴 수 있는 이른바 가격지배력이 없고, 생산하는 상품이 동질적이므로 서로 경쟁을 벌일 필요가 있다. 아울러 시장에 진입장벽도 없다. 현실경제에서는 온라인시장, 경매시장, 농수산물 시장, 그리고 주식시장과 외환시장 등이 이에 가장 가깝다.

2) 완전경쟁시장의 특징

(1) 무수히 많은 시장참여자

외한시장에는 무수히 많은 시장 참여자들이 존재하며, 이들은 각각의 필요에 따라 달러를 팔거나 사는 거래를 하고 있다. 그러므로 완전경쟁시장은 소수가 시장을 좌지우지하기 힘든 경쟁시장적 성격이 매우 강하다.

(2) 동질적인 상품

완전경쟁시장에서는 각 기업들이 생산하는 재화의 질이 같아야 한다. A가 생산한 것이든, B가 생산한 것이든 차이가 없어서 구입할 때 어떤 기업이 생산한 것인지 고려할 필요가 없다. 우리는 바나나 시장에서 어떤 농부가 생산한 것인지 알 수도 없고 알 필요도 느끼지 못한다. 누가 생산했던 동질의 바나나로 생각하기 때문이다. 마찬가지로 외한시장에서 달러는 전 세계적으로 동질적이다. 그러므로 각 상품이 이질적이어서 생기는 독점이 없으며, 완전에 가까운 경쟁시장을 형성한다.

(3) 정보의 공개성(완전정보)

완전경쟁시장에서 모든 기업은 가격, 기술, 시장 정보를 모두 공유해야 한다. 만약 어느 기업이 더 나은 기술을 가지고 있다면, 그 기업이 시장을 지배할 수 있기 때문이다. 그래서 완전경쟁시장을 현실에서는 불가능한 이상적 시장이라고 하는 것이다. 외환시장에서 달러에 대한 정보는 완벽하게 공개되어 있다. 검색포털에서 달러를 검색하면 달러의 기원, 모양, 최신뉴스, 시세를 볼 수 있다. 또한 세계에 얼마나 많은 달러가 유통되고 있는지, 미국 정부가 얼마나 많은 달러를 발행하려고 하는지도 알아볼 수 있다.

(4) 가격 순응자

완전경쟁시장의 참여자는 모두 가격 순응자이다. 워낙 시장 참여자가 많고 큰 시장이며 정보가 공개되어 있기 때문이다. 예를들어 외환시장 참여자가 달러의 가격을 맘대로 바꾸는 일은 거의 존재하지 않는다. 수요자와 공급자는 시장에서 결정된 가격에 따라 거래할 뿐이다. 완전경쟁시장에서는 모든 재화가 동질적이기 때문에 한 공급자가 단골고객들에게 독점력을 행사하지 못한다. 독점력이 없기 때문에 가격 결정권이 없으며, 가격경쟁으로 더 많은 고객을 끌 수 없다. 또한 과점시장에서처럼 가격이 동일하다고 해서 서비스 경쟁을 해서 고객을 모으려는 일도 없다.

연습문제 CHAPTER 01

OX형 문제

01 정부는 기업에 노동력과 자본, 토지 등 생산요소를 공급하는 경제주체이다.(　　)

02 기업은 정부가 제공한 노동력, 자본, 토지로 제품이나 서비스를 생산한다.(　　)

03 사회간접자본의 민영화는 민자사업들의 적자를 세금으로 보전해 주는 점, 외국계 자본의 인수설이 돌았던 인천공항 등으로 사회경제적으로 많은 논란을 안고 있다.(　　)

04 정부의 또 다른 기능 중 하나는 소득의 분배이다.(　　)

05 정부는 경기가 너무 좋아지거나(호황기), 너무 나빠지기(불황기) 전에 선제적으로 개입해야 한다.(　　)

06 가처분소득이란 개인이 임의대로 처분이 가능한 소득, 즉 개인 소득 중 소비와 저축을 자유롭게 할 수 있는 소득을 말한다.(　　)

07 세율을 낮추고 적자재정과 확장재정 정책을 펼치는 것이 경기가 나쁠 때 정부에서 쓰는 금융정책의 기본방향이다.(　　)

08 중앙은행(한국은행)에서 펼치는 금융정책에서 가장 대표적인 것은 세율 조정이다.(　　)

09 기준금리라는 것은 한국은행이 시중은행들과 채권 등의 거래를 할 때 기준으로 삼는 금리를 말한다.(　　)

10 시중은행은 예금액 중 일부를 한국은행에 예치해 놓도록 규정되어 있다. 이를 '재할인'이라고 하며, 그 비율을 '재할인율'이라고 한다.(　　)

11 시중은행이 필요한 자금을 마련하기 위해 기업채로부터 받은 채권을 한국은행에 맡기고 자금을 빌리는 것을 '지급준비금'이라고 하고, 재할인되는 비율을 '지급준비율'이라고 한다.(　　)

12 경제가 점차 발전하고 경제가 개방됨에 따라, 시장이란 남대문시장과 같은 협의의 지역적 개념을 초월하여 국내시장이나 국제시장, 최근에는 사이버시장과 같은 추상적인 개념으로 확대되고 있다.(　　)

13 생산적(productive)이란 효과성을 창출한다는 의미이다.(　　)

14 시장에서 거래활동에 참여하는 경제주체는 소비자, 생산자이지만, 구매자와 생산자를 결해주는 유통업자와 중개업자는 아니다.(　　)

15 가격이 하락하면 수요량이 증가하는 이유는 가격이 하락하면 소비자들의 실질소득(real income)이 증가하기 때문이다.(　　)

16 가격은 상품이나 서비스로부터 소비자들이 얻는 효용의 크기를 가리키고, 가치는 그러한 상품을 구입하는데 소비자가 치러야하는 개당 비용을 가리킨다.(　　)

17 가격과 상품의 수요량 사이에는 정관계가 있는데, 이를 '수요의 법칙'(law of demand)이라고 부른다.(　　)

18 가격이 하락하면 수요량이 증가하는 것은 가격이 하락하면 소비자들의 명목소득이 증가하기 때문이다.(　　)

19 가격과 공급량 사이에 부(負)의 관계를 '공급의 법칙(law of supply)'이라고 한다.(　　)

20 가격이 상승할 때 공급이 증가하는 이유는 개당 생산비용이 일정할 때 상품가격이 상승하면 생산자에게 보다 큰 개당이윤이 발생하기 때문이다.(　　)

21 시장에서 가격은 지금까지 논의한 수요의 법칙과 공급의 법칙이 작용하는 시장에서 수요의 힘에서만 결정된다.(　　)

22 어느 가격 수준에서 수요량과 공급량이 일치할 때 시장은 균형상태에 이르게 되고, 이토록 수요량과 공급량을 일치시키는 가격을 '균형가격'이라고 한다.(　　)

23 '수요의 가격탄력성'은 어떤 재화와 서비스의 가격이 변화할 때 그 공급량이 얼마나 변화하는가를 측정하는 척도를 의미한다.(　　)

24 가격 탄력성이 1보다 작을 경우를 '비탄력적(inelastic)'이라고 말하며 수요가 가격의 변화에 민감하게 반응한다는 것을 말한다.(　　)

25 '공급의 가격탄력성'은 상품의 가격이 오르거나 내렸을 때 수요량이 얼마나 민감하게 변하는가를 나타내는 지표이다.(　　)

26 공급의 탄력성이 클수록 가격상승의 효과는 작으며, 반대로 탄력성이 적을수록 가격상승의 효과가 크다.(　　)

27 '열등재'는 가격이 내렸는데 소비자 줄어드는 재화이고, '기펜재'는 소득 수준이 향상되어 소비가 줄어드는 재화이다.(　)

28 '위풍재'는 베블런 효과(veblen effect) 때문에 체면을 중시하는 한국사회에서 더욱 힘을 얻고 있다.(　)

29 경쟁기업들과는 동질적 또는 이질적 상품을 생산하고, 진입장벽은 매우 높은 시장을 '독점시장'이라고 한다.(　)

30 과점기업들은 가격 담합을 하는데, 만약 이탈유인으로 인해 한 기업이 담합을 깨고 조금이라도 가격을 내린다면 그 기업은 수요가 늘어 더 큰 이윤을 얻을 가능성이 있다.(　)

31 완전경쟁시장은 기업은 규모가 작고, 기업체 수도 많고, 이질적 또는 차별적 상품을 생산하므로 특정 소비집단에서 약간의 가격지배력이 있으며, 진입장벽이 낮아 누구든 쉽게 사업을 시작하거나 그만 둘 수 있는 특징을 갖고 있다.(　)

32 완전경쟁시장에서는 모든 재화가 동질적이기 때문에 한 공급자가 단골고객들에게 독점력을 행사하지 못한다.(　)

33 동일한 공급자가 같은 재화를 다른 가격으로 공급하는 것을 '가격차별화'라고 한다.(　)

34 가격 차별화를 하는 이유는 공급자들이 가격에 대한 반응이 서로 다르기 때문이다.(　)

35 가격차별에 의해 기업 이윤이 부분적으로 감소될 수도 있지만, 궁극적으로 가격차별은 기업의 이윤을 증가시킨다.(　)

36 2019년 4월 한국은행이 정한 기준금리는 1.75%이다. 기준금리는 한국은행 총재가 아니라 기획재정부 장관이 결정한다.(　　)

37 한국은행의 설립목적은 물가안정이 아니라 경제성장을 주도한다.(　　)

38 시장경제가 '보이지 않는 손'에 의해 작동한다고 그러는데, 이 때 그 보이지 않는 손의 역할을 하는 것이 바로 '비가격경쟁'이다.(　　)

4지 선택형 문제

39 **시장의 경쟁구조 유형이 아닌 것은?**

① 독점시장　② 과점시장　③ 독점적 경쟁시장　④ 불완전 경쟁시장

40 **독점적 경쟁시장의 특징이 아닌 것은?**

① 독점적 가격 결정권　② 진입장벽 부재
③ 이질적 제품　④ 다수의 시장 참여자

41 **국민경제에 대한 재정정책으로 옳은 것은?**

① 불경기의 경우 극도로 재정지출을 억제한다.
② 세금증수는 일반적으로 인플레를 조장시킨다.
③ 세금감수는 일반적으로 디플레를 조장시킨다.
④ 호경기의 경우 일반적으로 재정지출을 억제한다.

42 **다음 중 경제학적으로 투자에 해당에 포함이 되지 않는 것은?**

① 현대자동차가 베트남 공장에 설비를 100억원어치 설치하였다.
② 소설가 이외수 씨가 소설 집필을 위해 볼펜을 샀다.
③ 종필이가 현대자동차 승용차를 샀다.
④ 주은이가 주식시장에서 삼성전자 주식을 대량으로 매수하였다.

43 **경제활동 '삼면등가원칙'에서 삼면은?**

① 생산 · 소비 · 저축　② 생산 · 분배 · 지출
③ 생산 · 소비 · 투자　④ 생산 · 수출 · 수입

44 **생산활동의 주체는 누구인가?**

① 정부　② 기업　③ 가계　④ 가계와 기업

45 **생산의 3요소는?**

① 자연 · 경영 · 토지　② 자연 · 자본 · 기업
③ 경영 · 노동 · 기업　④ 자연 · 노동 · 자본

46 **분배활동의 주체는 누구인가?**

① 정부　② 기업　③ 가계　④ 정부와 기업

47 **다음 중 중앙은행의 간접 통화관리 수단이 아닌 것은?**

① 재할인 정책　② 기준금리정책
③ 총통화 증가율관리　④ 지급준비율

48 **사이다 수요를 증가시키는 요인이 아닌 것을 고르시오.**

① 사이다 가격의 하락　② 콜라 가격의 상승
③ 사이다와 같이 먹는 빵값의 하락　④ 사이다를 먹는 사람들의 소득 증가

49 **A재화 가격이 상승할 때 B재화는 수요가 감소하는 경우, 두 재화간의 관계는?**

① 대체재　② 보완재　③ 독립재　④ 경제재

50 **소득이 증가해도 수요가 줄어드는 재화를 지칭하는 경제학적 용어는?**

① 열등재　② 대체재　③ 보완재　④ 기펜재

51 **다음 중 사이다의 공급을 증가시키는 요인과 가장 거리가 먼 것은?**

① 사이다의 가격 상승 ② 설탕 가격의 하락
③ 사이다 공장 노동자의 임금 하락 ④ 사이다 생산 공장의 증가

52 **수요공급의 법칙과 가장 관계가 깊은 것은?**

① 기업은 재화의 수요에 따라 공급을 결정한다.
② 수요와 공급은 그 재화의 가격의 변화에 따라 변동한다.
③ 가격은 그 재화의 수요와 공급이 균형되는 점에서 결정된다.
④ 공급이 증가되면 가격은 하락하고, 수요가 증가되면 가격은 상승한다.

53 **사이다 시장에서 콜라 가격이 상승하면 사이다의 가격은? 그리고 거래량은?**

① 사이다의 가격은 상승, 거래량은 증가 ② 사이다의 가격은 상승, 거래량은 감소
③ 사이다의 가격은 하락, 거래량은 증가 ④ 사이다의 가격은 하락, 거래량은 감소

54 **핸드폰 시장에서 핸드폰에 들어가는 메모리칩의 가격이 내리면 핸드폰의 가격과 거래량은?**

① 핸드폰의 가격은 하락, 거래량은 감소 ② 핸드폰의 가격은 하락, 거래량은 증가
③ 핸드폰의 가격은 상승, 거래량은 감소 ④ 핸드폰의 가격은 상승, 거래량은 증가

55 **상암 월드컵경기장 시장에서 축구 붐은 시들고 경기장 증축공사가 시행된다면 상암 월드컵경기장의 입장료와 관람객 수는 어떻게 될까?**

① 입장료 상승, 관람객 증가 ② 입장료 상승, 관람객 감소
③ 입장료 하락, 관람객 증가 ④ 입장료 하락, 관람객 감소

56 **식당에 가면 '물은 셀프'라는 표지판을 볼 수 있다. 그 식당에서 파는 음식은 어떤 경쟁을 하는 것인가?**

① 가격 경쟁 ② 서비스 경쟁 ③ 인테리어 경쟁 ④ 이미지 경쟁

57 **백화점에서 대대적으로 바겐세일을 하는 품목에 대한 설명으로 올바르지 않은 것을 고르시오.**

① 대체재가 많다.
② 전체 소비에서 차지하는 비중이 작다.
③ 사치품이다.
④ 가격 변화에 수요 변화가 민감하다.

58 **다음 재화 중 가격이 올라도 공급을 단시간에 늘리기 어려운 재화는?**

① 사치품 ② 필수품 ③ 농산품 ④ 공산품

59 **공급이 완전 비탄력적이라는 것을 가격이 아무리 올라도 공급을 늘릴 수 없다는 것을 의미한다. 공급이 완전 비탄력적인 재화를 고르시오.**

① 빈 객실이 없는 호텔
② 허준의 동의보감 원본
③ 깨끗한 식수
④ 아름다운 꽃

60 **공급법칙의 예외로써 거리가 먼 것은?**

① 독과점
② 지방 부동산
③ 스포츠 경기입장권
④ 예술품과 골동품

61 **다음 중 한국전력에서 생산하는 서비스상품에 대한 설명으로 올바른 것을 고르시오.**

① 누구든 언제든 생산할 수 있다.
② 한국전력은 시장가격과 추가 비용을 고려하여 전기 생산량을 결정한다.
③ 전기에 대한 시장 수요가 곧 한국전력의 상품에 대한 수요이다.
④ 단기적으로는 초과이윤을 얻을 수 있으나 장기적으로는 유사제품의 등장으로 초과이윤이 사라진다.

62 **다음 중 가격 차별화 정책이 이루어지고 있지 않은 경우는 무엇인가?**

① 바겐세일
② 영화 조조할인
③ 섬마을 주민에게만 뱃삯 할인
④ 심야 전기 사용자에게 전기료 할인

63 **코카콜라 시장이 완전경쟁시장에 가까운 이유로 적절하지 않은 것은?**

① 동네마다 편의점이 많고 편의점은 모두 코카콜라를 판다.
② 편의점에서 파는 코카콜라 중 어느 콜라가 맛있을까 고민하지 않아도 된다.
③ 편의점은 인위적으로 코카콜라를 비싸게, 혹은 싸게 팔 수 없다.
④ 코카콜라에 치아를 집어넣으면 일정 기간이 지나면 사라진다.

64 **다음 중 일반적으로 독점이 발생하는 요인이 다른 상품은?**

① 전기 ② 수도 ③ 카지노 ④ 온천

65 **다음 중 경기가 침체될 때 기획재정부에서 할 수 있는 일이 아닌 것은?**

① 추가경정예산의 확보 ② 적극적인 금리 및 세율인하 정책
③ 예산의 조기집행 ④ 확장재정 추구

66 **한국은행이 경기침체 시 일반적으로 취하는 정책을 올바르게 짝지은 것을 고르시오.**

① 재할인율 인하–지급준비율 인상–기준금리 인하
② 재할인율 인상–지급준비율 인상–기준금리 인상
③ 재할인율 인하–지급준비율 인상–기준금리 인상
④ 재할인율 인하–지급준비율 인하–기준금리 인하

67 **완전경쟁시장의 조건이 아닌 것은?**

① 수요 · 공급자의 다수 ② 자원의 자유로운 이동
③ 수요 · 공급 재화의 이질성 ④ 정보의 공개성(완전정보)

68 **중앙은행이 재할인율을 인상할 경우에 나타나는 효과는?**

① 이자율의 상승과 통화량의 증가 ② 이자율의 상승과 통화량의 감소
③ 이자율의 하락과 통화량의 증가 ④ 이자율의 하락과 통화량의 감소

69 **시중에 자금이 부족하면 중앙은행은?**

① 재할인율을 인상한다.
② 유가증권을 매각한다.
③ 수신금리를 인상한다.
④ 지급준비율을 인하한다.

70 **가격을 가장 잘 나타낸 것은?**

① 한 상품의 효용을 화폐량으로 나타낸 것
② 한 상품의 생산비를 화폐량으로 나타낸 것
③ 한 상품의 사용가치를 화폐량으로 나타낸 것
④ 한 상품의 교환가치를 화폐량으로 나타낸 것

정답

01	X	02	X	03	O	04	X	05	O	06	O	07	X	08	X	09	O	10	X
11	X	12	O	13	X	14	X	15	O	16	X	17	X	18	X	19	X	20	O
21	X	22	O	23	X	24	X	25	X	26	O	27	X	28	O	29	X	30	O
31	X	32	O	33	O	34	X	35	O	36	X	37	X	38	X	39	④	40	①
41	④	42	③	43	②	44	②	45	④	46	②	47	③	48	①	49	②	50	①
51	①	52	③	53	①	54	②	55	③	56	①	57	②	58	③	59	②	60	②
61	③	62	③	63	④	64	④	65	②	66	④	67	③	68	②	69	④	70	④

CHAPTER

02 창업과 경제환경

경제환경이란 창업이나 경영활동에 영향을 미치거나 영향을 받는 경제의 전반적인 요인과 방향을 말한다. 경제적 환경의 변화는 다른 환경에 비해 거시적인 환경 요인이다. 이러한 경제적 환경은 기업이 활동하는 경쟁의 본질과 방향을 결정한다. 경제적 환경은 제품의 수요크기나 성장률, 원료 및 중간재의 가격, 제품의 생산원가, 판매가격, 자본의 조달 용이성 등에 영향을 미치며 그 영향의 정도는 창업 업종과 아이템에 따라 다르게 나타난다. 이러한 경제적 환경을 나타내는 주요 변수로써 금융시장, 상품, 인플레이션 및 디플레이션, 환율 등을 들 수 있다.

1. 금융시장과 상품

금융(finance)이란 소득보다 지출이 적어 돈이 남는 사람들로부터 자금을 조달해서 소득보다 지출이 많아 자금이 부족한 사람에게 융통해 주는 행위를 말한다. 그러므로 금융이란 말은 자금의 융통에서 나온 말이다. 자금의 융통은 경제활동에 매우 중요한 기능을 수행한다. 자금이 남는 사람들에게는 저축할 기회를 제공해서 남는 자금, 즉 현재소득의 일부를 미래로 이전해 소비할 수도 있도록 해준다. 자금이 모자라는 사람들에게는 차입해서 소비하거나 투자한 다음에 미래소득이나 수익으로 변제할 수 있도록 해서, 미래소득을 현재소득으로 이전해서 현재지출로 활용할 수 있도록 해준다. 이 때 저축과 투자에 영향을 미치는 변수가 이자율이다.

1.1 금융시장

경제주체들 사이에 자금을 융통해주는 서비스를 제공하는 경제주체를 금융기관이라고 한다. 금융기관이 잘 발달되어 있으면 금융시장에 다양한 만기와 금액의 저축과 대출상품이 거래된다. 다양한 금융기관들이 자금을 융통해주는 시장을 금융시장이라고 하는데, 자금을 융통하는 방법에 따라 직접금융시장과 간접금융시장으로 구분한다.

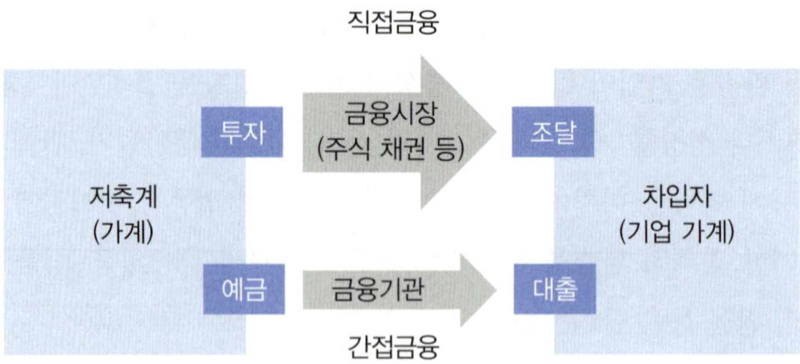

그림 2-1 직접금융과 간접금융

1) 직접금융시장

직접금융시장은 대여자와 차입자가 자금을 직접 융통하는 시장이다. 채권시장(bond market)과 주식시장(stock market)이 대표적인 직접금융시장이다. 직접금융시장에서 기업은 필요한 자금을 채권 발행처럼, 즉 주식과 회사채를 발행하여 타인자본을 조달한다. 이 때 발행되는 주식과 회사채는 기업의 자금조달창구로써 중요한 역할을 맡고 있을 뿐만 아니라, 일반국민들의 재산증식을 위한 저축 또는 금융투자 수단으로 이용되고 있다는 점에서 매우 중요한 금융상품이다.

직접금융시장의 금융거래를 원활하게 도와주는 금융기관은 증권회사이다. 증권회사는 브로커(broker)와 딜러(dealer) 기능을 수행한다. 브로커는 자금의 대여자와 차입자 사이에 직접 금융거래를 원활하게 보조하는 기능을 수행한다. 즉 거래상대방, 거래물량,

그림 2-2 주식 및 채권 견본

가격 등과 같은 시장정보와 거래쌍방을 소개해서 거래를 성사시킴에 따라 시장참가자들의 탐색비용 등 거래비용을 절감해 준다. 브로커는 단순히 거래참가자들로부터 수수료(commission)를 받는다.

딜러는 차입자로부터 금융자산을 매입하여 일시적으로 보유하였다가 대여자에게 매각하는 기능을 수행한다. 이를 자기매매라 하며, 그 과정에서 수수료는 받지 않고, 대신 매입가격과 매출가격의 차이인 자본이득을 추구한다. 현실적으로 증권회사들은 딜러와 브로커의 역할을 동시에 수행한다고 볼 수 있다.

2) 간접금융시장

채권이나 주식을 발행하는 회사의 수익성과 안정성을 파악하기 위해서는 전문적 지식이 필요하며 거래비용이 발생한다. 또한 직접금융시장에서 거래하는 상품의 최저거래단위가 높기 때문에 소액저축자들은 접근하기도 어렵다. 이러한 직접금융 방식의 단점을 해소하기 위해 거래쌍방 사이에 은행처럼 금융을 중개하는 기관을 사이에 두고 자금을 융통하는 간접금융방식이 출현하였다. 간접금융방식으로 자금을 융통해주는 은행은 다양한 조건의 저축상품과 대출상품을 통해 대여자와 차입자 사이에 원활하게 자금이 융통되도록 도와준다.

은행의 저축상품은 소액으로부터 거액거래에 이르기까지 다양하며, 저축기간도 1일부터 수년에 이르기까지 다양하고 대여자들이 차입자의 신용을 조사할 필요도 없다. 은행이 원리금 지급을 보장하기 때문에 원리금 손실위험과 거래비용도 상대적으로 낮다. 차입자도 거액의 자금을 장기간 차입할 수 있다.

1.2 금융상품

금융상품은 크게 예금과 대출로 분류할 수 있으며, 실물상품과는 달리 지급을 약속하는 종이조각이라고 할 수 있다. 만약 예금받은 은행이 부도가 나면 원리금 지급약속이 지켜지지 못할 위험이 있다. 이를 '원금손실위험'이라고 한다. 따라서 예금보호 금융상품(원리금 5천만원 보호)을 제외하고는 금융상품의 거래에 따른 위험은 원칙적으로 예금하는 사람, 즉 투자자 책임이다. 또한 인플레이션이 발생하면 금융상품의 실질가치인 구매력이 하락하는 인플레이션 위험도 있다.

1) 예금

은행예금은 크게 요구불예금(demand deposit)과 정기예금(time deposit) 또는 저축성예금(savings deposit)으로 구분한다. 요구불예금의 특징은 언제든지 인출이 가능하다. 기업의 요구불예금은 대체로 수표를 발행해서 거래대금의 결제에 화폐처럼 이용한다. 우리나라 은행의 요구불예금에는 보통예금, 당좌예금, 별단예금이 있으며, 공금예금, 국채예금과 여신관리자금도 포함한다. 당좌예금은 기업이 주된 예금주이며, 예금주가 약속어음과 당좌수표를 발행해서 예금을 인출할 수 있다. 일반적으로 요구불예금에 대해서는 이자

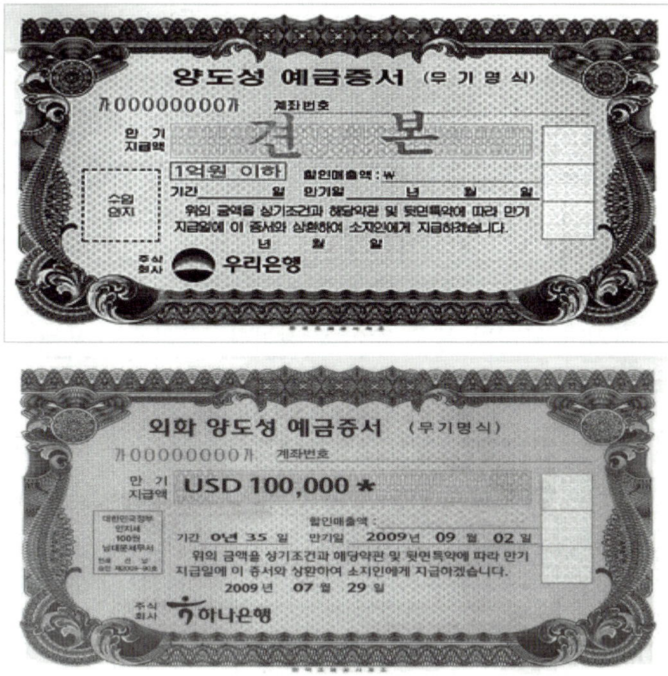

양도성 예금증서 (무기명식)
가00000000가 계좌번호
만기 지급액 견본
1억원 이하 할인매출액 : ₩
기간 일 만기일 년 월 일
수입 인지
위의 금액을 상기조건과 해당약관 및 뒷면특약에 따라 만기 지급일에 이 증서와 상환하여 소지인에게 지급하겠습니다.
년 월 일
주식회사 우리은행

외화 양도성 예금증서 (무기명식)
가00000000가 계좌번호
만기 지급액 USD 100,000 *
할인매출액 :
기간 0년 35 일 만기일 2009년 09 월 02 일
위의 금액을 상기조건과 해당약관 및 뒷면특약에 따라 만기 지급일에 이 증서와 상환하여 소지인에게 지급하겠습니다.
2009 년 07 월 29 일
주식회사 하나은행

그림 2-3 양도성 예금증서 견본

가 붙지 않거나 이자를 지급해도 대단히 낮은 명목적 수준이다.

정기예금에는 계약할 때 기간을 약정하고 만기까지 예치할 것을 조건으로 개설된 일반정기예금이 있으며, 장기저축자금을 흡수할 목적으로 발행하는 주택청약 예금증서와 같은 일반 예금증서(deposit receipt)와 단기유동자금을 흡수하고자 하는 양도성예금증서(CD: certificate of deposit)가 있다. 특히 양도성예금증서는 제3자에게 양도가 가능한 무기명 정기예금증서로써 할인방식으로 매매되고, 예금주는 중도해약을 하지 못하는 반면에 금융시장에서 타인에게 전매할 수 있다.

2) 대출(융자)

은행이 증서의 액면금액을 모두 제공하고 만기일에 원금과 이자를 받기로 한다면 대출(loan)이라 한다. 은행이 자금을 제공하는 방식에 따라 담보대출과 신용대출로 구분한

다. 신용대출을 문자 그대로 풀이하면 신용이 우수하다고 판단되는 회사 혹은 개인에 대해 그 신용을 믿고 대출해 주는 것이라고 할 수 있으나, 금융기관들은 신용대출을 담보가 전혀 없거나 대출금액보다 담보가 부족한 대출을 신용대출이라고 부르고 있다. 따라서 현재 통용되고 있는 신용대출의 정확한 표현은 무담보대출이다.

신용대출을 받으려 할 때에는 신용등급이 가장 중요한 역할을 한다. 월급 등의 고정소득과 다른 은행의 대출 여부도 대출을 받을 때 중요하게 고려된다. 담보대출에 비해 서류 준비는 간단하지만 금리가 높은 것이 단점이다. 금리는 신용등급에 따라 달라진다. 신용등급이 높은 사람들은 은행에서 최저 연리 5% 내외의 조건으로 신용대출을 받을 수 있지만, 신용등급이 낮은 사람들은 이자제한법의 최고 금리인 30%를 주어도 금융회사에서 대출을 받지 못하는 경우가 있다. 대부업법에 의해 대부업체의 최고 금리는 39%로 정해져 있지만, 불법 대부업체를 잘못 만나면 원금보다 이자를 더 내라고 하는 경우도 발생한다.

어음할인(discounting of bills)은 은행이 어음소지자의 요청에 의해 액면금액에서 만기일까지의 이자를 공제하고 매입함으로써 어음을 현금화시키는 방법이다. 은행융자의 한 형태로 상품매매에 수반하여 생기는 상업어음을 어음의 수취인에게서 지불기일에 도달하기 전에 그 기일까지의 이자를 공제한 금액으로 은행이 매입할때 공제한 이자를 할인료라고 한다. 할인료는 어음의 종류나 금융시장의 상태에 따라 변동한다. 어음할인의 경제적 효과는 다음과 같다.

(1) 소상공업자에게 편익을 주고 자금의 고정화를 피하여 생산자금을 회전할 수 있게 한다.
(2) 은행은 자금의 단기간내 회수가 가능하며, 또한 중앙은행으로부터 담보대출을 받거나 재할인을 받을 수 있다.
(3) 지급인이 지급하지 않는 경우 배서인 · 발행인 등에게 소급하여 청구할 수 있다.

대출기간과 상환방식

- **대출기간**: 거치기간과 상환기간을 합해서 총 대출금을 상환하는 기간
- **거치기간**: 원금을 상환하지 않고 이자만 갚는 기간
- **상환기간**: 거치기간이 끝나고 원금과 이자를 같이 갚는 기간. 예를 들어, 거치기간 3년에 상환기간 5년으로 설정하면 총 8년간의 대출기간을 설정하고, 3년간은 이자만 내다가 4년째 상환기간이 도래하면 원금과 이자를 같이 납부한다.
- **만기일시상환**: 매달 대출원금에 대한 이자만 납입하다가 만기에 원금을 한꺼번에 상환
- **원리금균등상환**: 매달 납부하는 원금과 이자의 합은 같으나, 매달 원금과 이자의 비율이 달라짐
- **원금균등분할상환**: 매달 납부하는 원금은 같으며, 납부하는 이자는 남은 잔액에 따라 적용 대출금액을 동일한 대출금리, 대출기간으로 대출을 받을 때 원금균등분할상환이 원리금균등상환에 비해 초기 가계부담이 더 될 수 있겠지만 대출기간 중 총 발생하는 대출이자는 덜 발생한다는 장점이 있다.

3) 어음

약속어음(promissory bill)이란 발행인이 소지인에 대하여 일정기일에 일정금액을 지급할 것을 약속하는 어음으로 시중에서 거래되는 상품은 크게 상업어음과 기업어음이 있다. 상업어음(trade bill)은 물건값으로 지금은 돈이 없으니 언제까지 돈을 주겠다고 종이에 약속을 적어서 주는 것으로 실제의 상거래를 원인으로 하여 매입대금의 지급을 위해 발행되는 환어음 또는 진성어음(real bills)이다. 우리나라에서는 상업어음 할인 및 일반고객에 대한 대출업무를 주로 시중은행이 취급하고 있다.

기업어음(CP: commercial paper)은 상업어음과는 달리 신용상태가 양호한 A등급이상 기업이 단기자금을 조달할 목적으로 상거래와 관계없이 발행한 융통어음이 할인 거래되는 어음을 말한다. 이러한 기업어음시장은 기업에 대하여는 자기신용을 바탕으로 비교적 간편한 절차에 의하여 금융시장으로부터 단기자금을 조달할 수 있는 경로를 제공하는 한편, 일반투자가에게는 단기자금의 운용수단을 제공하는 역할을 하게 된다.

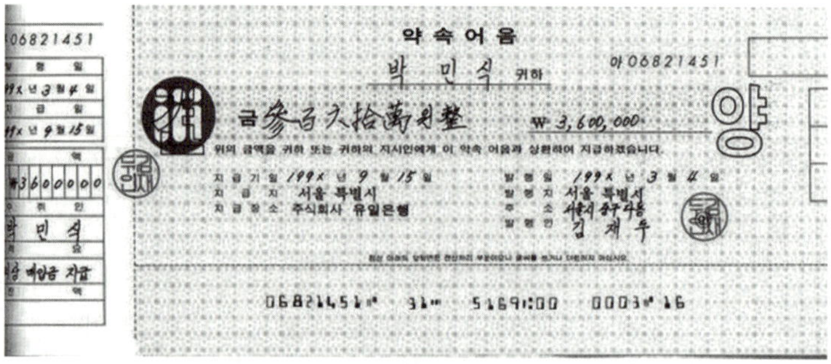

그림 2-4 상업어음 견본

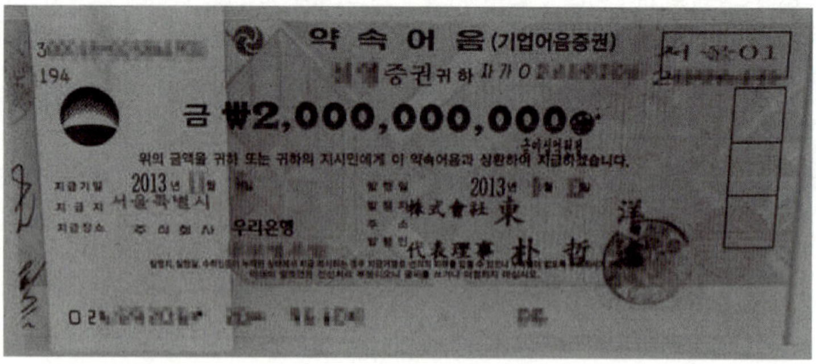

그림 2-5 기업어음 견본

4) 수표

발행인이 지급인(금융기관)에 대하여 수취인 기타 정당한 소지인에게 일정한 금액의 지급을 위탁하는 유가증권을 말한다.

(1) 자기압 수표(cashier"s check): 보증수표라고도 하며 발행인과 지급인이 은행으로 되어 있는 수표를 말한다.

(2) 당좌 수표(am checking): 은행에 당좌예금을 개설한 개인이나 법인이 제3자(지급인이나 은행)에게 일정한 금액을 수표상의 권리자에게 무조건 지급하여 줄 것을 위탁하는 증권으로 실무상 가장 많이 활용한다.

그림 2-6 자기압수표 견본

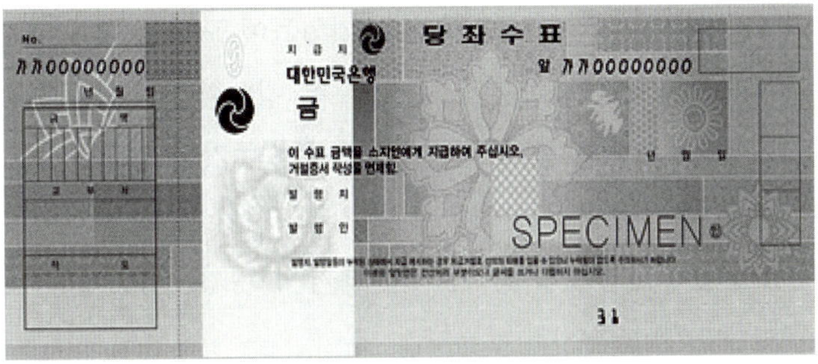

그림 2-7 당좌수표 견본

어음이 부도난 경우 발행자는 민사책임을 지게되지만, 부도수표를 작성하거나 발행한 자는 부정수표단속법에 의하여 형사처벌을 받는다.

2. 경기순환과 GDP

2.1 경기와 순환곡선

자본주의 경제에서는 경제활동이 활발한 호경기와 경제활동이 침체하는 불경기가 번갈아 발생하는데, 경기(business)란 일반적으로 '시장에서 거래(교환)가 활기있게 이루어지는 정도'를 말한다. 경기가 침체되면 실질적인 거래의 빈도와 물량도 줄지만 무엇보다도 소비자 구매심리가 위축되어 시장수요가 감소된다. 이로 인해 기업의 생산활동이 위축되어 그 여파가 경제 곳곳에 미치게 된다. 일례로 2008년에 발생한 미국 발 금융위기는 국내 경기에 커다란 타격을 주어 무수히 많은 기업들이 도산 위협에 직면하게 되었고, 이로 인해 실업률의 증가와 감량경영이라는 새로운 경영환경을 가져오게 되었다. 반대로 호경기에는 그만큼 기업의 생산 및 국민소득수준이 증가하여 소비여건이 호전된다.

경기순환은 일정한 주기를 두고 발생하며, 경기가 가장 낮은 상태인 저점에서 가장 높은 상태인 정점까지 올라가는 것을 확장국면(회복기→호황기), 정점에서 저점까지 내려가는 것을 수축국면(후퇴기→불황기)라 부른다.

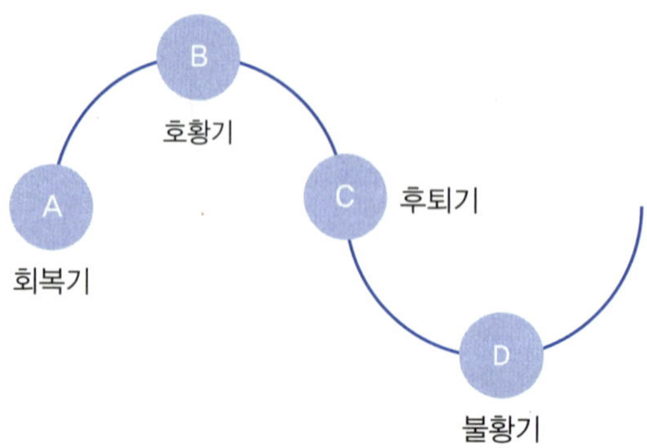

그림 2-8 경기순환곡선

1) 회복기(A)

경제활동이 회복, 증가되는 상태로 낮아진 물가와 금리로 인해 가계가 점점 소비를 늘리고, 또한 기업 생산량을 늘림과 동시에 투자를 다시 시작하는 시기이다. 정부의 경기 부양 정책, 기업의 신기술 개발, 신자원과 신제품 개발, 해외수요 증대 등 내생적, 외생적 경기유발 요인으로 경기하강이 끝나고 회복 국면에 돌입한다.

회복기	생산	물가	소득	금리	실업률	주가
	증가	중간	증가	상승	감소	상승

2) 호황기(B)

모든 경제활동이 최고 수준인 상태로, 가계의 소득이 증가하여 소비가 늘어나고, 기업은 판매호조로 생산량을 늘림과 동시에 주가가 상승하고, 기업이 투자를 늘리는 시기이다. 대신에 수요 증가로 물가가 상승하고, 노동 수요 증가로 임금이 오르며, 투자가 증가함으로써 저축률이 감소하여 금리가 상승한다.

호황기	생산	물가	소득	금리	실업률	주가
	최고	최고	최고	최고	최저	최고

3) 후퇴기(C)

호황기의 고금리, 고물가 휴유증으로 경제활동이 서서히 위축, 둔화되는 상태이다. 가계는 높은 물가와 금리로 인해 소비를 점점 줄이고, 이에 따라 기업 또한 판매 부진과 재고 증가, 고금리로 기업수지가 악화되어 투자를 줄인다.

후퇴기	생산	물가	소득	금리	실업률	주가
	감소	하락	감소	하락	증가	하락

4) 불황기(D)

소비와 투자 모두 위축되면서 경기가 침체된 상태로, 가계와 기업 모두 소비와 투자가 가장 위축되는 시기이다. 가계의 소득감소→소비감소→기업의 생산감소→고용감소로 이어지는 악순환에 빠진다. 반면에 가계의 소비 감소로 물가가 하락하고, 가계의 저축이 증가하며, 기업의 저축이 증가하며, 기업의 투자가 감소하면서 금리도 내려간다.

불황기	생산	물가	소득	금리	실업률	주가
	최저	최저	최저	최저	최고	최저

그러나 이러한 일반적인 패턴을 벗어나는 경우가 있는데, 갑자기 호황을 맞게 되는 것을 특수경기(boom)라고 하고, 경기가 급격히 침체에 빠지는 것을 공황(crisis)이라고 한다. 그리고 일반적으로 말하는 경기침체(recession)는 경제성장률이 2분기 연속 마이너스를 기록하는 것을 의미한다.

2.2 경기순환의 유형

1) U자형 경기순환

U자형 경기순환은 파도 모양으로 진행되는, 천천히 내려갔다가 올라가는 경기흐름이다. 가장 일반적인 흐름이라고 볼 수도 있지만, 한번 저점으로 내려가면 2~3년 이상 걸리기 때문에 국가와 서민 경제에 많은 고통을 준다. 그러나 모든 경기순환이 일반적인 U자형 경기흐름을 보이는 것은 아니다. 신기술 개발, 정부의 개입, 세계 경제의 환경 변화 등 내외적으로 경기에 영향을 미칠 수 있는 요인들이 많기 때문이다.

2) V자형 경기순환

V자형 경기순환은 경기가 빠른 속도로 내려갔다가 빠른 속도로 회복되는 것을 말한다. 일시적인 경제체질 변화나 급변하는 외부 환경에 의해 경기불황이 발생하였다가 정부의 빠른 상황 대처에 의해 회복되는 경우이다. IMF 경제위기가 좋은 예이다. 1998년 우리나라는 IMF 구제금융을 받으면서 마이너스 성장과 무역적자를 기록했지만, 바로 다음해 플러스 성장에 무역수지 흑자로 돌아서면서 V자형 경기순환을 보였다. 또한 2008년 미국 발 금융위기 이후에도 V자형 경기순환을 보였다.

3) W자형 경기순환

W자형 경기순환은 경기침체가 회복되다가 다시 침체로 빠지는 것으로 더블딥(double-dip), 이중침체라고도 한다. 보통 경기침체기에 기업이나 정부가 일시적으로 생산량을 늘리거나 경기부양을 함으로써 잠시 경기가 살아나지만, 민간소비가 회복되지 않아서 다시 침체에 빠지는 것이 일반적인 형태이다. 1990년대와 2000년대 초반 미국 경제가 침체 상황에서 경기부양으로 잠시 회복되다가 다시 침체한 것이 좋은 예이다.

4) L자형 경기순환

L자형 경기순환을 W자형보다 더 안 좋은 형태이다. 경기침체에 빠진 후 한참 동안 회복되지 않는 경우로, 1990년대 일본이 버블경제가 붕괴되어 장기적인 침체에 빠지면서 나온 개념이다. 구조적으로 경제에 거품이 계속 부풀어 오르다가 갑자기 꺼지면서 한번에 몰락한 것으로, 정부의 부적절한 대처로 경기침체가 더욱 심화된 경우이다. 10년 정도 장기에 걸쳐서 구조조정으로 완료했을 때에야 비로소 정상 유형으로 돌아온다. 일본은 이때 일본의 큰 곳간이라고 하던 대장성(우리나라 기획재정부에 해당)을 아예 없앨 정도로 충격이 컸다. 잃어버린 20년이라는 표현이 원래 이 L자형 경기순환에서 나왔다.

경기변동은 이처럼 그 나라의 경제구조, 다른 나라의 경제상황, 정부의 대처에 의해 다양한 형태를 띠며, 많은 국가들은 되도록 경기변동의 폭, 특히 하강폭을 줄이려고 노력한다.

2.3 GDP와 경제성장

GDP(국내총생산; gross domestic product)는 한 국가 내에서 일정기간(보통 1년) 생산된 생산물(제품과 서비스)가치를 화폐단위로 모두 합한 것을 말하며, 중간생산물이나 중고품 거래는 포함되지 않는다. 보통 GDP를 국력의 척도로 삼는다. 그러나 GDP는 국가의 총 경제 규모를 보여 주는 것이기 때문에 국민들의 생활수준을 이야기 할 때는 GDP를 총 국민수로 나눈 1인당 GDP를 사용한다. 2018년 기준으로 우리나라의 1인당 GDP는 약 30,500달러이다. 중국의 GDP 규모는 미국 다음으로 엄청나지만, 1인당 GDP는 9,300달러 정도 된다. 여기서 주의해야할 점은 1인당 GDP는 달러로 표시하는 지표라는 점이다. 국민들의 소득이 조금 늘었더라도 환율이 상승하고 원화 가치가 하락했다면, 달러로 표시하는 1인당 GDP가 감소할 수 있다는 것을 염두에 두어야 한다.

GDP가 지리적인 면에서 테두리를 가두었다면, GNP(국민총생산; gross national product)는 생산하는 주체의 국적을 중심으로 총생산량을 측정하는 것이다. GNP는 한 나라의 국민이 일정기간 동안 얼마나 많은 재화와 서비스를 생산했는지를 보여준다. 과거에는 국가의 경제 규모를 나타낼 때 GNP를 많이 사용했다. 1980년대 이전에는 한 국가 내에서 그 나라 국적의 기업이 국민들을 고용해 생산하는 것이 대부분이었기 때문에 GNP는 한 나라의 경제지표가 되는 것에 문제가 없었다. 하지만 1990년대부터 세계화가 진행되고 다국적기업이 늘어나면서 생산의 주체가 국민이 아닐 수도 있고, 우리 국적의 기업이 외국의 총생산에 더 보탬이 되는 경우도 증가했다. 예를들어 GM 자동차의 현 소유주는 미국의 GM사다. 그러나 한국의 GM 자동차는 한국에서 생산을 하여 한국시장과 해외시장에서 판매를 하고 있다. 즉 한국의 GM사가 더 많이 생산하고 더 많이 판매하면 우리나라의 GDP이 늘어나게 된다. 반면에 현대자동차가 미국 앨라배마에 공장을 지어서 생산하는 것은 미국의 GDP에 포함된다. 그래서 최근에는 GNP는 거의 사용하지 않고 GDP를 국가 경제지표로 활용한다.

GDP를 측정하는 방법은 두 가지가 있다. 하나는 생산단계에서 생기는 부가가치의 합을 구하는 방법, 또 하나는 최종생산물의 가격으로 계산하는 방법이다. 일반적으로 GDP는 최종 생산된 제품 가치의 총합으로 계산한다. 자동차 부품은 모두 중간생산물이므로 계산할 필요가 없다. 정부의 입장에서는 완성자동차의 가격만 계산하면 쉽게 GDP를 계산할 수 있다.

경제성장이란 GDP의 증가로 국민소득의 증가 추세를 의미한다. 이는 1인당 생산물이나 소득의 증가로 산출량 또는 실질소득의 장기적인 증가를 뜻한다. 한 나라의 경제수준을 이전과 비교하기 위해서는 물가변동의 영향을 제거하고 실제로 소비할 수 있는 제품과 서비스의 수량을 측정해야 한다. 그래서 경제성장률을 측정하기 위해서는 경제규모의 증가분(명목GDP)에서 물가상승분을 차감한 개념인 실질GDP를 산출한다. 만약 한국

표 2-1 세계 경제규모 추정 순위

2015			2030		
Rank	Country	GDP($bn)	Rank	Country	GDP($bn)
1	United States	17,968	1	China	34,338
2	China	11,385	2	United States	32,996
3	Japan	4,116	3	India	10,133
4	Germany	3,039	4	Japan	5,087
5	United Kingdom	3,039	5	Germany	4,720
6	France	2,418	6	United kingdom	4,622
7	India	2,183	7	Korea	3,532
8	Italy	1,816	8	Brazil	3,368
9	Brazil	1,800	9	France	3,311
10	Canada	1,573	10	Canada	2,750
11	Korea	1,393	11	Indonesia	2,560
12	Saudi Arabia	1,341	12	Russia	2,431
13	Australia	1,241	13	Italy	2,393
14	Russia	1,236	14	Mexico	2,390
15	Spain	1,219	15	Australia	2,049
16	Mexico	1,161	16	Saudi Arabia	1,848
17	Indonesia	873	17	Spain	1,775
18	Netherlands	749	18	Turkey	1,620
19	Turkey	722	19	Philippines	1,213
20	Switzerland	677	20	Nertherlands	1,176

자료: 영국 CEBR 보고서(2016)

은행이 2018년의 경제성장률을 2.8%로 발표를 했다면, 이는 실질GDP가 2017년에 비해 2.8%만큼 증가했다는 것이지, 명목GDP가 2.8% 늘어났다는 것이 아니다.

국내총생산(GDP) VS 국민총소득(GNI)

세계경제는 국가 간의 수출입을 통해 상품을 팔고 사는 것은 물론 노동이나 자본과 같은 생산요소도 활발하게 거래하고 있다. 즉 우리나라의 생산자가 외국인을 고용하여 생산을 하기도 하고, 반대로 우리나라 사람이 다른 나라로 나가 생산에 참여하기도 한다. 이렇듯 생산요소의 국제적 이동에 따라서 국민경제의 소득규모는 '영토'개념을 기준으로 하여 측정한 국내총생산과 '국적'개념을 기준으로 측정한 국민총소득의 두 가지로 파악할 수 있다.

국내총생산(GDP: gross domestic product)은 한 나라 영토 내에서 가계, 기업, 정부 등의 모든 경제주체가 일정기간 동안 생산활동에 참여한 결과 창출된 부가가치를 시장가격으로 평가해서 합계한 것이다. 한편 국민총소득(GNI: gross national income)은 한 나라의 국민이 생산활동에 참가한 대가로 받은 소득의 합계이다. 다시 말해 한 나라의 국민이 소유하고 있는 생산요소를 국내이든지 국외이든지 관계없이 생산활동에 제공한 대가로 벌어들인 모든 소득을 말한다. 자기 나라 국민이 해외로부터 받은 소득은 GNI에 포함되지만, 반면에 국내총생산(GDP) 중에서 외국인에게 지급한 소득은 제외한다. 국민총소득(GNI)을 각 나라의 나눈 값이 바로 1인당 GNI이다. 국민들의 생활수준의 국제비교에는 1인당 GDP와 1인당 GNI를 병행하여 사용한다.

2.4 GDP의 유용성과 한계

GDP는 한 국가 안의 전반적인 경제활동 수준과 소득 규모를 파악하는 지표로써 세계 여러 나라들의 경제 규모를 서로 비교하기 위해서는 일반적으로 국가 전체의 GDP를 이용한다. 또한 나라별로 국민의 생활수준을 비교하려면 전체 GDP를 인구수로 나눈 1인당 GDP를 이용한다. 예를들어 중국의 전체 GDP 규모는 우리나라보다 훨씬 크지만, 2018년 1인당 GDP는 약 9천달러 수준으로 우리나라의 3만달러에 비해 작다. 따라서 중국인의 생활수준은 우리나라 사람보다 낮다고 할 수 있을 것이다.

하지만 1인당 GDP가 그 나라 국민의 생활수준을 정확히 나타낼 수는 없다. OECD 2017년 자료에 의하면 프랑스의 1인당 GDP는 약 5만6천달러, 카타르는 10만3천달러이지만 카타르 국민의 생활수준이 과연 프랑스 사람들보다 높다고 할 수는 없을 것이다. 따라서 GDP는 국민의 생활수준을 나타내는 데는 다음과 같은 한계점을 가지고 있다.

1) 상대적 빈곤은 외면

GDP나 1인당 GDP가 높아도 분배가 매우 불평등하다면 국민의 생활수준은 나쁠 수 있다. 즉 1인당 GDP는 절대적 빈곤에 대한 지표는 되지만, 상대적 빈곤(혹은 빈부격차)은 전혀 보여 주지 못한다.

2) 노동시간 미반영

GDP 수치가 삶의 질은 나타내지 못한다. GDP가 높은 국가라도 노동시간이 지나치게 많다면 국민들의 생활수준은 좋지 못할 것이다. OECD 국가 중 최고 노동시간을 자랑하는 우리나라의 경우 1인당 GDP 수치에 비해서 생활수준이 높다고 보기는 어렵다.

3) 지하경제 및 주부의 가사노동 외면

GDP의 결정적인 약점은 시장에서 정상적으로 거래된 제품과 서비스만 계산한다는 것이다. 따라서 지하경제 및 주부의 가사노동은 전혀 고려하지 않는다. 지하경제는 암시장, 밀수거래 등 만이 아니라 신고하지 않는 소득은 모두 지하경제에 포함된다. 우리나라는 지하경제의 규모를 GDP의 20~25% 정도로 보며, 1인당 GDP가 3만달러라면 실제로는 3만6천달러라고 보면 된다.

3. 인플레이션과 디플레이션

3.1 인플레이션

1) 개요

인플레이션(inflation)은 일정 기간 물가가 지속적으로 상승하는 것을 말한다. 이와는 반대로 일정 기간 물가가 계속 하락하는 경우를 디플레이션(deflation)이라고 한다. 인플레이션이라고 모든 재화나 서비스의 가격이 오르는 것은 아니며, 평균적인 가격 수준이 오른다는 의미이다.

- 인플레이션(inflation): 일정 기간 물가가 계속 상승, 물가↑, 화폐가치 ↓,실업↓
- 디플레이션(deflation): 일정 기간 물가가 계속 하락, 물가↓, 화폐가치↑,실업↑
- 스태그플레이션(stagflation): 경기침체+물가상승, 물가↑, 화폐가치 ↓,실업↑

1960년대 우리나라는 정부 주도의 경제성장 정책을 펴면서 물가상승률이 13.2%에 달했고, 오일쇼크로 1974년에만 기름값이 82%나 오르기도 했다. 2008년에도 유가와 환율 상승으로 소비자물가지수가 7%대까지 올랐다. 일반적으로 한국은행은 환율이 10% 오르면 물가는 약 0.8% 오르고, 유가가 10% 오르면 물가는 약 0.3% 상승한다고 얘기한다. 미국도 1970년대에 15%대의 물가상승률을 겪었다. 브라질은 1980년대부터 2003년 룰라 대통령이 집권하기 전까지 살인적인 인플레이션을 겪었는데, 1990년에는 물가상승률이 무려 3,000%에 이르렀다. 2018년 극심한 인플레이션과 생활필수품 난에 시달리는 베네수엘라는 200만%의 물가상승을 보였다.

2) 인플레이션의 원인과 종류

(1) 경제발전에 따른 인플레이션

국가 경제가 발전하여 소득(임금)이 증가하면, 상품에 대한 수요가 늘어나고 물가가 상승한다. 예컨대 소득이 증가하면서 자동차나 컴퓨터 등의 수요가 늘어나면, 이 과정에서 가격이 올라 인플레이션이 일어난다. 즉 장기적으로 경제발전은 소득수준의 향상을 불러오고 새로운 수요를 창출함으로써 어느 정도는 인플레이션을 유발한다.

(2) 정부의 경기부양 정책에 따른 인플레이션

정부가 경기침체를 막기 위해 금리인하 등의 금융정책이나, 감세, 건설경기 부양 등의 재정정책을 사용하면 가계의 소득이 늘어나고 기업의 투자가 증가한다. 그러면 가계와 기업의 소비나 투자 등 수요가 증가하여 인플레이션이 발생된다. 이처럼 인플레이션은 경제발전이나 경기부양에 자연스럽게 따라오게 되는 필요악이라고 볼 수 있다. 그런데 경제발전이나 경기부양으로 인한 인플레이션이라면 긍정적인 요소가 있지만, 생산원가나 환율의 상승 등 외부적 요인에 의한 인플레이션은 대개 국가 경제에 큰 어려움을 준다.

(3) 생산원가의 상승으로 인한 인플레이션

국제 원자재 가격, 토지가격 등 생산원가의 상승은 인플레이션을 유발한다. 제품가격이 많이 오르면 소비는 위축되며, 국가의 총공급이 감소되면서 경기침체 상황에서 물가가 오르고 고용은 악화되는 스태그플레이션(stagflation)을 가져올 위험이 있다.

(4) 환율 상승으로 인한 인플레이션

환율이 상승하면 수입품의 가격이 올라 물가가 상승한다. 만약 환율과 국제 원자재 시세가 같이 오르면 인플레이션은 더 심화된다. 예를들어 원/달러 환율이 1,000원, 국제유가가 1배럴당 30달러이면 원유 1배럴의 수입가는 3만원이지만, 만약 환율이 1,500원, 국제유가가 1배럴당 60달러로 오르면 수입가는 9만원으로 무려 3배나 올라 물가가 크게 상승 할 수밖에 없다. 게다가 국제 원자재 가격과 환율 상승으로 인한 인플레이션은 정부에서 통제 할 수 있는 정책이 거의 없다는 것이 문제이다. 앞에서 살펴보았듯이 스태그플레이션일 때는 재정정책, 금융정책이 별 소용이 없기 때문이다.

(5) 독과점에 따른 인플레이션

독과점시장에서는 공급자가 마음대로 가격을 조절하여 물가를 상승시킬 수 있다. 예를들어 전기나 수도가 민영화된 몇몇 나라의 경우 일부 독점기업이 가격을 크게 올려 인플레이션 압력이 커진 예가 있다. 상수도가 민영화된 필리핀의 경우 요금이 400%, 영국은 450% 올랐다. 하지만 대부분의 국가가 독과점을 금지하고 감시하므로, 실제로 독과점에 따른 인플레이션 요인은 많지 않다.

(6) 과도한 통화량 증가에 따른 인플레이션

가장 큰 문제를 일으킬 수 있는 것이 경기부양을 위해 무리한 통화량 증가(양적완화)에 따른 인플레이션이다. 시중 통화량이 급격히 증가하면 돈의 가치가 떨어지고, 이에 따라 재화와 서비스의 가격이 올라 인플레이션이 극심해진다. 2008년 세계금융위기로 아프리카 짐바브웨는 통화량을 늘리기 위해 중앙은행에서 윤전기를 돌려 돈을 마구 찍어내어

걷잡을 수 없는 경제문제가 생겨 빵 하나를 사기 위해 짐수레에 돈을 싣고 가거나, 땔감이 부족해서 아예 지폐 다발을 땔감으로 썼다는 이야기도 있다. 정부의 통제에서 완전 벗어난 인플레이션을 '하이퍼인플레이션(hyper−inflation)'이라고 한다. 따라서 정부는 과도한 물가상승을 억제하여 경제를 안정화시키기 위해서 시중의 통화량을 흡수하는 '출구전략'을 시행한다. 아프리카 짐바브웨 정부는 은행에서 하루 인출 금액을 1천억 짐바브웨 달러(미화 약 5달러)로 제한했다. 이렇게 화폐가치가 땅에 떨어지면서 물가는 천정부지로 치솟아 연평균 물가상승률이 2,200,000%에 이르렀다. 짐바브웨는 물가를 잡기 위해 2009년 2월 화폐단위를 1조분의 1로 떨어뜨리는 '리디노미네이션(redenomination, 화폐단위축소)'을 시행했지만 효과를 거두지 못했다. 2018년 최근 베네수엘라도 극심한 하이퍼인플레이션으로 생활필수품 난에 시달리고 있다.

그림 2-9 짐바브웨 100조 달러 지폐

인플레이션에서 유리, 불리한 사람(디플레이션은 반대)

- 유리한 사람: 기업주, 채무자, 현물소지자(부동산, 주식 등), 수입업자
- 불리한 사람: 월급생활자, 채권자, 현금소지자, 수출업자

  수입업자는 미리 수입해둔 제품가치가 상승(사놓은 담배가 오르듯)

  수출업자는 미리 수출하는게 손해(수출 후 몇달 후에 결제 됨)

⇒ 지속적인 인플레이션은 부자보다는 서민들에게 심각한 생활고를 줄 수 있다.

아프리카 짐바브웨 물가상승률 2,200,000%!

계란 3개에 1억 짐바브웨 달러, 2008년 남아프리카의 짐바브웨는 엄청난 '하이퍼인플레이션'을 겪었다. '미화 1달러=200억 짐바브웨 달러'일 정도로 화폐가치가 폭락했다. 화폐가치가 워낙 빠른 속도로 떨어지다 보니, 지폐에 유통기한을 표시할 정도였으며, 짐바브웨 정부는 은행에서 하루 인출 금액을 1천억 짐바브웨 달러(미화 약 5달러)로 제한했다. 이렇게 화폐가치가 땅에 떨어지면서 물가는 천정부지로 치솟아 연평균 물가상승률이 2,200,000%에 이르렀다.

짐바브웨에 하이퍼인플레이션이 발생한 이유는 독재자인 '무가베'의 경제정책 실패 때문이다. 외국인/기업의 자산을 회수하려는 무리한 시도로 외국 자본이 빠져나갔고, 부족한 생필품을 수입으로 해결하다 보니 외환보유고가 바닥나고, 결국 기업이 도산위기에 빠졌다. 짐바브웨 정부는 경제위기를 화폐를 마구 발행하여 해결하려다 문제를 증폭시킨 것이다.

짐바브웨의 한 시민단체 회장은 '돈이 있으면 오늘 쓰는 게 낫다. 왜냐하면 내일이면 그 가치가 5% 하락하기 때문이다.'라고 말했다. 짐바브웨의 은행, 슈퍼마켓에는 항상 긴 줄이 늘어섰고, 시간이 지날수록 슈퍼마켓에도 식료품과 같은 물품이 부족했다고 한다. 그리고 짐바브웨 사람들은 땅바닥에 돈이 떨어져 있어도 웬만하면 줍지 않았다는데, 휴지조각이 된 짐바브웨 달러의 가치를 알 수 있다. 짐바브웨는 2008년 8월 '리디노미네이션'(1조 짐바브웨 달러를 1짐바브웨 달러로 화폐의 액면가를 바꿈)을 단행했다.

출처: 한국경제신문(2009.1.30) 각색

'인플레 200만%' 베네수엘라 월 최저임금 300% 인상

극심한 인플레이션과 생활필수품 난에 시달리는 베네수엘라의 니콜라스 마두로 대통령이 최저임금을 300% 인상한다고 밝혔다. 작년 5월 치러진 대통령선거에서 당선돼 10일 두 번째 임기를 시작한 마두로 대통령은 이날 제헌의회 연례 연설에서 이같이 발표했다고 로이터통신 등 외신들이 14일 보도했다. 이에 따라 월 최저임금은 베네수엘라 화폐로 1만8,000 볼리바르이고, 미화 6.7달러(약 7,000원) 수준이다. 이는 수도 카라카스에서 달걀 1판 또는 쇠고기 1kg 정도를 살 수 있는 돈이다.

마두로 대통령은 작년 8월 경제개혁 조치를 발표하면서 볼리바르를 10만대 1로 액면절하하고 최저임금을 3,000% 인상하는가 하면, 같은 해 11월말에는 미국의 경제 제재에 대항한다는 명분을 내세워 최저임금을 150% 올리는 등 수시로 최저임금을 상승시켰다. 마두로 대통령은 최저임금 인상과 함께 재계 인사들과의 만남, 암호화폐 사용 확대 방안 등도 내놨다.

2013년 마두로가 대통령에 처음 취임한 뒤 5년간 베네수엘라 경제는 쇠퇴를 거듭해 규모가 '반토막'이 났고, 연간 인플레율이 200만%로 예상되는 가운데 식료 · 의약품 등 생필품난 속에서 300만명이 조국을 떠나 해외로 이주했다고 로이터는 전했다. 마두로 대통령이 수시로 내놓는 최저임금 인상 등의 땜질식 처방은 망가진 경제시스템을 근본적으로 개선하지 못할 것이라는 분석이 안팎의 전문가들로부터 제기되고 있다. 이와 관련, 카라카스에 있는 컨설팅업체 에코아날리티카의 대표 아스드루발 올리베로스는 마두로의 이러한 대책을 일종의 '데자뷔'(deja vu), 즉 자주 경험한 것처럼 익숙하게 느껴진다며 비난했다. 그는 "심화한 베네수엘라의 위기가 해소될 것이라고 생각하게 할 만한 대책은 전혀 없다"고 지적했다.

또한, IMF는 "베네수엘라에서 통화에 대한 신뢰가 사라졌다"고 했다. 한때 석유 부국이었던 베네수엘라는 차베스-마두로로 이어진 좌파 독재 정권이 과도한 복지 정책을 남발했고, 화폐를 마구 찍어 적자를 메웠다. 2014년부터 베네수엘라 경제는 가파른 내리막길을 걸었다. 지난 8월 자국 통화 단위에서 '0(영)'을 5개 빼는 형식의 통화 개혁을 단행했지만 통화 신뢰 회복엔 아무 효과가 없었다.

출처: 서울경제신문(2019.1.15)

리디노미네이션(redenomination)

한 나라에서 통용되는 모든 지폐나 동전에 대해 실질가치는 그대로 두고 액면을 동일한 비율의 낮은 숫자로 변경하는 조치를 말한다. 이는 인플레이션, 경제규모의 확대 등으로 거래가격이 높아짐에 따라 숫자의 자릿수가 늘어나면서 계산상의 불편이 발생하는 등의 문제점을 해결하기 위해 도입한다. 한편 '디노미네이션(denomination)'은 화폐단위의 호칭을 뜻한다. 예를들면 1000원을 1원으로 변경하는 것이다.

리디노미네이션은 기본적으로 인플레이션의 진전에 따라 경제량을 화폐적으로 표현하는 숫자가 많아서 초래되는 국민들의 계산, 회계 기장 또는 지급상의 불편을 해소, 정치적으로는 부정축제 방지, 지하경제 양성화를 목적으로 실시된다. 리디노미네이션의 장점은 국민들의 일상거래상의 편의 제고 및 회계장부의 기장처리 간편화, 인플레이션 기대심리 억제, 자국통화의 대외적 위상제고 등을 들 수 있다. 반면 부정적 측면은 화폐단위 변경으로 인한 불안정과 새로운 화폐의 제조에 따른 화폐제조비용, 신–구 화폐의 교환 및 컴퓨터 시스템 등의 교환 등 수반되는 비용, 주가하락, 환율상승, 금값 급등, 부동산가격 상승 등이 발생한다는 점이다.

출처: 네이버 지식백과, 시사상식사전, 박문각

3.2 디플레이션

1) 개요

경제가 전반적으로 상품과 서비스의 가격이 지속적으로 하락하는 현상을 디플레이션(deflation)이라고 한다. 경제의 한 부문에서 가격이 하락하는 현상은 디플레이션이 아니다. 예를들어 농산물 가격이 하락하는 현상(에그플레이션)을 디플레이션이라고 하지는 않는다. 디플레이션은 물가수준이 하락하는 상황으로 인플레이션율이 0% 이하(마이너스 인플레이션)이면 디플레이션이다. 디플레이션이란 인플레이션의 반대 의미로 인플레이션이 물가상승을 동반한 경기의 과열을 의미한다면, 디플레이션은 물가는 물론 경제전반에 걸쳐 축 가라앉는 무기력 증세다. 인플레이션은 광범위한 초과수요가 존재하는 상태이며, 디플레이션은 광범위한 초과공급이 존재하는 상태이다. 디플레이션은 인플레이션이 떨어지는 현상인 디스인플레이션(disinflation)이나 경기가 불황인 디프레션(depression)과는 구분되는 다른 개념이다.

우리나라는 주로 인플레이션에 시달렸다. 고속성장을 경험한 대부분의 우리 국민들에게 디플레이션은 생소한 개념이다. 디플레이션은 경제 교과서에서만 소개된 하나의 이론적 현상에 지나지 않는다. 그러나 1930년 이전에는 디플레이션이 오히려 빈번하게 발생했다. 예를들어 영국의 주간 경제지인 Economist는 "제1차 세계대전이 발생하기 직전의 영국의 물가는 런던 대화재가 발생했던 1666년 수준과 거의 동일했다"고 밝히고 있다. 물가가 매년 상승하는 현상은 부유한 공업국가에서도 1930년 이후에 발생했다.

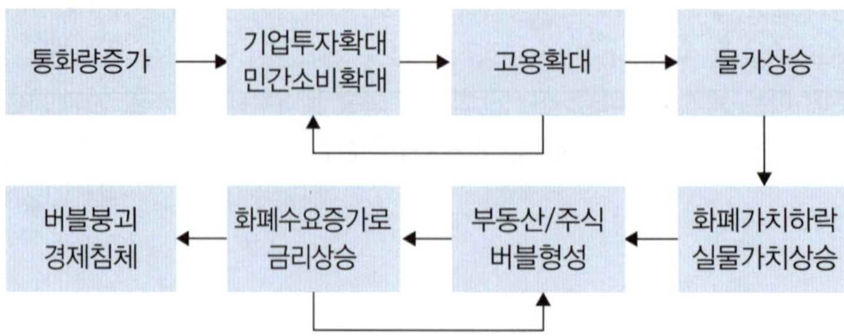

그림 2-10 디플레이션 악순환

2) 디플레이션의 원인과 영향

디플레이션이 일어나는 원인은 자산가격 거품의 붕괴, 과도한 통화 긴축, 과잉설비 및 과잉공급, 생산성 향상 등이 있으며, 국제적인 경제위기로 디플레이션이 나타나기도 한다. 또한 디플레이션은 정부가 세금을 너무 많이 받아들이거나 정부의 재정 지출이 적을 때 일어난다. 한편 저축된 돈이 투자되지 않을 때나 금융 활동의 침체 등의 원인으로 돈의 양이 부족되어 일어난다.

인플레이션 하에서는 현금이나 현금에 준하는 자산을 소유하면 손해를 입는다. 돈의 가치가 떨어지기 때문이다. 따라서 금이나 부동산과 같은 실물자산에 투자하는 것이 유리하다. 인플레이션이 높을수록 채무자의 채무액 실질가치는 하락하기 때문에 채무자에게 인플레이션은 빚을 탕감해주는 우군이다. 디플레이션 하에서는 주가는 하락하고 부동산의 가격도 하락한다. 디플레이션 하에서는 현금이나 현금에 준하는 자산이나 안전한 채권에 투자하는 것이 유리하다. 디플레이션 하에서는 채무자의 채무액 실질가치가 증가하기 때문에 디플레이션은 채무자의 적이다.

디플레이션은 소비자들에게 좋은 소식이다. 물가가 떨어지면 어렵던 살림이 펴지고 여유가 생긴다. 주유소에서 기름 값이 떨어졌다고 불평하는 사람은 없다. 공산품, 통신비 등이 인하되면 아무리 능력없는 정부라도 다소 지지도가 올라갈 것이다. 디플레이션으로 돈의 가치가 올라가기 때문이다. 소비자는 일정한 금액으로 디플레이션 이전에 비해서 더 많은 양의 상품과 서비스를 구매할 수 있다.

디플레이션으로 유리해지는 계층이 소비자에 국한되는 것은 아니다. 상품의 가격이 하락하더라도 생산자는 유리해질 수 있다. 디플레이션은 원자재 가격과 임금도 하락함을 의미하기 때문에 기업의 생산비용도 낮아진다. 따라서 기업이 생산한 상품의 가격을 낮추어도 기업의 이윤이 반드시 감소하는 것은 아니다. 기업이 상품의 가격을 낮추었어도 돈의 가치가 올라갔으니 손해가 아닌 것이다. 단적인 예는 컴퓨터 산업이다. 컴퓨터 부품의 가격도 하락하고 완성품의 가격도 하락했지만, 컴퓨터 산업은 여전히 시장에서 잘 나가는 산업으로 남아 있다.

디플레이션은 인플레이션보다 더 위험한 현상?

다수의 경제학자들은 디플레이션을 인플레이션보다 더 위험한 현상으로 간주한다. 이들은 과거의 공황이나 대공황이 디플레이션으로 인해 촉발되었음을 상기시키며 '디플레이션의 가공할 파괴력'을 우려하고 있다. 과거 1930년대의 대공황이나 최근 일본의 '잃어버린 20년'의 예는 이러한 주장이 과장이 아님을 입증하고 있다. 그렇다면 디플레이션은 어떻게 공황으로 연계되는 것일까? 디플레이션이 공황으로 연계될 가능성은 디플레이션의 발생 원인이 무엇이냐에 달려 있다.

개별 상품의 경우 기술혁신이나 노동생산성의 상승은 생산원가를 감소시켜 공급가격이 낮아진다. 수요에 큰 변화가 없으면 상품의 시장가격은 하락한다. 생산기술의 진보가 경제 전반적으로 발생하고, 물류비용이 감소하면 경제 전반적으로 상품과 서비스의 가격은 하락한다. 시장구조가 경쟁적이면 가격 하락의 폭은 더욱 커질 것이다. 결국 소비자는 낮은 가격으로 상품을 구매할 수 있고, 생산자도 정상적인 이윤을 얻을 수 있게 된다. 기술의 진보, 경쟁적인 시장구조, 물류비용의 감소와 같은 요인에 의해 발생하는 디플레이션은 경제 구성원 모두에게 이익이 된다.

실제로 과학기술의 발달로 상품의 가격이 떨어진 적은 있다. 19세기 후반에 철도가 개설되고 새로운 생산기술이 전파된 덕으로 물가는 하락하고 경제는 성장했다. 당시의 디플레이션은 안정된 소규모 수준이었고, 경제의 활력은 단기적으로 끝났다. 따라서 디플레이션이 경제에 활력을 준 경우는 매우 제한적인 사례에 지나지 않는다.

대부분의 디플레이션은 기술혁신이 아니고 상품과 서비스에 대한 총체적인 수요의 급격한 감소에 의하여 초래된 것이다. 이러한 경우에 디플레이션은 공황으로 연계될 수 있다. 왜냐하면 디플레이션으로 인하여 소비자나 기업은 소비와 투자지출을 더 줄이기 때문에 생산된 상품은 팔리지 않는다. 상품의 재고가 급증하면 생산자는 가격을 낮추고, 생산을 줄인다. 경기가 나빠지는 것이다.

출처: 허익준 역, 위기의 경제학(2012)

4. 무역과 환율

4.1 무역이란

무역(trade)은 나라 간의 물건을 사고팔고 교환하는 일로서 상품뿐만 아니라 기술과 서비스 분야 및 자본의 이동까지 포함한다. 초창기의 무역은 서로의 생산물을 교환하는 것에 국한되었으나 현재 우리가 사용하고 있는 넓은 뜻의 무역은 단순한 상품의 교환과 같이 보이는 무역(visible trade)뿐만 아니라, 기술 및 용역과 같이 보이지 않는 무역(invisible trade)의 이동까지도 포함한다. 이와 같이 현재 우리가 사용하고 있는 무역이란 개념은 단순히 특정 제품의 효용가치가 적은 국가서 효용가치가 높은 나라로 이양시키는 것뿐만 아니라, 모든 제품의 생산요소, 즉 원료, 서비스, 운송, 여객, 노동의 이동까지도 포함시키는 것으로 이해되어야 한다.

우리나라의 수출품으로는 반도체, 컴퓨터, 가전제품, 자동차 등이 중심이다. 반면에 에너지, 식량, 원재료, 기계의 핵심 부품 등을 수입한다. 그 중에서도 에너지와 식량 수입의 비중이 큰 편이며, 우리나라는 수출할 만큼의 절대우위에 있는 상품이 거의 없기 때문이다. 즉 상대국의 절대우위에 있는 원료나 재료를 수입하고, 비교우위를 바탕으로 생산된 첨단 제품들을 수출하는 것이 우리나라 무역의 특징으로 볼 수 있다. 무역은 국민들이 필요한 물건들을 쉽게 구입할 수 있고, 다양한 활동을 풍요롭게 할 수 있도록 해준다. 예를들면 소비자는 열대 과일을 싸게 구입할 수 있고, 외국산 고급품을 구입할 수도 있다. 또한 생산자는 시장이 넓어져 더 많은 상품을 수출할 수 있으며, 국내의 일자리도 늘어나게 한다. 특히 선진국과의 활발한 무역 교류는 첨단기술을 빨리 배울 수 있는 기반이 된다. 반면에 무역이 전체 국가 이득을 증가시키더라도 특정 산업이나 지역, 사람들에게는 불이익이 될 수 있으며, 자유무역은 사회 저소득층의 수익을 감소시킬 수도 있다.

절대우위와 비교우위의 차이점

절대우위란 다른 생산자와 비교했을 때 같은 상품을 더 적은 양의 생산요소로 생산할 수 있는 능력을 말한다. 예를들어 A가 닭고기 1온스를 생산하기 위해 10분을 일해야 하고, B가 30분을 일해야 한다면 A는 닭고기 생산에 있어 B보다 절대우위에 있다. 반면에 비교우위란 다른 생산자와 비교했을 때 같은 상품을 생산할 때 더 적은 기회비용이 드는 쪽을 가리킨다. 기회비용이란 무엇을 얻기 위해 포기하는 모든 것이다. 즉 한 상품을 생산하기 위해 포기하는 것이 적을수록 비교우위에 있다고 말한다.

비교우위는 특정 국가가 다른 국가보다 특정 제품을 더 잘 생산할 수있는 능력으로 설명 될 수 있다. 비교 우위는 일반적으로 두 나라 간 동일한 유형의 재화 또는 용역 생산량을 비교한다. 절대우위는 생산요소를 덜 들이고 상품을 생산할 경우에 발생하고 비교우위는 생산의 기회비용이 상대적으로 적을 경우에 발생한다. 무역거래의 이익은 절대우위가 아닌 비교우위에 기반을 둔다.

4.2 경상수지

우리나라와 외국과의 거래 상태를 나타내는 지표를 경상수지라고 한다. 경상수지에는 상품(무역)수지와 서비스(무역외)수지, 소득수지, 이전수지 등이 있다.

1) 상품(무역)수지

상품의 수출입 거래에서 생기는 국제수지로, 상품의 수출액과 수입액의 차액이다. 우리가 보통 무역이라는 말에 떠올리는 이미지를 생각하면 된다. 반도체 수출이 잘되면 상품수지가 흑자가 될 수 있고, 의류 수입이 늘어나면 상품수지가 적자가 될 수 있다.

2) 서비스(무역외)수지

외국과의 서비스 거래 결과 벌어들인 돈과 나간 돈, 즉 서비스의 수출액과 수입액의 차액이다. 대표적인 서비스 수출액의 예로는 운수, 관광, 통신, 교육, 특허권 등 서비스 사용료를 들 수 있다. 외국인이 대한항공을 이용하면 운송 서비스 수출에 해당한다. 해외여행, 해외유학에 드는 비용은 모두 서비스수지 적자로 잡힌다. 외국에 제공하는 여행, 교육 서비스를 수입해서 소비하는 셈이기 때문이다.

3) 소득수지

소득수지는 외국과 거래에서 노동소득이나 금융소득으로 벌어들인 돈과 나간 돈의 차

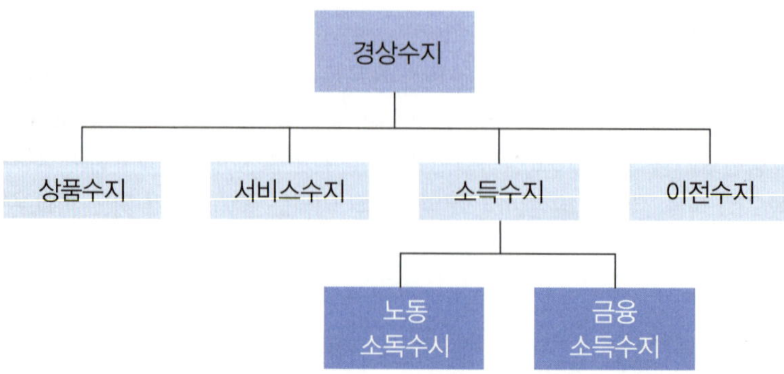

그림 2-11 경상수지 분류

액을 말한다. 소득수지는 노동소득수지와 금융소득수지로 구성된다.

(1) 노동소득수지

우리나라 사람들이 해외에 나가 일을 해 받은 임금과 외국인 노동자들이 우리나라에서 일을 해서 받은 임금의 차액이다. 류현진 야구선수와 같이 해외운동선수가 많아지면 노동소득수지가 개선된다.

(2) 금융소득수지

대외금융자산, 또는 부채와 관련된 배당, 이자 등 투자소득의 수입과 지급의 차액을 말한다. 국민은행이 미국 GM사에 100억을 빌려줄 때 받은 이자 혹은 외국인이 삼성전자에 투자해서 받아간 배당금 등이 금융소득수지에 해당한다. 주의할 점은 투자한 금액 자체는 소득수지로 계상하지 않고 자본수지로 분류한다는 점이다. 금융소득수지는 투자에 대한 이자, 배당금 등만을 계상한다.

4) 이전수지

대가가 따르지 않는 거래의 차액을 말한다. 무상원조, 구호물자, 배상금, 해외 친인척에 대한 송금 등이 해당한다. 우리나라는 1995년을 기점으로 무상원조를 받는 나라에서 해주는 국가로 바뀌었다.

경상수지의 변화 요인은 세 가지로 나누어 설명할 수 있다. 첫째, 환율에 따라서 변한다. 환율이 높아지면 수출이 늘어나고 흑자에 도움이 되지만, 반대로 환율이 하락하면 원화의 가치가 상승하기 때문에 가격이 높아져 적자의 요인이 될 수 있다. 둘째, 국제물가의 영향을 받는다. 원유나 식량의 국제가격이 오르면 더욱 비싸게 수입해야 되므로 무역수지 적자가 늘어나게 된다. 셋째, 소비자가 수입품을 많이 사들이거나 해외로 나가는 여행객이 많아져 외화를 쓰게 되면 무역수지는 적자가 될 수 있다.

자유무역협정(Free Trade Agreement)

영문 머리글자를 따서 FTA로 약칭한다. 특정 국가 간의 상호 무역증진을 위해 물자나 서비스 이동을 자유화시키는 협정으로, 나라와 나라 사이의 제반 무역장벽을 완화하거나 철폐하여 무역자유화를 실현하기 위한 양국간 또는 지역 사이에 체결하는 특혜무역협정이다. 그러나 자유무역협정은 그동안 대개 유럽연합(EU)이나 북미자유무역협정(NAFTA) 등과 같이 인접국가나 일정한 지역을 중심으로 이루어졌기 때문에 흔히 지역무역협정(RTA: regional trade agreement)이라고도 부른다.

세계무역기구(WTO) 체제에서는 크게 두 가지 형태가 있는데, 하나는 모든 회원국이 자국의 고유한 관세와 수출입제도를 완전히 철폐하고 역내의 단일관세 및 수출입제도를 공동으로 유지하는 방식으로, 유럽연합이 대표적인 예이다. 다른 하나는 회원국이 역내의 단일관세 및 수출입제도를 공동으로 유지하지 않고 자국의 고유관세 및 수출입제도를 그대로 유지하면서 무역장벽을 완화하는 방식으로, 북미자유무역협정이 대표적인 예이다.

WTO가 모든 회원국에게 최혜국대우를 보장해 주는 다자주의를 원칙으로 하는 세계무역체제인 반면, FTA는 양자주의 및 지역주의적인 특혜무역체제로, 회원국에만 무관세나 낮은 관세를 적용한다. 시장이 크게 확대되어 비교우위에 있는 상품의 수출과 투자가 촉진되고, 동시에 무역창출효과를 거둘 수 있다는 장점이 있으나, 협정대상국에 비해 경쟁력이 낮은 산업은 문을 닫아야 하는 상황이 발생할 수도 있다는 점이 단점으로 지적된다.

2002년 당시 WTO 회원국 가운데 거의 모든 국가가 1개 이상의 FTA를 체결하고 있으며, 효력을 유지하고 있는 협정만도 148개에 달했다. 대한민국의 첫 FTA는 2004년 1월 발효된 한-칠레 간 FTA였다. 2년 뒤 2006년 3월 한-싱가포르 FTA가 발효되었고, 같은 해 9월 한-EFTA(유럽자유무역연합) FTA가 발효되었다. 2018년 10월을 기준으로 현재 대한민국과 FTA를 맺고 발효 상태에 이른 협정은 총 15건에 이른다. 발효된 순서로 보면 2004년 칠레, 2006년 싱가포르/EFTA(유럽자유무역연합 4개국: 스위스, 노르웨이, 아이슬란드, 리히텐슈타인), 2009년 ASEAN(10개국: 말레이시아, 싱가포르, 베트남, 미얀마, 인도네시아, 필리핀, 브루나이, 라오스, 캄보디아, 태국), 2010년 인도, 2011년 잠정발효 된 후 2015년 전체 발효된 EU/페루, 2012년 미국, 2013년 터키, 2014년 호주, 2015년 캐나다/중국/뉴질랜드/베트남, 2016년 콜롬비아 순이다.

출처: 산업통상자원부, FTA사무국(2019.3)

4.3 환율제도

우리나라는 부존자원이 부족하여 대부분의 원자재를 수입해야 하고, 생산능력에 비해 인구는 5천만명 정도여서 내수시장이 작다. 한국처럼 수출에 의존하는 국가 경제는 모든 경제현상의 기본이 환율과 연관되어 있다. 2008~2009년 환율은 하루에도 몇 십 원씩 오르락내리락 하는 날이 많았다. 이에 따라 많은 수출업체와 수입업체들이 고통을 당했으며, 환율이 주식, 부동산 등 각종 재테크와의 연관관계를 몰랐던 개인들은 엄청난 투자손실을 보았다.

1) 환율이란

환율(exchange rate)은 '두 나라 돈의 교환비율'을 말한다. 예를들어 미국 달러와 한국 원화를 서로 바꿀 때 적용하는 교환비율이 바로 환율이다. 우리는 흔히 외화 1달러에 우리 돈 얼마를 바꿀 수 있는지를 환율로 표시한다. 환율은 다르게 말하면 '달러의 가격'이다. 1달러가 1,000원에서 1,200원이 되었다면, 달러의 가격이 비싸졌으니 환율은 상승했다고 한다. 달러의 가치가 평가절상 되고, 원화 가치는 평가절하 되었다는 의미이다.

그림 2-12 원달러 환율 추이

(1) 원화 강세/환율 하락

환율은 외국 돈으로 나타낸 우리나라 돈의 가격이다. 만약 원/달러 환율이 1,000원이었는데 800원이 되었다고 가정해 보자. 이 경우 예전에는 1,000원으로 1달러를 바꿀 수 있었는데 이제는 1,000원을 주면 1달러와 25센트를 받을 수 있다. 우리 돈 원화의 힘이 세어진 것이다. 이처럼 돈의 가치가 커진 것을 강세라고 한다. 원화가 강세가 되면(환율 하락) 수입업체에게 유리하다. 10만달러어치를 수입할 경우 예전에는 1억원이 필요했다면 8천만원만 있어도 되기 때문이다.

(2) 원화 약세/환율 상승

만약 원/달러 환율이 1,000원에서 1,200원이 되었다고 해보자. 수출업체라면 수출대금으로 받은 1달러를 예전에는 1,000원으로 바꿀 수 있었는데 이제는 1,200원을 받을 수 있다. 즉 우리 돈 원화의 힘이 약해진 것으로 수출업체에게는 이익을 준다. 이처럼 돈의 가치가 하락한 것을 약세라고 하며, 이 경우 환율은 상승한다. 원화 약세(환율 상승)의 경우 수출기업에게 유리하다. 10만달러어치를 수출하면 1억원의 매출을 올렸지만, 이제 1억2천만원의 원화로 바꿀 수 있기 때문이다.

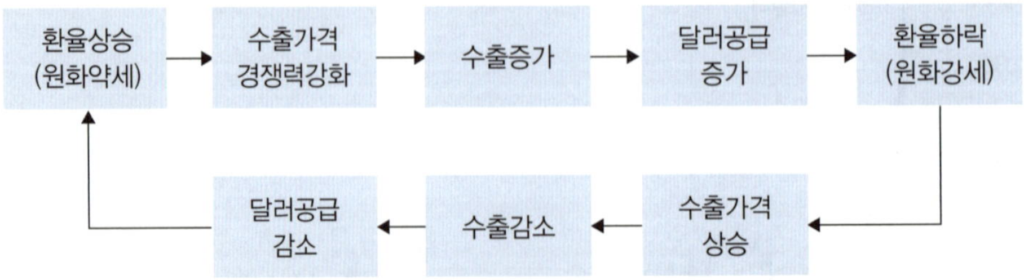

그림 2-13 환율상승과 균형환율

2) 환율제도

각국 정부는 경제성장 상황과 목표에 따라 환율제도를 크게 두 가지로 운영하고 있는데 하나는 고정환율제도이고 다른 하나는 변동환율제도이다.

(1) 고정환율제도

고정환율제도(fixed exchange rate system)는 말 그대로 정부에서 환율의 목표치를 정하여 그 목표치를 고수하거나 그에 가깝게 유지하는 제도를 의미한다. 예전에 중국이 고정환율제도를 채택하고 있는 국가의 예이다. 특히 개발도상국들은 고정환율제도를 택하는 경우가 많다. 이는 고정환율제도를 통해 자국의 통화가치를 낮게 유지함으로써 수출을 늘리고 수입을 줄여 경상수지 흑자폭을 증가시킬 수 있기 때문이다.

(2) 변동환율제도

변동환율제도(floating exchange rate system)는 정부가 환율을 통제를 가하지 않고 외환시장에서 외화의 수요, 공급에 의해 결정되도록 허용하는 제도를 말한다. 환율은 외화의 수요와 공급에 따라 보이지 않는 손에 의해 균형가격이 결정된다. 이때 이 균형가격을 균형환율이라고 한다. 변동환율제도는 균형환율을 찾아가는 과정에서 정부가 개입하지 않고 시장의 흐름에 맡겨 두는 제도이다. 우리나라뿐만 아니라 많은 선진국들은 변동환율제도를 택하고 있다.

변동환율제도는 국제수지의 불균형이 시장에 의해 조절되므로 정부가 굳이 외환시장에 개입할 필요가 없다는 장점이 있으나, 환율을 예측할 수 없으므로 수출입업체가 어려움을 겪을 수 있으며, 환율의 변동이 커지면 환투기(외환시세의 상승으로 인한 매매차익을 목적으로 행하는 환매매)가 발생하여 국민경제가 불안정해질 수 있다.

3) 환율이 국민 경제에 미치는 영향

(1) 환율이 상승하면

① 수출상품의 가격 경쟁력이 생겨 수출이 증가한다.

② 수입상품의 가격이 비싸져 수입은 감소한다.

③ 원자재 수입물가가 높아지므로 생산자의 비용부담이 커지면서 국내 물가는 상승한다.

④ 우리 돈의 가치가 떨어지므로 외채부담이 커진다.

(2) 환율이 하락하면

① 수출상품의 가격 경쟁력이 떨어져 수출이 줄어든다.

② 수입상품의 가격이 떨어져 수입은 늘어난다.

③ 원자재 수입물가가 떨어지므로 국내물가가 하락한다.

④ 우리 돈의 가치가 커졌으므로 외채 부담이 줄어든다.

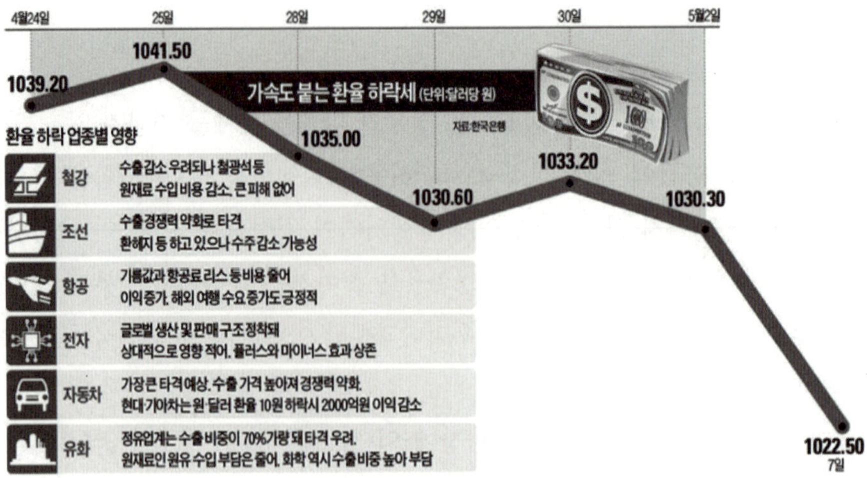

그림 2-14 산업별 환율하락 영향

4) 환율의 변동 원인

(1) 금리의 변화

미국 정부가 금리를 내리면 대체로 원/달러 환율은 하락한다. 예를들어 미국의 금리가 2%이고 우리나라의 금리가 7%이라면, 달러를 원화로 바꾸어 예금하면 5%의 이익을 볼 수 있다. 그러므로 원화의 수요가 늘어나 원화는 강세가 되고 환율은 하락한다. 반대로 미국이 금리를 올리면 원/달러 환율은 상승한다. 예를들어 미국의 금리가 7%이고 우리나라의 금리가 2%이라면, 외국인 입장에서 대체로 한국에 투자한 돈을 달러로 바꾸어 미국에서 예금을 드는 것이 수익률이 좋다. 그러므로 달러 수요가 늘어나 원화는 약세가 되고 환율은 상승하다.

(2) 통화량의 변화

미국은 2008년 금융위기로 경기부양을 위해 돈을 엄청 풀었을 때 당연히 환율이 하락했다. 양적완화 확대를 한다고 약 1조8,000억 달러를 마구 찍어냈고, 달러는 흔해져서 일시적으로 환율은 내려갔다. 반면에 우리 정부가 재정확대를 위해서 시중에 통화량을 증가시키면 환율은 상승한다.

(3) 수출의 변화

우리나라는 수출이 감소하면 무역수지 흑자가 감소되어 원화 약세가 발생하여 환율이 상승한다. 또한 원자재 가격인상으로 달러지출이 증가하거나, 외국인 투자자가 이탈하면 환율상승이 발생한다.

연습문제 CHAPTER 02

OX형 문제

01 화폐의 발전단계는 일반적으로 물품화폐→금속화폐→법화 순으로 진화되었다.( )

02 신용카드는 화폐이다.( )

03 화폐의 대외가치는 '물가지수'로 측정, 대내가치는 '외국환(환율)시세'로 측정한다. ( )

04 증권회사는 브로커(broker)와 딜러(dealer) 기능을 수행한다.( )

05 우리나라 은행의 요구불예금에는 당좌예금, 보통예금, 정기예금이 있다.( )

06 약속어음 액면금액에서 이자를 제한 나머지를 제공하고 만기일에 원금만 받기로 한다면 '할증'이라 한다. ( )

07 상업어음(trade bill)은 물건값으로 지금은 돈이 없으니 언제까지 돈을 주겠다고 종이에 약속을 적어서 주는 것으로 실제의 상거래를 원인으로 하여 매입대금의 지급을 위해 발행되는 환어음 또는 진성어음(real bills)이다.( )

08 어음이 부도난 경우 발행자는 형사처벌을 받지만, 부도수표를 작성하거나 발행한 자는 부정수표단속법에 의하여 민사책임을 진다.( )

09 할인채권을 매입하는 투자자 입장에서 보면 채권가격이 하락한다는 것은 동일한 액면금액의 채권을 보다 비싸게 매입한다는 것을 뜻한다.( )

10 경기란 일반적으로 '시장에서 거래가 활기있게 이루어지는 정도'를 말하며, 경기가 침체되면 실질적인 거래의 빈도와 물량도 줄지만 무엇보다도 소비자 구매심리가 위축되어 시장수요가 감소된다.( )

11 불경기에는 수요 증가로 물가가 상승하고, 노동 수요 증가로 임금이 오르며, 투자가 증가함으로써 저축률이 감소하여 금리가 상승한다.( )

12 호경기에는 가계의 소비 감소로 물가가 하락하고, 가계의 저축이 증가하며, 기업의 저축이 증가하며, 기업의 투자가 감소하면서 금리도 내려간다.( )

13 일반적으로 말하는 '경기침체(recession)'는 성장률이 4분기 연속 마이너스를 기록하는 것을 의미한다.( )

14 1998년 우리나라는 IMF 구제금융을 받으면서 마이너스 성장에 무역적자를 기록했지만, 바로 다음해 플러스 성장에 무역수지 흑자로 돌아서면서 U자형 경기순환을 보였다.( )

15 W자형 경기순환은 경기침체의 회복이 될 듯하다가 다시 침체로 빠지는 것으로, '더블딥', 이중침체라고도 한다.( )

16 일본의 '잃어버린 20년'이라는 표현이 원래 이 U자형 경기순환에서 나왔다.( )

17 GDP(국내총생산)는 한 국가 내에서 일정기간(보통1년) 생산된 생산물(제품과 서비스)가치를 화폐단위로 모두 합한 것을 말하며 중간생산물이나 중고품 거래도 포함된다.( )

18 현대자동차가 미국 앨라배마에 공장을 지어서 생산 · 판매하는 것은 우리나라 GDP에 포함된다.( )

19 GDP는 최종 생산된 제품 가치의 총합으로 계산한다. 볍씨, 쌀은 모두 중간생산물이므로 계산할 필요가 없다. 그냥 정부의 입장에서는 쌀과자의 가격만 계산하면 쉽게 GDP를 계산할 수 있다.( )

20 1년 동안 물가가 10% 상승하면 실질GDP도 10% 증가해서 마치 생산량이 증가한 것처럼 보인다.( )

21 특정 연도를 기준연도로 정해 놓고 그 해의 가격으로 계산한 각 연도의 GDP를 '명목 GDP'라고 한다.( )

22 경제성장이란 '국민소득의 증가 추세를 의미'한다. 이는 1인당 생산물이나 소득의 증가로 산출량 또는 실질소득의 장기적인 증가를 뜻한다.( )

23 우리나라의 외화 변동성 또한 굉장히 크다. 그래서 경제위기가 오면 제일 먼저 환율이 흔들린다.( )

24 인플레이션은 일정 기간 물가가 지속적으로 하락하는 것을 말한다. 이와는 반대로 일정 기간 물가가 계속 상승하는 경우를 디플레이션이라고 한다.( )

25 일반적으로 경기가 좋아지면 물가가 상승하기 마련이다. 그러나 1973년과 1979년 오일쇼크가 터진 이후에는 물가가 하락하면서 동시에 경기가 침체하는 현상을 스태그플레이션이라고 한다.( )

26 스태그플레이션일 때는 정부의 재정정책, 금융정책이 별 소용이 없다.( )

27 노동가능인구 중에서 일을 하거나 일을 하기 위해 일자리를 구하는 사람을 '생산활동인구'라고 한다.( )

28 대표적인 서비스 수출액의 예로는 S/W, 운수, 관광, 통신, 교육, 특허권 등 서비스 사용료를 들 수 있다.( )

29 류현진 야구선수와 같은 해외운동선수가 많아지면 노동소득수지가 개선된다.( )

30 이전수지는 대가가 따르지 않는 국제거래 수지를 말한다. 배당금, 무상원조, 해외 친인척에 대한 송금, 구호물자 등이 해당한다.( )

31 우리는 흔히 외화 1달러에 우리 돈 얼마를 바꿀 수 있는지를 환율로 표시한다. 환율은 다르게 말하면 원화의 가격이다.( )

32 1달러가 1,000원에서 2,000원이 되었다면, 달러의 가치가 평가절하되고 원화 가치는 평가절상 되었다는 의미이다.( )

33 변동환율제도는 정부가 환율을 통제를 가하지 않고 외환시장에서 외화의 수요, 공급에 의해 결정되도록 허용하는 제도를 말한다.( )

34 환율이 하락하면 수출상품의 가격 경쟁력이 생겨 수출이 증가한다.( )

35 환율이 상승하면 원자재 수입물가가 떨어지므로 국내물가가 하락한다.( )

36 미국이 금리를 내리면 대체로 원/달러 환율은 상승한다.( )

37 우리 정부가 재정확대를 위해서 시중에 통화량을 증가시키면 환율은 하락한다.( )

38 국내총생산(GDP) 증가율, 실업률, 수출입 등과 같이 객관적인 통계로 평가한 경기를 '지표 경기'라 하고, 기업경기실사지수(PSI), 소비자물가지수(CSI)처럼 사람들이 주관적으로 판단하고 느끼는 경기를 '체감 경기'라고 한다.( )

39 2008년 국제 곡물가격이 상승하면서 밀가루가 들어가는 과자, 빵, 라면 등의 식료품 가격도 덩달아 올랐다. 농산물 가격이 지속적으로 오르는 현상을 애그플레이션(agflation)이라고 한다.( )

40 몇 년 전부터 칠레 포도, 와인 등을 마트에서 쉽게 볼 수 있는데, 이는 우리나라와 칠레 간 무역협정을 맺었기 때문이다. 조약 당사자국 간의 무역을 자유롭게 보장하는 협정을 WTO라고 한다.( )

※ 원/엔 환율은 계속 오르고, 원/달러 환율은 계속 내린다고 가정하고, 다음의 물음에 맞는 것에 답하시오.

41 엔화로 표시된 외채의 상환은(① 빨리 해야 이득이다. ② 나중에 하는 게 이득이다.)

42 미국 출장에서 남은 달러는 (① 빨리 환전해야 이득이다. ② 장롱에 묵혀 두어야 이득이다.)

43 결혼기념 일본 여행은 (① 하루라도 빨리 가야한다. ② 하루라도 미루어야 한다.)

44 미국에서 수입한 자동차를 샀는데 잔금은 (① 빨리 결제해야 한다. ② 천천히 결제해야 한다.)

45 미국 여행객은 (① 늘어난다. ② 줄어든다.)

46 미국으로 가는 유학생은 (① 늘어난다. ② 줄어든다.)

47 대일 수출은 (① 증가한다. ② 감소한다.)

48 일본에서 부품을 수입해서 한국에서 조립한 후 완성품을 미국으로 파는 사람은 (① 대박 난다. ② 쪽박 찬다.)

49 미국에서 부품을 수입해서 한국에서 조립한 후 완성품을 일본으로 파는 사람은 (① 대박 난다. ② 쪽박 찬다.)

4지 선택형 문제

50 정부의 소득재분배정책으로 틀린 것은?

① 세금징수와 보조금 지급　② 복지제도
③ 부(負)의 소득세제도　④ 상여금제도

51 경상수지에 해당되지 않는 것은?

① 서비스수지　② 상품수지　③ 노동수지　④ 이전수지

52 화폐의 가장 본질적인 기능은?

① 가치의 저장 수단　② 자본의 수단
③ 일반적 교환 수단　④ 가치의 수단

53 화폐의 대내적 가치는 무엇으로 표시되는가?

① 가격지수　② 통화량　③ 물가지수　④ 실질소득

54 화폐의 대외가치는 무엇으로 표시하는가?

① 물가지수　② 구매력의 정도　③ 환율시세　④ 소비자 물가지수

55 **화폐의 구매력에 대한 잘못된 설명은?**

① 물가는 화폐의 구매력과 반비례한다.
② 물가가 높을수록 화폐의 구매력은 커진다.
③ 화폐의 구매력은 화폐의 가치에 비례한다.
④ 화폐의 구매력은 일반적으로 화폐의 수량에 반비례한다.

56 **통화량의 증가가 경제에 미치는 파급효과는?**

① 이자율 하락-투자 증가-GDP 증가
② 이자율 하락-투자 감소-GDP 증가
③ 이자율 상승-투자 감소-GDP 감소
④ 이자율 상승-투자 증가-GDP 증가

57 **경기순환 국면에서 이자율이 가장 높아지는 시기는?**

① 침체기 ② 호경기 ③ 후퇴기 ④ 회복기

58 **GDP란?**

① 국민총생산액 ② 국민소득 ③ 국내총생산액 ④ 가처분소득

59 **GDP는 국민의 생활수준을 나타내는 데는 다음 중 한계점이 아닌 것은?**

① 상대적 빈곤은 외면
② GDP 수치가 삶의 질은 아니다
③ 지하경제와 가사노동 외면
④ 한나라의 총생산량을 보임

60 **경제성장률이란?**

① 투자 증가율 ② 수출 증가율 ③ 자본 증가율 ④ 국내총생산 증가율

61 **환율이 상승했을 경우 타당치 않은 것은?**

① 물가 상승
② 수입업체의 이윤 증가
③ 외채상환 비용 부담 증가
④ 유학비 등 해외송금비용 증가

62 **환율이 하락하면 국민 경제에 미치는 영향에서 벗어난 것은?**

① 수출상품의 가격 경쟁력이 떨어져 수출이 하락
② 수입상품의 가격이 떨어져 수입은 증가
③ 원자재 수입물가가 올라가므로 국내물가는 상승
④ 원화의 가치가 커졌으므로 외채 부담이 감소

63 **2009년 우리나라 예금금리 인하폭은 외환위기 이후 10년여 만에 최고치를 기록했다. 2008년 중반 연 7%대를 넘던 은행권 정기예금은 완전히 자취를 감추었고, 3%대 예금상품도 찾아보기 힘들어졌다. 이렇게 금리가 인하되면 물가와 국민소득은 각각 어떻게 될까?**

① 물가상승–국민소득 증가　② 물가상승–국민소득 감소
③ 물가하락–국민소득 증가　④ 물가하락–국민소득 감소

64 **'2009년 2월 환율이 1,534원으로 거래되어 1998년 3월 12일 달러당 1,546원을 기록한 뒤로는 최고 수준을 기록했다.'는 보도를 들은 지성은 처음에 '수출상품의 가격 경쟁력이 높아져서 경기가 풀리겠구나' 생각했다. 하지만 뒤늦게 고려하지 않은 변수들이 많다는 것을 깨달았다. 환율이 상승하면 물가와 국민소득은 각각 어떻게 될까?**

① 물가상승–국민소득 증가　② 물가상승–국민소득 감소
③ 물가하락–국민소득 증가　④ 물가상승–국민소득 증감 여부는 알 수 없음

65 **다음 중 GDP에 들어가는 것이 아닌 것은?**

① 성형수술한 의사의 수입
② 교통사고를 처리한 청소용역 업체의 수입
③ 올해 상승한 부동산 가치 평가액
④ 매연저감시설 장치를 개발해서 판매한 회사의 수입

66 **2008년 화폐가치가 폭락하고, 1년 동안 물가가 2,200,000%가 오르는 하이퍼인플레이션을 겪은 나라는?**

① 나이지리아　② 짐바브웨　③ 아이슬란드　④ 그리스

67 우리나라는 1953년에 100원을 1환으로, 1962년에 10환을 1원으로 바꾼 일이 있었다. 이와 같이 화폐의 단위를 바꾸는 것을 일컫는 경제학적 용어는 무엇인가?

① 밸류 하이퍼 ② 이벨류에이션 업
③ 리디노미네이션 ④ 머니 익스체인지

68 2008년 초반 미국은 대규모의 재정적자와 경상수지 적자를 함께 겪었다. 최근 2010년 이후 다시 두 적자의 폭이 커지자 새롭게 각광받는 이 용어는 무엇인가?

① 더블 적자 ② 쌍둥이 적자 ③ 재경 적자 ④ 배팅적자

69 관광과 같은 서비스 상품의 교역을 통해서 발생하는 무역수지를 '서비스수지'라고 한다. 세계 최대 서비스수지 흑자국은 어디인가?

① 스위스 ② 프랑스 ③ 미국 ④ 중국

70 2008년 하반기 우리나라는 환율이 급등했을 때, 미국, 일본과, 이 협정을 맺어 달러와 엔화를 조달하였다. 대규모의 외화를 빌려오는 것과 비슷한 효과를 가진 국가 간의 상호협정을 무엇이라고 할까?

① 통화 체인지 ② 외환 스왑 ③ 통화 스왑 ④ 외환 체인지

71 현재 우리나라와 FTA를 맺지 않은 국가를 고르시오.

① 미국 ② 일본 ③ 인도 ④ 중국

72 무역수지에 해당하는 것은?

① 운임 ② 상품수출 ③ 해외송금 ④ 보험료

73 **환율인상이 가져올 수 있는 직접적 효과 중 틀린 것은?**

① 외국 관광객의 수가 증가한다.　② 수출 경쟁력을 높인다.
③ 수입 수요를 억제한다.　④ 물가를 안정시킨다.

74 **인플레이션으로 이득을 보는 사람은?**

① 채무자　② 채권자　③ 봉급자　④ 화폐소지자

75 **디플레이션의 경우 어떤 현상이 일어나는가?**

① 물가상승, 생산증가, 고용증가　② 물가하락, 생산감소, 고용증가
③ 물가상승, 생산증가, 고용감소　④ 물가하락, 생산감소, 고용감소

76 **경기침체와 물가상승이 동시에 나타나는 현상을 무엇이라고 하는가?**

① 리플레이션(reflation)　② 스태그플레이션(stagflation)
③ 디스인플레이션(disinflation)　④ 진정 인플레이션(true inflation)

77 **한 국가의 경제가 인플레이션인 경우 적절하지 않은 정책은?**

① 특별소비세 인상　② 재할인율 인상
③ 통화안정증권 발행　④ 금리인하

78 **우리나라의 환율 변동 주기는?**

① 매일　② 일주일　③ 6개월　④ 1년

79 **우리나라의 화폐가치가 거래상대국의 화폐가치보다 평가절하 되었을 때 나타나는 현상은?**

① 수출감소, 국내물가상승, 차관기업의 원화부담증가
② 수출감소, 국내물가하락, 차관기업의 원화부담감소
③ 수출증대, 국내물가하락, 차관기업의 원화부담감소
④ 수출증대, 국내물가상승, 차관기업의 원화부담증가

80 **원화 환율 변동이 초래하는 경제적 현상에 대한 설명으로 올바른 것은?**

① 원화 가치의 상승은 수출을 촉진한다.
② 환율이 급격히 상승하면 상품 및 서비스 수지는 즉각적으로 개선된다.
③ 대미 달러 환율이 상승하면 수입품 가격이 올라간다.
④ 원화 가치가 떨어지면 국내 소비자물가는 하락한다.

정답

01	O	02	X	03	X	04	O	05	X	06	X	07	O	08	X	09	X	10	O
11	X	12	X	13	X	14	X	15	O	16	X	17	X	18	X	19	O	20	X
21	X	22	O	23	O	24	X	25	X	26	O	27	X	28	X	29	O	30	X
31	X	32	X	33	O	34	X	35	X	36	X	37	X	38	O	39	O	40	X
41	①	42	①	43	①	44	②	45	①	46	①	47	①	48	②	49	①	50	④
51	③	52	③	53	③	54	③	55	②	56	①	57	②	58	③	59	④	60	④
61	②	62	③	63	①	64	④	65	③	66	②	67	③	68	②	69	③	70	③
71	②	72	②	73	④	74	①	75	④	76	②	77	④	78	①	79	④	80	③

PART 2

창업과 경영관리

CHAPTER

03 창업준비 및 환경

1. 소자본 창업의 의의

1.1 소자본 창업의 개념

창업은 사전적 정의로는 사업 따위를 처음으로 만들어 시작함을 말한다. 이는 물적 · 인적 자원을 적절히 결합하여 상품이나 서비스를 조달, 생산, 판매하는 활동을 새로이 시작하는 것을 의미한다. 이때 창업자는 좀 더 좋은 아이디어, 자원, 자금, 사업적 감각을 동원하여 이들을 상품과 서비스로 전환시킬 수 있어야 한다. 그리고 새로운 활동의 결과는 새로운 사업체 또는 기업의 형태로 나타난다. 소자본을 이용한 창업은 중소기업 창업지원법이나 일반적 창업과 달리, 개인이나 집단이 적은 자본을 들여 인간(man), 기계(machine), 자금(money) 등을 결합하여 자신의 책임 하에 새로이 사업을 개시하는 것을 말한다.

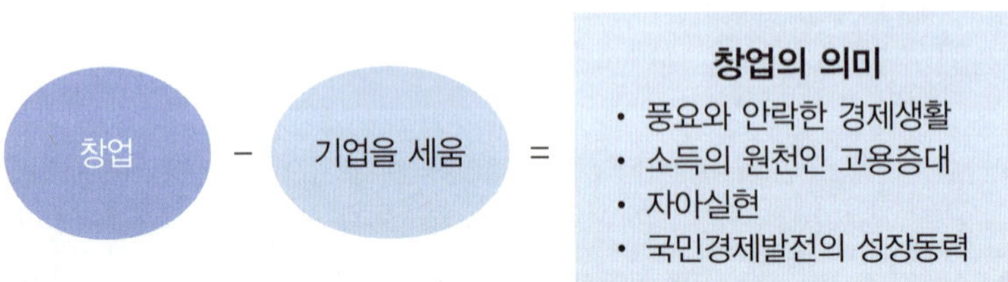

그림 3-1 소자본 창업의 의미

일반적으로 소자본으로 하는 창업의 대부분은 건설, 제조업인 경우 상시종업원이 10인 이하인 경우와 유통업, 외식업, 서비스업인 경우 상시종업원이 5인 이하인 경우로 정보 지향적이고 가족중심의 SOHO형 창업을 말한다. 소자본 창업의 자본 규모는 1억원 미만이 90% 이상을 차지하고, 그 중에서도 5천만원 내외의 자금규모가 가장 많은 것을 보면, 소자본 창업의 경우 극히 일부분을 제외하고는 고수익이나 안정성을 달성하는 것이 어렵다.

중소기업창업지원법 시행령 제2조의 규정에 의하면 개인적 입장에서 소자본을 이용한 창업에서는 기존의 사업체를 인수하거나, 상속이나 증여에 의하여 사업을 시작하거나, 또한 기존에 있던 사업체를 임차하여 사업을 시작하더라도 창업이라 할 수 있다. 즉 점포의 유무와 상관없이, 취급하는 상품이나 서비스의 유형에 상관없이, 창업자가 누구인가와 상관없이, 또는 자금의 규모에 상관없이 새롭게 사업을 시작하게 되면 모두 창업이며, 그중 자금 규모가 작은 창업을 소자본 창업이라 할 수 있다.

창업은 오케스트라와 같다. 모든 악기들이 제 시간에 제 소리를 내야 아름다운 하모니가 이루어지듯, 창업도 모든 조건들이 딱 맞아떨어져야 성공할 수 있으므로, 2년 내지 3년에 한 번씩 나타나는 소자본 사업의 변화주기를 예의 주시해야 한다.

1.2 소자본 창업의 목적

창업을 할 수 밖에 없어 밀려서(push) 하는 창업자, 자연스럽게 창업 유인 조건이 성숙되어 끌려서(pull)하는 창업자 등 창업을 하려는 사람의 대부분은 돈을 많이 벌어서 풍요로운 인간생활, 보다 편리한 생활 그리고 보다 행복한 생활을 하고 싶은 마음은 누구나 같을 것이다.

창업을 결심했으면 무엇 때문에 사업을 시작하려고 하고, 무엇을 성취하려고 하는지와 어떻게 사회에 기여할 것인지의 목적을 확실하게 하여, 자신과 주변 사람들에게 공표하여 이 목표가 성공으로 이끄는 요소가 되게 해야 한다. 모든 성공한 사람들의 공통점은 결정과 실행 사이의 간격을 아주 좁게 유지하는 능력이 있다.

창업을 통해서 자신의 정체성을 향상시키고, 다른 사람을 위해 그리고 고객을 위해 봉사한다는 구체적인 목적을 정하고 시작해야 하지만, 대부분의 사람은 단지 돈을 벌기 위해서 창업을 한다. 그러나 돈이 창업의 목적이 되어서는 안 되고, 돈은 사업의 목적을 달성하는 과정에서 부산물로 얻어져야 한다. 과거에는 창업자들이 돈만을 벌기 위하여 창업을 하였지만, 이제는 사업체도 사회시스템의 참여자로 진화하고 있으며, 소비자와의 지속적인 커뮤니케이션 활동에 의한 공감대를 이끌어내야 하고, 창업자가 추구하는 목적도 거래처와의 상생이나 지역사회에 대한 공헌 등으로 원대하고 다양화하고 있다.

창업자가 추구하는 목적

① 새로운 직업을 갖거나 경험을 쌓기 위하여
② 불안한 직장생활을 대비하기 위하여
③ 먹고 사는 생활비를 마련하기 위하여
④ 집을 장만하는 자금을 마련하기 위하여
⑤ 노후자금을 마련하기 위하여
⑥ 꿈과 희망을 달성하기 위하여
⑦ 불우한 이웃을 돕기 위하여
⑧ 국가와 지역사회에 기여하기 위하여
⑨ 거래처와의 상생을 위하여
⑩ 보유하고 있는 자원을 활용하거나 자신의 재능을 기부하기 위하여

1.3 소자본 창업의 기본 요소

1) 창업자

소자본 창업에서 창업자의 능력, 경험 및 사업 환경에의 적응력 등은 성공 여부에 중요한 요소이다. 특히 일에 대한 열정이 있어야 하며, 기본적으로 누구보다도 부지런해야 하고, 반드시 해 낼 수있다는 기업가정신(entrepreneurship)이 있어야 한다. 기업가정신의 정의는 학자마다 다르지만, 보통은 '새로운 사업 기회를 포착하고 위험을 감수하고, 혁신적이고 창의적인 자세나 정신'으로 정의된다.

창업을 준비하는 기간에 왜 창업을 하려고 하는지, 어떤 사업을 하려고 하는지를 정하

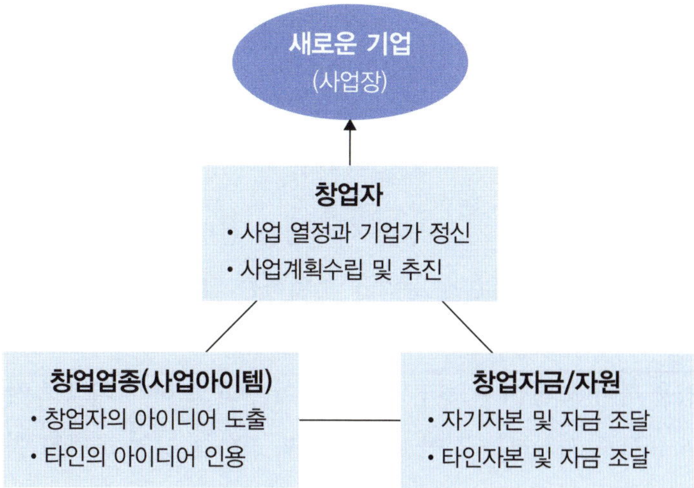

그림 3-2 소자본 창업의 3대 요소

여 자신에 맞는 아이템을 찾아서 분석하고, 사업타당성을 검토해야 하며, 상권을 조사하여 입지를 결정하며, 자금을 조달하고, 사업계획서를 작성해야 하며, 어떤 마음가짐으로 어떻게 경영할 것인지를 결정하여 자신이 직접 결정해야 한다.

열심히 하면 성공하지만, 좋아하고 잘 할 수 있는 일을 하면 대성한다. 설사 크게 성공하지 못하더라도 자신이 좋아하는 일을 하면 실패할 확률을 낮출 수 있으므로, 유행업종을 좇아 창업하는 것보다 자신의 경력과 적성, 취미를 살려서 좋아하고 잘 할 수 있는 사업이 훨씬 안전하다.

2) 사업아이템

창업자는 누구나 유망한 아이템(item)을 원하지만, 아이템을 선정할 때 충분히 조사를 하여 정확한 정보를 가지고 선정해야 한다. 유행하는 아이템이나 주변사람들의 이야기만 듣고 선정하지 말고, 내가 잘 할 수 있는 아이템을 본인의 책임 하에 신중하면서도 타이밍이 적절하게 선택해야 한다. 아이템을 선정할 때는 먼저 관심 있는 업종을 몇 개 선정하여 각각의 업종에 대한 정보를 수집하여 사업타당성을 검토하고, 나의 적성과 역량에 맞는지, 내가 하고자 하는 지역이나 환경에서 잘 될 수 있는지를 확인하여 객관적이고 정확한 평가를 해야 한다.

3) 창업 자금

창업자가 훌륭한 능력이 있고, 유망한 아이템을 선정했더라도 사업을 시작할 자금(fund)이 없으면 창업을 할 수 없다. 창업을 준비하는 단계에서부터 자신의 자금상황과 조달 능력을 고려하여 사업의 범위를 결정하고 계획에 맞추어 시작해야 한다. 대부분의 경우 실제 창업을 하다 보면 계획보다 많은 자금이 필요로 하게 되므로 자신의 자금능력의 70% 정도의 규모로 시작하는 것이 바람직하며, 30%는 창업 초기의 여유자금으로 활용해야 한다. 창업 후 1년내에는 영업을 위한 운영자금이 지속적으로 필요한 점을 충분히 고려하여 다양한 자금조달 방안을 마련해야 한다.

1.4 창업시기의 선택

같은 업종, 같은 아이템, 같은 조건으로 창업을 하더라도 창업하는 시기에 따라 창업에 성공하는 경우도 있고 실패하는 경우도 있다. 첫번째는 국가적, 사회적, 지역적 환경에서 언제 어떤 창업을 하느냐 하는 것이 창업 성공의 한 변수가 될 수 있다. 예를들어 국가가 IMF 구제금융을 신청할 정도로 국가 경제가 안 좋을 때는 어떤 사업을 하더라도 쉽게 이끌어 나갈 수 없으나, 국가 경제가 호황일 때는 대부분의 사업이 큰 어려움이 없이 잘 운영되는 편이다.

두번째는 국가 경제에 문제가 없을 경우라도 성수기와 비수기를 타는 업종인가, 아니면 성수기와 비수기라는 계절에 영향을 받지 않는 업종인가에 따라 창업 시기가 달라질 수 있다. 예컨대 냉면이나 팥빙수와 같이 찬 먹을 거리는 여름이 성수기이고 겨울이 비수기라고 볼 수 있다. 성수기와 비수기가 뚜렷한 업종의 경우에는 비수기에 준비하여 성수기를 앞둔 회복기에 창업하는 것이 창업의 성공가능성을 높일 수 있다. 이와 같은 계절적인 성수기와 비수기와 달리 대학가의 상점들은 학생들의 방학을 기준으로 방학 기간에 준비하여 개학 시기에 맞추어 창업하는 것이 바람직하다.

마지막으로, 사업아이템에 따라 창업 시기가 달라질 수 있다. 즉 사업 아이템의 생명주기와 관련된 시장성에 따라 창업 시기를 고려해야 한다는 것이다. 사람도 생명주기가 있듯이 모든 제품과 서비스는 수명주기가 있다. 수명주기는 보통 시장에서 매출액 크기로 도입기, 성장기, 성숙기, 쇠퇴기로 분류한다. 제품과 서비스의 수명주기가 어느 단계에 있는가에 따라 창업 계획과 판매 전략을 달리 세워야 한다. 만일 특정 아이템이 사회적으로 유행한다고 해서 쇠퇴기에 접어든 것을 모르고 주력 아이템으로 삼아 창업을 할 경우에는 거의 100% 실패할 가능성이 크므로 아이템 수명주기에 맞추어 창업 시기를 조절할 필요가 있다.

2. 소자본 창업의 특성

2.1 소자본 창업의 특성

일반적으로 소자본 창업의 업종은 주로 외식업, 도 · 소매업, 서비스업이 대다수를 차지한다. 소자본 창업은 업종에 따라 집약되는 노동시간대와 노동의 형태는 다를 수 있지만, 기본적으로 장시간 노동을 필요로 한다. 또한 진입장벽이 거의 없는 완전경쟁시장으로 경쟁이 치열하여 전업으로 하는 소점포 사업일 경우 사업이 안정궤도로 진입할 때까지는 다른 곳에 한눈 팔 시간이 거의 없다.

1) 소자본 점포의 특성

① 서비스의 특성이 점포의 성패를 좌우한다. – 차별화된 서비스가 필요

② 시간적 제약을 받는 사업이다. – 고객과 정해진 시간을 준수

③ 지역적인 한계를 지닌다. – 주변지역의 거주자가 고객

④ 수동적인 사업이다. – 찾아오는 고객에게 최상의 서비스를 제공

⑤ 입지 결정론적 사업이다. – 고객이 쉽게 보고 접근가능한 위치

⑥ 인력비중이 높은 사업이다. – 인건비 벌어먹는 장사

2) 소자본 점포의 장점

① 고정자산이 많지 않아 감가상각비 부담이 적고, 실패해도 손해 폭이 적다.

② 특별한 전문지식이나 노하우(know how)가 없어도 된다.

③ 수동적 사업이지만 노력한 대가는 거의 보상받는다.

3) 소자본 점포의 단점

① 서민적 또는 가족형 사업이 될 수밖에 없다.

② 단순 생계형 사업이므로 작은 성과에 만족해야 한다.

③ 고객의 욕구와 필요에 부합하는 상품을 미리 파악하여 구비해야 한다.

2.2 소자본 점포의 형태

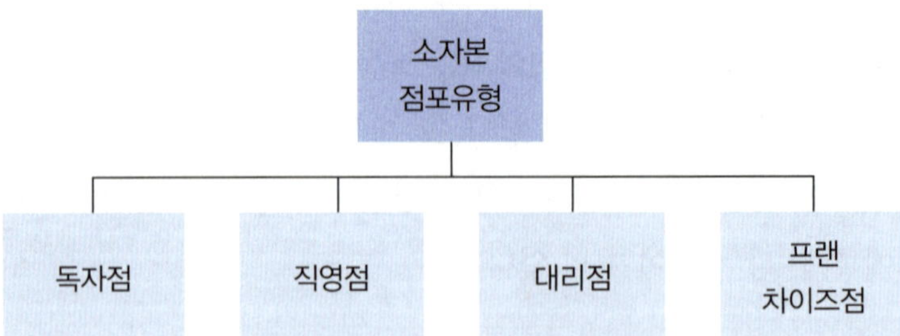

그림 3-3 소자본 점포의 유형

1) 독자점(독립점)

창업자 혼자서 독립적으로 점포를 개설하는 형태로써 대부분 소규모 점포이지만 노력한 대가는 보상받을 수 있는 경우가 많다. 창업자가 자신의 아이디어와 능력을 마음껏 발휘할 수 있는 장점이 있으나, 모든 일에 대하여 확실한 후원자나 안내자 없이 혼자서 처리해야 하는 단점이 있다.

2) 직영점

본사가 직접 운영하는 점포로 소유권 및 경영에 관한 최종 결정권은 본사가 가지고 있으면서 지점 영업은 독립채산제로 하는 형태로, 본사가 대리점이나 체인점을 내기 전에 효과를 검증하기 위한 초기 단계로 운영하는 경우가 일반적이다. 본사의 지시에 따라 운영하므로 쉽게 창업할 수 있고, 본사의 경영 노하우를 전수받을 수 있는 장점이 있지만, 소유주가 아니고 매니저로만 활동하게 되므로 의사결정에 한계가 있다는 단점이 있다.

3) 대리점

본사의 영업을 대리하는 것으로 본사와의 계약에 따라 개인사업자가 운영하는 점포 형태로 본사의 제품만을 취급하는 것이 일반적이다. 일정한 지역에서의 영업권을 보장해 주고는 있지만, 업종에 따라 여러 개의 대리점을 개설하기도 한다. 개인 창업자는 실패율을 낮추고, 창업 시 들어가는 불필요한 노력을 하지 않아도 되고, 어느 정도 성공이 보장된 브랜드와 아이템을 사용하는 장점이 있다. 반면에 독자점에 비해 마진율이 떨어지고, 본사의 영업 방침에 따른 여러 가지 간섭을 받는 경우가 많고, 본사의 푸시 영업으로 불필요한 재고 부담이 재무상태를 악화시키는 단점이 있다.

4) 프랜차이즈점

소비자들의 인지도가 높은 회사이름이나 브랜드를 사용할 수 있는 계약을 맺어 사업을 하지만, 경영은 완전히 각자의 책임 하에 운영되는 점포 형태이다. 상품 공급이 원활하고 소비자의 인지도가 높아 실패할 확률이 적은 장점이 있지만, 상품 선택의 자유가 없고, 초기투자비가 조금 비싸게 들고, 가맹금, 로열티, 보증금 등의 비용이 발생한다. 또한 신선한 아이디어를 가지고 있어도 적용시키기 어려우므로 능력을 발휘하는 데는 한계가 있다는 단점이 있다.

3. 창업자와 유형

3.1 창업자의 특성

창업자(entrepreneur)는 누구나 성공하고 싶어 하는데, 자신의 창업환경을 정확히 분석하지 않고 뛰어들어 어려움을 자초하는 경우가 많다. 창업은 땀과 노력으로 이루어지기 때문에 기교나 재주보다는 철저한 사전준비가 더욱 중요하다. 창업은 오늘 확실한 자본과 시간을 투자하여 미래에 거대한 대가를 얻으려는 것이다. 산업사회에서는 지식이 많거나 많은 자본을 동원할 수 있는 사람만이 창업을 하였으나, 최근의 지식정보화 사회에서는 참신한 아이디어와 정보만 가지고도 창업을 할 수 있어서 과거와는 창업환경이 많이 달라졌다. 적은 자본으로도 창업할 수 있고, 남과 다르게 잘 만들 수 있는 능력, 잘 팔 수 있는 능력 및 잘 서비스할 수 있는 능력 등만 있으면 누구나 창업을 할 수 있게 되었다. 특히 소자본 창업은 창업자의 능력이나 마음가짐에 크게 좌우되므로, 자신의 여건을 철저히 분석하여 강점을 극대화하고, 약점을 최소화할 수 있는 자세가 중요하며, 우선은 성공하는 창업보다는 실패하지 않는 창업을 해야 한다.

창업은 누구나 할 수 있지만, 아무나 성공하는 것은 아니다. 창업을 결심한 사람은 지금까지 자기가 겪지 못한 어려움이 닥쳐도 극복할 수 있어야 한다. 먼저 나의 역량을 알고서 현재의 조건이 어려워도 기회를 포착하여 무에서 유를 창조하는 행동과 미래의 예견된 위험(calculated risk)을 기꺼이 감수하는 정신을 가져야 한다.

유행업종보다는 창업자의 자질과 역량이 더 중요하다. 직장생활을 할 때는 하루 8시간 일을 했지만, 창업하면 하루 24시간 일한다는 각오로 임해야 성공할 수 있다. 단지 돈을 벌기 위해 사업을 하는 사람은 장사꾼에 머물고, 창업자의 사업철학이 담긴 목적을 달성하기 위하여 사업을 하면 돈은 부수적으로 얻는 사람이 진정한 기업가이다.

피터 드러커(P. F. Drucker)는 기업가(entrepreneur)란 변화를 탐구하고 변화를 기회로 이용하는 사람, 기업가정신(entrepreneurship)은 과학도 예술도 아닌 오직 도전정신을 강조하면서 끊임없이 혁신해야 발전해 나갈 수 있다고 했다. 즉 기업가정신은 사업 기회를 실현시키기 위하여 도전하고, 혁신하고, 위험을 감수하는 정신으로 강조하였다.

3.2 창업자가 갖추어야 할 요소

1) 창업자는 사업철학을 가져야 한다.

창업은 평생을 걸 수 있는 확신이 필요하다. 나는 왜 이 사업을 하려고 하는가? 단지 돈을 많이 벌 수 있기 때문인가?처럼 묻고 또 물어서 확실한 사업 철학과 비전을 가져야 한다. 성공한 기업가의 충고는 한결같이 "눈앞의 이익이나 돈을 좇아가면 실패한다"는 점이다. 창업자가 사업을 하여 이익을 남기는 것은 돈을 벌거나 잘 살기 위한 수단이지 목적이 아니므로 창업자의 사업철학이나 점포의 운영방향을 명확히 하는 경영철학이 필요하다.

2) 뚜렷한 목표와 계획을 가지고 시작해야 한다.

창업자는 사업철학을 달성하기 위해서 구체적인 목표를 명확하게 설정하고 장기적인 비전을 가지고 사업계획서를 작성한다. 그러면 목표를 향해 도전하는 방향이 확실하게 되고 목표달성이 쉽게 이루어진다.

3) 분석능력을 키워야 한다.

소비자의 필요와 욕구를 파악하여 영업상의 매출로 이어지도록 분석하고 평가하는 능력을 지속적으로 키워야 한다. 파는 사람과 사는 사람의 입장에서 느끼는 감정에는 큰 차이가 있을 수 있으므로, 변화하는 트렌드나 소비자의 니즈를 읽어내는 능력을 증진시켜야 한다. 자신의 창업전략을 시장트렌드에 맞추어 조정하는 창업가는 성공할 수 있다.

4) 우수한 점포를 방문하여 끊임없이 배워야 한다.

창업 초기에는 우수한 점포를 방문하여 정보를 획득하여 자기 점포의 미비점을 보완하려고 노력하지만, 어느 정도의 시간이 지나고 익숙해지면 현실에 안주하려는 경향이 있다. 점포의 경쟁력을 제고하기 위한 방법의 일환으로 타사 혹은 경쟁점포에서 배워오는 벤치마킹(benchmarking)이 필요하다. 또한 잘되는 점포뿐만 아니라 망하는 점포의 이유도 살펴

볼 필요가 있다.

5) 종업원을 가족같이 생각한다.

고객과 가장 많이 접하는 종업원이 불친절하면, 주인이 아무리 친절하더라도 고객이 다시 찾지 않고 단골고객이 되지 못한다. 종업원도 아주 중요한 내부고객이므로 종업원들을 가족같이 대하여 만족을 높여야 외부고객을 더욱 만족시킬 수 있다.

6) 장기적인 안목으로 고객을 대한다.

고객에게 상품을 권하거나 정보를 제공할 때 눈앞에 보이는 당장의 이익보다는 고객의 취향과 스타일에 맞는 상품이나 서비스를 추천을 하면, 점포에 대한 신뢰감이 생겨 단골고객이 될 수 있으므로 장기적인 목표을 가지고 고객을 대하여야 한다. 고객을 돈벌이 수단이 아닌 양자간에 윈윈(win-win)하는 동반자로 대하여야 한다.

3.3 창업자의 유형

1) 계획적 독립형

오래 전부터 창업하려는 희망을 갖고 결심을 하여 준비를 한 유형이다. 관심 있는 업종에 관한 정보를 수집하고 분석하여 사업 아이템과 비전, 사업계획, 자금 조달 등 창업과 관련된 모든 것에 관해서 스케줄을 짜고 착실히 계획적으로 준비한 경우이다. 소자본 창업자 중 이와 같이 계획적으로 독립한 경우는 전체 창업자의 5% 정도만 확실한 계획과 비전을 갖고 준비를 하는 것으로 나타났다.

2) 외부 강제형

창업하려는 의사가 전혀 없었거나, 외부 사정에 의해 강한 압력을 받아서 어쩔 수 없이 창업하는 경우로써 소자본 창업자의 55% 정도를 차지하고 있다. 취업준비로 시간을 낭비한 청년이 어쩔 수 없이 창업하는 경우, 근무하던 회사가 도산하여 담당하던 거래처의 도움을 받아 창업하는 경우, 영업실적이 좋지 않아 폐쇄되는 영업소를 인수하여 일부 사업분야를 맡아 창업하는 경우, 창업할 의사가 없는데 사장이나 상사 및 동료와의 인간관계가 악화되어 할 수 없이 창업하는 경우, 경영자가 경영에 관한 전략이나 비전이 없어 창업하는 경우 등 외부 사정으로 밀려서 창업하는 경우가 많다.

3) 실업 생계형

근무하던 직장을 자진해서 퇴직했거나 명예퇴직한 사람이 취직자리를 찾으려고 노력했지만, 새로운 직장을 잡는 것이 뜻대로 되지 않자 어쩔 수 없이 생계를 위해 창업을 한 경우로써 소자본 창업자의 40% 정도를 차지한다. 창업의 동기는 외부 강제형과 비슷하지만 외부 강제형은 예전의 직장을 떠난 후 곧바로 창업을 하지만, 실업형은 상당기간 지난 후에 창업을 하는 경우가 많고, 장기적인 인생계획을 세우고 준비하여 창업하는 사람은 많지 않다.

3.4 창업자의 자질

학자들에 의하면 창업에 적합한 사람이 있고 그렇지 않은 사람이 있다. 하지만 이들이 주장하는 창업에 적합한 사람이란 어떤 사람인가 하는 의문이 생긴다. 즉 사람에 따라 창업에 적합한 자질이 있다는 것인가? 그렇다면 그 자질을 측정하고 평가할 수 있는 방법은 어떤 것인지 알아보기로 하자. 실질적으로 그 누구도 자신이 창업에 적합한 사람인지 아닌지 스스로 체크하고 결론을 내리기는 쉽지 않기 때문이다.

바음백(C.M. Baumback)은 창업자의 자질을 측정하는 기준으로 포기하지 않는 근성, 설득력, 창의성, 금전관리 능력, 회계와 신용관리 및 자기 관리와 적성 등을 제시하였다. 그리고 이 기준에 의하여 만들어진 평가항목들을 이용하여 창업자의 자질을 자가 진단할 수 있도록 하였다.

표 3-1 창업자 자질 자가 측정표

번호	평가 항목	측정값
1	타인과의 경쟁을 즐김	
2	보상에 관계없이 이기기 위하여 강하게 경쟁함	
3	조심스럽게 경쟁하나 가끔은 허세를 부림	
4	미래의 소득을 얻기 위해 예견된 위험을 감수 함	
5	확실한 성취감을 위해 효과적으로 일을 함	
6	하기로 결정한 것에 대해서는 최고가 되길 원함	
7	전통과 관례에 얽매이지 않음	
8	먼저 일을 시작하고 나중에 의논하는 경향이 있음	
9	보상이나 칭찬보다 성취감을 중요시 여김	
10	타인의 의견에 관계없이 자신의 방식을 택함	
11	과오나 패배를 잘 인정하지 않음	
12	자발적인 행동가로서 타인의 격려를 필요로 안 함	
13	쉽게 좌절하지 않음	
14	문제가 생기면 스스로 해결책을 찾음	
15	탐구적이고 연구적 임	
16	타인의 간섭과 방해를 참지 못함	
17	타인으로부터 지시받는 것을 싫어함	
18	비탄받을 때 마음의 상처를 받지 않음	
19	일이 완성될 때까지 쉬지 않고 지켜보길 원함	
20	동료들이 나만큼 열심히 일하길 원함	
21	모든 사업분야에 관한 지식을 넓히도록 노력함	
합 계		

측정표의 각 항목에 대한 측정은 측정자가 생각할 때 항목의 내용과 항상 일치하면 3점, 상황에 따라 일치하면 2점, 거의 일치하지 않으면 1점을 부여한다. 측정 결과를 이용한 측정자에 대한 평가는 측정 점수의 합계에 따라 다음과 같이 해석할 수 있다.

① 63점이상: 완벽한 창업자 자질을 보인다. 창업을 위한 업종 선택과 준비가 끝났으

면 바로 창업해도 무방하다.

② 52에서 62점 사이: 우수한 창업자 자질을 보인다. 업종 선택에 주의를 기울여 창업하면 성공가능성이 높다.

③ 42점에서 51점 사이: 창업에 대한 자질은 보통이다. 성공과 실패가 반반으로 창업에 신중한 접근이 요구된다.

④ 41점 이하: 창업자의 자질이 부족함을 보인다. 창업보다는 다른 형태의 일을 찾는 것이 바람직하다. 굳이 창업을 하고자 한다면 다른 사람들에 비하여 두 배 이상의 신중한 접근과 준비과정이 필요하다.

4. 창업시장의 실태

4.1 소자본 창업의 현황

최근 소자본 창업자의 현황을 보면 간이과세자를 기준으로 해마다 50만개의 점포가 새로 생겨나고, 40만개가 폐업하는 다산 다사형 구조를 가지고 있다. 창업한 지 5년이 안 되는 자영업자가 약 80%에 달하는 상황이다. 경제협력개발기구(OECD)에 따르면 자영업자의 비중은 1인당 국내총생산(GDP)이 높을수록 낮아진다. 우리나라도 1990년대 들어 자영업자 비중이 꾸준히 줄어들고 있었는데, 1997년 외환위기 이후로 직장을 잃은 사람들이 창업에 뛰어들고 취업난으로 청년 실업이 증가하면서 창업으로 방향을 바꾸게 되어 자영업자가 크게 증가하였다. 그 후 경제상황이 좋아지면서 한국의 자영업자 비중은 지난 10년간 큰 폭으로 줄었지만, 경제협력개발기구(OECD) 국가 중에서는 여전히 최상위권으로 나타났다. OECD가 최근 발간한 '한눈에 보는 기업가 정신 2017'을 보면 한국의 전체 남성고용에서 차지하는 남성 자영업자 비중은 26%로 OECD 평균(17%)보다 크게 높았다. 조사대상 39개국 중 3번째로 높은 것으로 한국보다 비중이 높은 나라는 그리스(34%), 브라질(30%)뿐이었다. 또한 우리나라의 전체 여성고용 대비 여성 자영업자 비중도 14%로 OECD 평균(10%)보다 높았다. 한국보다 여성 자영업자 비중이 높은 나라

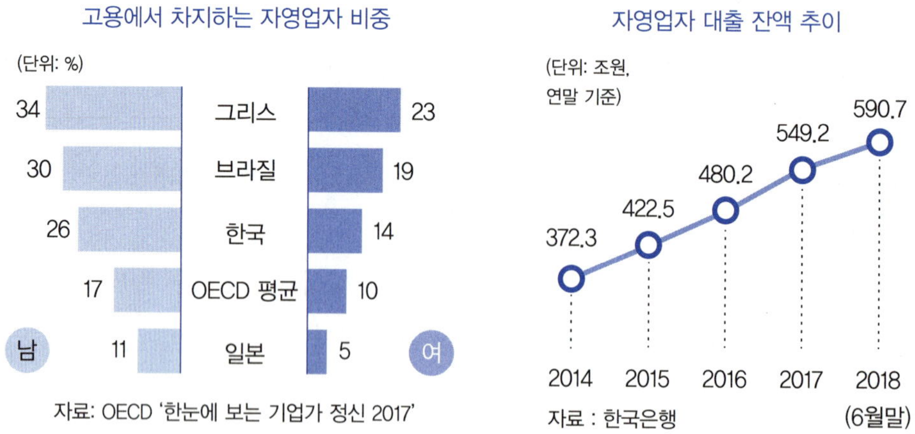

그림 3-4 자영업자 비중 및 대출금액

는 멕시코, 칠레, 그리스(각 23%), 브라질(19%), 이탈리아(16%) 등 5개국이었다.

이런 현상은 1997년 외환위기 후 실업률을 낮추기 위해 생계형 창업을 촉진하던 정부의 근시안적인 정책이 시대적인 흐름에 역행하는 결과를 낳았다. 저부가가치의 생계형 창업자들이 불경기가 지속되자 신용불량자와 도시빈민으로 전락하는 사회문제를 야기했다. 최근 선진국에서도 영세한 구멍가게나 문방구가 할인점이나 프랜차이즈형 대기업에 의해 줄줄이 도산되고 있고, 인터넷의 확산으로 쇼핑몰의 이용자가 증가하고, 인터넷에 잘 알려진 점포를 찾는 추세가 증가하고 있다.

우리나라 자영업자들이 주로 창업하는 서비스업의 노동생산성에도 문제가 있다. 우리나라 서비스업의 1인당 노동생산성은 제조업 생산성의 63% 수준에 불과한데, 일본은 96%, 독일은 102% 그리고 대만은 117%인 것과 비교하면 너무 낮다. 충분한 준비 없이 먹고 마시는 장사는 망하지 않는다, 음식업 등 소규모 서비스 업종이 쉽게 돈을 벌 수 있다, 할 게 없으니 장사나 해야겠다, 열심히 하면 인건비는 건지겠지 등의 자영업에 대한 잘못된 인식과 속설이 실패로 이어지고 있다. 선진국처럼 직업경험을 창업으로 연결하는 커리어(career)형 창업을 유도할 필요가 있다.

4.2 발전방향

최근 들어 자영업의 폐업률이 사회문제로 대두되면서 자영업에 대한 사회적 관심과 정부의 많은 노력이 이루어지고 있다. 자영업을 시작하기에 앞서 사업에 대한 창업교육과 컨설팅, 사업아이템 검토 및 분석 등에 대한 사전준비의 중요성을 재인식하고, 이에 대한 지원 및 교육을 통해 자영업자가 창업에 도전하는데 실질적인 도움으로 이어질 수 있도록 정책적으로 지원하는 노력이 절대적으로 필요하다.

정부에서도 자영업자의 공급이 과잉되지 않도록 억제하는 정책과, 사업의 전환이나 퇴출을 유도하고 또는 건실한 프랜차이즈 가입을 유도해야 한다. 또한 자영업자의 창업 경영을 돕는 인프라를 강화해야 한다. 창업을 돕는 소상공인지원센터만해도 미국과 일본은 1,000여개나 되지만 우리나라는 100여개에 불과하다. 컨설팅의 질도 선진국들은 오랜 현장경험을 가진 자나 전직 자영업자가 창업을 지도하고 있지만, 우리나라는 상담사의 상당수가 자영업 경험이 부족한 사람이 많으므로 실무형 전문상담사의 확충이 필요하다.

우리 국민 중 취업한 사람 세 명 중 한 명은 자영업자나 유무급 자영업 종사자이다. 자영업자는 자유롭게 게으름을 피울 수 있는 직업이 아니라, 누구의 제약도 받지 않고 자유롭게 장시간 노동을 할 수 있는 직업이다. 물론 자영업자 중에는 1년 수입이 수억원에 이르는 의사, 변호사 등과 같은 전문직종도 있겠지만, 경제활동이 매우 취약한 소위 모래형 창업인 치킨집, 호프집 등의 사업자들이 훨씬 더 많은 실정이다. 장기적으로는 각종 규제완화와 실질적인 지원정책를 통해 선진화되고 안정된 경제활동이 구축되도록 창업생태계를 강화해야 한다.

자영업 살길은 구조조정

경제의 뿌리인 자영업이 벼랑 끝에 몰려 있다. 급기야 음식점 주인들이 솥단지를 들고 나섰지만 관심을 끄는 데는 실패했다. 자영업은 어려움이 더욱 가중될 전망이다. 상처가 너무 깊고 불치 가능성까지 있다. 시장 개방, 기술 발전, 소프트화 등 세상 변화들은 하나같이 자영업에 불리하다. 정부와 언론이 육성을 외치고 있지만 때늦은 감이 있다.

취업자 가운데 3 분의 1이 종사하고 있는 자영업이 무너지면 우리는 미래가 없다. 자영업의 현실은 척박하고 암울하다. 협소한 시장을 놓고 제살 깎아먹기 경쟁을 벌이고 있다. 까다로운 규제, 복잡한 절차에 세금도 만만찮다. 실패 확률이 높을 수밖에 없다.

정부가 지원한 생계형 창업자 중 창업 1년 이내에 휴폐업한 비율이 24%에 이른다. 개인 파산과 사업체 부도에 대한 안전망이 대단히 엉성하다. 실패는 가산 탕진과 신용불량자 전락, 심하게는 자살로 내몬다.

경제가 살아나야 자영업도 형편이 나아진다. 내수 부진의 가장 큰 피해자는 자영업이다. 내년에는 정부가 경제에 올인하겠다고 한다. 국민 세금을 소중하게 사용하고 경제주체들의 의욕을 고양시켜야 한다. 이념과 의욕을 절제해 대기업과 부유층이 투자를 하고 돈을 써야 내수가 살아난다.

자영업을 시야에 넣어 정책을 구사해야 한다. 예를 들어 과도한 복지는 자영업자들의 의욕을 꺾는다. 정부가 대책을 강구할 필요가 있지만 그 방법은 과거와 달라야 한다. 자금을 대량 공급하는 것은 자영업자를 두 번 죽이는 일이다. 손쉽게 창업하도록 하면 자립 근성을 죽이며, 실패할 경우 빚 부담을 키워 회생을 불가능하게 한다.

오히려 창업준비 내실화, 성공확률 제고, 구조조정, 실패 리스크 경감 등에 정책 초점을 맞추어야 한다. 지금은 대책 없는 창업보다는 업태 전환과 구조조정이 절실한 시점이다. 구조조정은 당장은 고통을 수반하지만 체질을 강인하게 해서 생존 역량을 키워준다.

사실 자영업자들은 사업을 꾸려 나가는 데 급급하다. 종업원이 소수이고 그나마 전문성이 떨어져 인허가 취득, 회계처리 등이 미숙하다. 세무조사라도 받는 날이면 정상적인 사업 활동까지 마비된다. 당연히 행정규제를 없애고 세무절차를 간소화해야만 한다. 관련 서비스 산업에 예산을 투입하고 전문가와 전문기업을 키워야 한다. 생계형과 영세업체에 대해 한시적으로 무규제, 무절차, 무세금을 적용하는 것이 바람직하다.

동사무소에 식품 포장기계를 비치해 두고 자영업자들이 이용하게 하자. 품질과 디자인을 지도해 주어 규모가 있는 기업에서 하도급을 받게 하면 어떨까. 기존 소상공인 지원센터의 분발이 요구되는 부분이다.

지식인과 시민운동가들은 무엇을 하고 있나. 공동체의 큰 부분이 고통 받고 있는데 구름 위에서 놀고 있는 것은 아닌지. 풀뿌리 민주주의가 중요하지만, 풀뿌리 경제를 튼실하게 가꾸는 것은 더욱 중차대한 과제다.

자영업에 대한 통계, 연구물, 정책제안이 제대로 없다는 사실을 깊이 반성해야 한다. 시민단체들은 민주, 형평, 환경 등의 이슈 외에 민초들의 먹고 사는 문제를 고민해야 한다.

방글라데시의 유누스 교수는 어느 날 가난한 사람들을 보고 충격을 받았다. 대학에서 가르치던 경제학에 회의를 느꼈고 그들을 돕는 방안을 찾기 시작했다. 소액 대출을 통해 생계형 창업을 지원하는 구상은 이후 그라민 은행 설립으로 이어졌다. 그라민 은행은 현재 세계은행 본부를 비롯해 수십개 국에 진출해 있다. 이는 사회적 목적과 기업방식 운영을 결합한 사회적기업(social enterprise)의 대표적 성공 사례다. 사회적기업들이 자영업을 지원하도록 하고 자영업 형태의 사회적기업을 육성해야한다. 지식인, 시민단체 등이 '자영업 지원 네트워크'를 만들어 새로운 바람을 일으키야 한다.

출처: 삼성경제연구소(2016.2)

연습문제 CHAPTER 03

O X형 문제

01 창업을 준비하는 사람은 현재의 조건이 어려워도 기회를 포착하여 무에서 유를 창조하는 행동과 미래의 위험을 기꺼이 감수하는 정신을 가져야 한다.( )

02 피터 드러커는 기업가(Entrepreneur)란 변화를 탐구하고 변화를 기회로 이용하는 사람, 기업가 정신은 과학도 예술도 아닌 오직 도전이라고 강조했다.( )

03 창업을 하기 전에 매출액의 예측과 더불어 행복추구나 지역사회에 대한 봉사 등의 창업자의 사업철학이나 점포의 운영방향을 명확히 하는 목표설정의 필요하다.( )

04 고객의 취향을 파악하여 영업상의 매출로 이어지도록 분석하고 평가하는 능력을 지속적으로 키워야 한다.( )

05 종업원도 아주 중요한 고객 중의 하나이므로 종업원들을 가족같이 대하여 사기를 높여야 홍보대사가 된다.( )

06 당장의 마진을 위해서는 고객의 스타일에 맞는 상품이나 고객의 입장에서 생각하는 마음을 담은 추천을 하지 말아야 한다.( )

07 외부 강제형은 음식업이나 서비스업으로 창업하는 경우가 많고, 독립하기 전의 직장은 상장기업 같은 대기업 출신 보다는 중소기업에 근무하던 경력자가 많다.( )

08 계획적 독립형은 상당기간 후에 창업을 하는 경우가 많고, 장기적인 인생계획을 세우고 준비하여 독립하는 사람은 많지 않다.(　)

09 소자본을 이용한 창업은 개인이나 집단이 인간(Man), 기계(Machine), 자금(Money) 등을 결합하여 자신의 책임 하에 새로이 사업을 개시하는 것을 말한다.(　)

10 소자본으로 하는 창업의 대부분은 유통 · 서비스업인 경우 상시종업원이 5인이하인 경우로 정보 지향적이고 가족중심의 무점포형 창업을 말한다.(　)

11 중소기업창업지원법에서는 폐업 후 사업을 다시 개시하여 폐업 전의 사업과 동종의 사업을 계속하는 경우는 창업으로 인정한다.(　)

12 소자본 창업의 경우, 극히 일부분을 제외하고는 고수익이나 안정성을 달성하는 것이 어렵다.(　)

13 모든 성공한 사람들의 공통점은 결정과 실행 사이의 간격을 아주 넓게 유지하는 능력이 있다.(　)

14 일반적으로 창업자가 추구하는 목적도 거래처와의 상생이나 지역사회에 대한 공헌 등으로 다양화하고 있지 않다.(　)

15 소자본 창업에서 창업자의 능력, 경험 및 사업 환경에의 적응력 등은 성공 여부에 가장 중요한 요소이다.(　)

16 유행 업종을 좇아 창업하는 것이 자신의 경력과 적성을 살리는 것이 훨씬 안전하다.(　)

17 대부분의 경우 실제 창업을 하다 보면 계획보다 많은 자금이 필요로 하게 되므로 자신의 자금능력의 50% 정도의 규모로 시작하는 것이 바람직하다.( )

18 소자본 창업은 진입장벽이 거의 없는 완전경쟁시장으로 경쟁이 치열하다.( )

19 소자본 점포의 장점은 특별한 전문지식이나 노하우(Know How)가 없어도 된다.( )

20 대리점은 창업자가 자신의 아이디어와 능력을 마음껏 발휘할 수 있는 장점이 있으나, 모든 일에 대하여 확실한 후원자나 안내자 없이 혼자서 처리해야 하는 단점이 있다.( )

21 대리점은 독자점에 비해 마진율이 떨어지고, 본사의 영업 방침에 따른 여러 가지 간섭을 받는 경우가 많고, 불필요한 재고 부담으로 부도의 원인이 되는 단점이 있다.( )

22 대리점은 소비자들의 인지도가 높은 회사이름이나 브랜드를 사용할 수 있는 계약을 맺어 사업을 하지만, 경영은 완전히 각자의 책임 하에 운영되는 점포 형태이다.( )

23 우리나라 자영업자들이 주로 창업하는 서비스업의 자본생산성에도 문제가 있다.( )

24 한국 남성 자영업자 비중이 OECD 국가(평균 17.0%) 중 그리스(약 34%), 브라질(30%)에 이어 3위(26%)를 차지하고 있다.( )

25 기업가정신의 정의는 학자마다 다르지만, 보통은 '새로운 사업 기회를 포착하고 위험을 감수하고, 새로움을 추구하는 혁신적이고 창의적인 자세나 정신'으로 정의된다.( )

26 실업생계형 창업은 예전의 직장을 떠나면 바로 창업을 하지만, 외부강제형은 상당기간 지난 후에 창업을 하는 경우가 많다.

27 만일 특정 아이템이 사회적으로 유행한다고 해서 성장기에 접어든 것을 모르고 주력 아이템으로 삼아 창업을 할 경우에는 거의 100% 실패할 가능성이 크다.( )

28 국내 자영업 관련 종사자는 전체 취업인구 중 약 20%에 속한다.( )

4지 선택형 문제

29 **창업자가 갖추어야 할 요소가 아닌 것은?**

① 창업자가 인생철학을 가져야 한다.
② 종업원을 고객같이 생각한다.
③ 뚜렷한 목표와 계획을 가지고 시작해야 한다.
④ 분석능력을 키워야 한다.

30 **창업자의 유형 중에서 외부 사정에 의해 강한 압력을 받거나 그것이 계기가 되어 어쩔 수 없이 창업하는 경우는?**

① 실업형 ② 계획적 독립형 ③ 외부 강제형 ④ 자수성가형

31 **창업자의 유형이 아닌 것은?**

① 실업형 ② 계획적 독립형 ③ 외부 강제형 ④ 자수성가형

32 **외부 강제형 창업에 속하지 않는 것은?**

① 근무하던 회사가 도산하여 담당하던 거래처의 도움을 받아 독립하는 경우
② 영업실적이 좋지 않아 폐쇄되는 영업소를 인수하여 일부 사업분야를 맡아 독립하는 경우
③ 사장이나 상사 및 동료와의 인간관계가 악화되어 할 수 없이 독립하는 경우
④ 직장을 잡는 것이 뜻대로 되지 않자 어쩔 수 없이 창업을 한 경우

33 **창업자가 추구하는 목적에서 벗어난 것은?**

① 새로운 직업을 갖거나 경험을 쌓기 위하여
② 거래처와의 경쟁을 위하여
③ 보다 나은 삶을 영위하기 위하여
④ 먹고 사는 생활비를 마련하기 위하여

34 **소자본 창업의 기본 요소가 아닌 것은?**

① 창업자 ② 아이템 선정 ③ 사업계획서 ④ 자금

35 **소자본 점포의 특성에서 벗어 난 것은?**

① 시간적 제약을 받지 않는 사업이다 ② 수동적인 사업이다
③ 위치 결정론적 사업이다 ④ 지역적인 한계를 지닌다

36 **소자본 점포의 단점이 아닌 것은?**

① 서민적 또는 여성적 사업이 될 수밖에 없다.
② 수동적 사업이지만 노력한 대가는 거의 보상받지 못한다.
③ 단순 장사식 사업이므로 작은 성과에 만족해야 한다.
④ 고객의 욕망과 필요에 부합하는 상품을 미리 파악하여 구비해야 한다.

37 **소자본 창업의 성공조건으로 틀린 것은?**

① 입지조건 ② 창업형태
③ 자금조달과 생산성 검토 ④ 점포 형태의 결정

38 **소자본 점포의 형태가 아닌 것은?**

① 독자점(독립점) ② 직영점 ③ 대리점 ④ 소호점

39 **다음 중 진정한 창업 의미에서 벗어난 것은?**

① 풍요와 안락한 경제생활　　② 노후자금을 마련
③ 자아실현　　④ 경제발전(GDP)의 성장동력

40 **소자본 점포의 장점에서 벗어난 것은?**

① 고정자산이 많지 않아 감가상각비 부담이 적고, 실패해도 손해 폭이 적다.
② 특별한 전문지식이나 노하우(know how)가 없어도 된다.
③ 수동적 사업이지만 노력한 대가는 거의 보상받는다.
④ 고객의 욕구와 필요에 부합하는 상품을 미리 파악하여 구비해야 한다.

정답

01	O	02	X	03	O	04	O	05	O	06	X	07	X	08	X	09	O	10	X
11	X	12	O	13	X	14	X	15	O	16	X	17	X	18	O	19	O	20	X
21	O	22	X	23	X	24	O	25	O	26	X	27	X	28	X	29	②	30	③
31	④	32	④	33	②	34	③	35	①	36	②	37	③	38	④	39	②	40	④

CHAPTER 04

창업계획과 아이템 선정

1. 창업의 기본절차

무슨 일이든지 새로이 시작하고자 하면 쉽게 손에 붙지 않고, 추진하는 데 많은 힘이 드는 것이 사실이다. 창업을 할 때도 마찬가지이다. 무엇부터 시작해야 하는가? 어떻게 시작할 것인가? 어떤 식으로 일을 진행해야 좀 더 효과적인가? 창업 아이템은 무엇으로 할 것인가? 많은 의문과 혼란 속에 불안한 마음으로 일을 벌이고 시작하는 것이 예비창업자들이 겪는 실상이다. 어떤 일이든 주먹구구식으로 진행할 경우에는 수많은 시행착오를 겪는 것처럼, 창업 역시 계획적으로 진행하지 않으면 창업기간의 연장과 이에 따르는 금전적 손해를 감수해야 한다. 이러한 관점에서 창업을 계획적으로 진행하려면 어떤 절차를 거쳐야 하는지 알아볼 필요가 있다. 새로운 일을 시작하려면 우선 그 일을 어떻게 시작할 것인가, 어떠한 방식으로 그 일을 수행할 것인가를 설계해야 한다. 즉 창업의 기본절차로 계획 – 설계 – 실행의 세 단계를 적용할 수 있다.

1) 계획 단계

계획단계에서는 창업을 하는 목적과 목표를 설정하고 그 목표를 달성하기 위한 시장조사와 정보 수집을 하여야 한다. 수집된 정보를 바탕으로 관심 있는 업종과 아이템을 선정하여 예비 타당성 분석을 실시하고 아이템의 우선순위를 결정해야 한다.

2) 설계 단계

설계단계는 계획단계에서 세운 목표를 어떻게 실현할 것인가를 구체적으로 기술하여 창업의 방향을 세우는 단계로, 창업을 위한 설계 단계에서는 창업의 성공에 도움을 줄 수 있는 상권과 입지를 결정하기 위한 조사, 사업의 성공가능성을 타진하기 위한 전체적인 사업타당성을 분석한다. 그리고 사업의 세부적인 사항과 방향을 제시하는 사업계획서를 작성하여 사업에 대한 개괄적인 전망을 추정하도록 한다.

3) 실행 단계

실행단계는 구체적으로 창업을 시작하는 단계로, 창업자는 창업에 필요한 자금을 산출하고 조달하여 이에 맞는 사업장을 어느 입지에 매입 또는 임차할 것인가를 결정한다. 또한 이때 사업장을 개설하는데 필요한 인 · 허가 서류를 준비하고 사업자등록을 마치도록 한다.

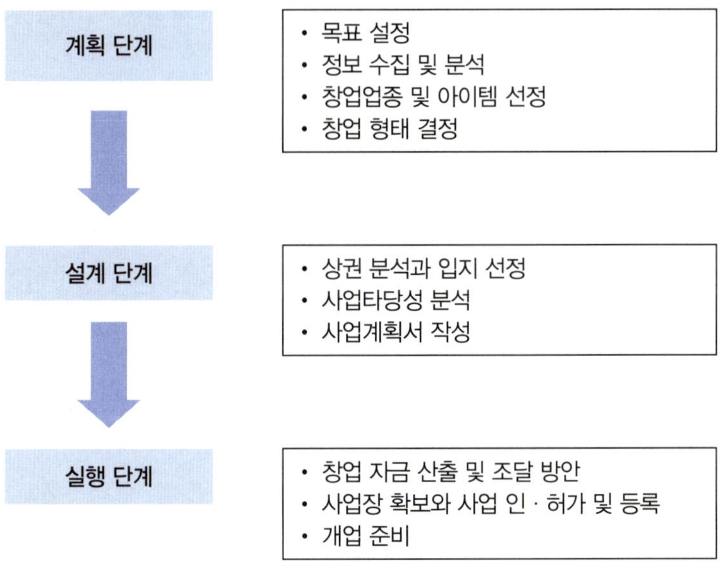

그림 4-1 창업의 기본 절차

2. 창업목표 설정

목적과 목표를 혼동하여 쓰는 경우가 있으나, 목적(objective)은 어떤 일을 통해 이루려고 하는 것 혹은 어떤 일을 하는 이유이며, 목표(goal)는 목적을 달성하고자 하는 구체적이고 바람직한 장래의 상태(결과)를 말한다. 어떤 일을 행함에 있어서 반드시 목적이 있어야 한다. 목적은 기업 활동을 통해 궁극적으로 달성하고자 하는 가치라고 할 수 있다. 만일 목적 없이 일을 진행한다면 어느 방향으로 가야할지, 어디에서 일을 중단시켜야 할지 모르기 때문이다. 창업자는 자신이 창업을 하는 목적과 구체적인 목표를 명확하게 설정해야 한다. 개인 성장, 부의 축적, 또는 성취감 달성이라는 막연한 동기나 목적을 내세우며 창업을 하는 것도 중요하지만, 창업 자체를 목적으로 하면 안 된다. 단순히 돈을 벌기 위한 수단보다는 다양한 창업 목적을 잘 이해하고 구체적인 의미를 만들면 사업 발전에 큰 도움이 될 수 있다.

사람들은 좋은 환경에서 잘할 수 있고, 좋아하는 일을 하게 되면 일에 지치지도 않고 행복을 느낀다고 한다. 이러한 관점에서 창업에 접근하는 사람들도 있지만, 대부분의 창업자들은 가족 부양과 생계를 위해서라는 절박한 심정으로 창업전선에 뛰어든다. 어떻게 해서라도 창업에 성공해야 한다는 압박감을 갖고 있는데, 단지 성공이라는 용어는 너무 추상적이다. 성공을 위해서는 구체적인 목표가 필요하다. 따라서 진정한 성공을 위해서는 구체적인 목표를 세우고 이를 달성시키기 위해 고군분투해야만 한다. 예컨대 창업 후 2년 내에 월매출 1억원에 도달할 때 이를 성공으로 간주하겠다는 뚜렷한 목표를 설정하면 여러 가지 풍파와 위험을 이겨낼 수 있는 힘이 나올 수 있다. 구체적이고 명확한 목표가 있으면 목표 달성을 위하여 자신의 열정과 노력을 쏟아 부어 성공에 이르는 시간을 단축시킬 수 있다.

3. 정보수집과 분석

예비창업자는 창업을 결정하였더라도 창업정보의 부족으로 무엇부터 시작해야 될지 막연할 수 있다. 가장 먼저 해야 할일은 창업에 관련된 정보를 수집하고 분석을 통해 자신이 나아갈 방향을 결정하는 것이다. 인터넷 정보 검색창에서 많은 창업관련 사이트를 통해 도움을 받을 수 있다. 그러나 이러한 사이트에서 얻을 수 있는 자료는 어디까지나 참고 사항이지 절대적인 정보가 아님을 염두에 두어야 한다. 다음은 창업에 도움을 줄 수 있는 기본 정보들을 정리하였다.

1) 전반적으로 창업시장의 상황은 어떠한가?

수많은 사람들이 새로운 사업을 열고, 문을 닫고 있는 현실에서 자영업시장의 동향을 알아보는 것은 상당히 중요한 일이다. 창업자들이 제대로 수익을 올리며 사업을 하고 있는지, 아니면 어렵게 사업을 꾸러 가고 있는지 등의 동향을 살펴보아야 하며, 이와 더불어 국가 경제의 흐름과 같은 거시적인 동향도 살펴보아야 한다. 즉 국가 경제가 원만하게 돌아가는 시기라면 사업을 하기에 좋으나, 국가 경제가 어려운 시기라면 사업의 종류를 불문하고 사업이 어려운 것이 사실이다. 특히 초보 창업자 입장에서는 사업체가 미숙하고 불안정한 상태이기 때문에 경제환경과 시장 요인에 많은 주의가 필요하다. 경기변동곡선과 시장업황지수 등을 참고하면 창업하기 적당한 시기인지 좀 더 시간을 두고 관망하는 것이 좋은지를 결정할 수도 있다.

2) 어떤 업종이 앞으로 유망하고 어떤 아이템들이 시장을 선도하고 있는가?

사람들이 많이 원하는 업종은 어떤 것들이 있으며, 지역에 따라 어떤 업종이 많이 밀집되고 있는지, 자신이 관심을 가지고 있는 업종들의 상황은 어떤지를 집중적으로 살펴보아야 한다. 그 중 어떤 업종을 선택하는 것이 유망하고 성장가능성이 높은지를 알아내어야 한다. 해당 업종에서 무슨 아이템을 가지고 사업을 하는 것이 유리할 것인지를 함께 살펴보는 것도 잊지 말아야 한다.

3) 업종이나 아이템에 따라 적합한 사업 장소는 어디인가?

업종이나 아이템에 대한 윤곽이 잡히면 아이템을 가지고 사업하기 적합한 장소는 어느 곳인지를 물색하여야 한다. 즉 관심 업종과 아이템에 적합한 상권을 지닌 입지 선택을 할 수 있어야 한다. 상권이 제대로 조성된 적합한 입지를 선정할 수 있으면, 그 사업은 거의 성공적이라고 할 수도 있을 만큼 입지의 선택은 중요하다.

4) 사업장의 임대료 분포는 어떠한가?

적절한 입지를 선정하였다면 사업장의 임대료 분포를 알아보아야 한다. 최소의 비용으로 시작해야 하는 창업자의 경우에는 사업장 임대료는 전체 투자금의 상당한 부분을 차지하기 때문에 이에 대한 분석이 잘 이루어져야 한다. 아무리 입지가 좋고 사업장이 마음에 들더라도 임대료가 자신의 자금 능력을 벗어날 경우에는 과감히 다른 사업장을 물색해야 한다. 사업장 임대료에 무리한 투자는 전체적인 자금 압박으로 이어져 창업 실패를 초래하기 쉽다.

5) 업종이나 아이템에 따라 필요한 최소 자본금은 어느 정도인가?

창업자가 생각하는 관심 업종이나 아이템들에 필요한 최소 자본금은 어느 정도나 되는지 알아보아야 한다. 반드시 필요한 창업 자본금과 자신이 동원 가능한 자금을 비교하여 사업장 임대 위치에 따라 업종이나 아이템을 선정할 수도 있고 바꿀 수도 있다. 창업자들에게 가장 큰 걸림돌이 투자금의 규모이며, 무리한 투자는 자금 압박으로 이어져 실패하는 경우가 다반사이다.

6) 업종이나 아이템에 따른 수익률은 어느 정도인가?

자신이 동원할 수 있는 자금으로 창업을 한 후에 얼마만큼의 기간이 지나야 수익을 올릴 수 있는지를 예측할 수 있어야 한다. 업종이나 아이템에 따라 수익률 차이가 크므로 아무리 좋은 업종과 아이템이더라도 적당한 수익이 오르지 않으면 그 사업을 이끌어 나갈 수 없게 된다. 따라서 사업을 시작하기 전에 각 업종과 아이템에 대한 수익률을 미리 분석하고, 추정된 수익률로 사업을 이끌어 갈 때 승산이 있다고 생각된 경우에 사업을 시작하는 것이 바람직하다.

위와 같은 정보를 습득하고 분석하여 자신이 원하는 업종이나 아이템에 맞추어 시장에 대한 평가를 위해서는 많은 시간과 노력이 요구된다. 그러나 사업을 시작하기에 앞서 충분한 시간을 가지고 정보를 수집하고 분석을 통해 정확한 사업 방향을 설정하는 등 철저히 준비하면 창업의 실패 가능성은 낮아질 수 있다.

자영업 위기탈출 - 기본 없이는 생존도 없다

맨손으로 성공을 이뤄낸 자영업자들이 가장 강조하는 말이다. 경쟁이 치열하고 불황일수록 눈에 띄는 판촉활동을 하게 된다. 그러나 고객이 가게를 다시 찾게 하는 가장 중요한 요소는 △서비스 △가격 △청결 △상품과 같은 기본적인 요소다.

대한상공회의소 관계자는 "국내 자영업 관련 종사자는 전체 취업인구 중 약 30%나 된다"며 "자영업 시장 경쟁이 치열함을 감안할 때 기본에 충실하지 못하면 성공은커녕 생존도 어려울 수 있다"고 조언했다.

폐업이나 업종 전환도 전략을 갖고 해야 한다. 2005년 부가세 신고자 중 폐업자는 85만명이나 됐다. 이들 중 상당수가 자영업자고 폐업시 상당한 손실을 감수하는 게 일반적이다. 손실액을 단순히 1인당 500만원이라고 쳐도 연간 4조원 이상 낭비된 것이다.

설비 · 인테리어 훼손이 적은 단기 폐업자는 사업인수자를 찾는 데 적극 노력하고, 권리금 회수가 어려울 때는 새로운 업종으로 전환을 모색하는 등 폐업과 업종 전환을 단순한 손실 줄이기에서 벗어나 적극적인 재기 기회로 삼아야 한다. 무작정 청산하는 것은 자영업자 개인뿐만 아니라 국가적으로도 손해다.

기업가정신없이는 주먹구구식, 구멍가게식 경영에서 벗어날 수 없다. 면밀한 입지 · 업종 선정, 사업계획과 전망, 경쟁 분석 등 과학적인 역량을 갖고 도전정신과 헌신적인 기업가 정신이 필요하다. 기업가 정신이란 규모의 문제가 아니라, 사업자가 얼마나 과학적이고 합리적으로 경영하느냐에 달려 있다.

외환위기 후 전국적으로 유행하던 조개구이점을 지금은 찾아보기 어렵다. 2002년 찜닭, 2002~2004년 업그레이드 PC방, 지난해 김치 삼겹살 등 해마다 히트 아이템이 창업시장을 강타했지만 새로운 업종 등장과 동시에 경쟁업체가 순식간에 불어나면서 제살 깎아먹기식 경쟁이 지속되고, 이로 인해 동반 몰락하는 사례가 반복됐다. 유행업종 간 무한 경쟁에서 살아남을 수 있는 특색과 개성을 찾아내지 못했다면, 시작 단계부터 자신만의 아이템을 중심으로 창업하거나 틈새시장을 노려 창업하는 것을 고려해야 한다.

앉아서 고객을 기다리던 시대는 지났다. 정기적인 마케팅 투자, 혁신적이고 유행을 앞서 나가는 상품기획 등을 통해 고객 눈길을 사로잡고, 고객 처지를 고려한 신축적인 가격전략을 통해 구매를 자극하도록 경영해야 한다.

인건비, 원재료비, 임차료 등 경비 상승요인이 많아져 어려움이 커지고 있다. 이런 상황 속에 생존을 위해서는 적극적인 매출 증대와 더불어 우수공급자 확보를 통한 원가절감, 유휴인력, 설비 합리화를 통한 불용인력, 설비 제거 등 경비 다이어트는 더 이상 선택이 아닌 필수요소다.

단순 중개인, 단순한 요식업자 수준으로는 승자가 될 수 없다. 대형점포와 경쟁이 치열해지면서 발붙일 곳을 잃어가는 자영업자들이 살아남기 위해서는 대형점포와 달리 깊이 있는 고객 이해와 판매 제품에 대한 전문성 습득이 필요하다. 이를 바탕으로 숨겨진 고객에게 효용가치를 제공할 때 비로소 자영업자가 경쟁력을 갖출 수 있다.

출처: 대한상공회의소(자영업 7가지 성공포인트, 2018)

4. 창업아이템 포착

창업 업종과 아이템은 창업자의 적성과 경험, 자금 동원능력과 사업규모와 업종의 현황, 아이템의 시장경쟁력 등을 따져 구상해 볼 수 있다. 물론 독립사업체 창업과 프랜차이즈 창업에 따라서 업종과 아이템 선정의 접근 방식이 달라질 수 있다.

4.1 사업아이템 선정

예비창업가는 창업환경을 객관적으로 점검을 하고 분석하여 창업을 결정하고 난 후, 실질적으로 창업을 위한 첫 번째 단계가 아이템을 선정하는 일이다. 많은 사업가들이 다양한 사업을 하고 있지만, 나에게 꼭 맞는 아이템을 선정하는 것은 쉬운 일이 아니다. 사업을 시작하려는 사람들은 이미 염두에 두었던 아이템이나, 남의 권유로 시작하는 경우가 많기 때문에 아이템 선정에 큰 고민을 하지 않는 경우도 많다.

그러나 창업에 유리한 입장에 있는 경우도 아이템 선정을 잘못하여 망하는 경우가 많다. 아이템 선정의 잘못으로 사업에 치명타를 입고 어렵게 장만한 사업자금까지 날려버리는 경우도 적지 않기 때문이다. 특히 소자본 창업으로 성공하려는 사람이라면 아이템 선정에 더 많은 시간과 노력을 투자해야 한다. 물론 아이템 선정만 잘했다고 사업의 성공을 보장받는 것은 아니지만, 잘된 아이템 선정이 사업의 성공 가능성과 발전성을 높일 수 있다. 또한 선정한 아이템을 다양한 측면에서 타당성을 점검하는 것은 필수적인 과정이다.

유망한 아이템의 선정 여부는 창업의 성패를 좌우하는 중요한 사항이므로 충분히 검토한 후 결정하고, 신속하고 일관성 있게 추진해야 한다. 그것은 이정표 밑에서 살 길을 정하고 첫걸음을 내딛는 것과 같기 때문이다. 한편 주변에서 전통적이고 사양 사업에서도 성공하는 사람도 있고, 시대의 흐름에 맞고 잘 나가는 유행 사업을 하면서도 망하는 사람도 있는 것을 보면, 반드시 아이템 선정의 잘못에 따라 바로 사업의 성패가 완전히 결정되는 것이 아니다.

그러나 성공할 확률을 높이기 위해서는 자신의 여건에 맞는 아이템을 선정하도록 노력하는 것은 반드시 필요하다. 다른 사람의 말이나 유행하는 아이템을 자신이 직접 조사해보지도 않고 창업을 하면 안 된다. 자신의 자금규모, 나이, 경험, 적성 등을 고려하여 우선 관심 있는 후보 아이템을 3~5개 정도 정해서 사업성을 분석하여 타당성이 가장 높은 아이템을 선정해야 한다.

4.2 업종과 업태의 구분

일반적으로 시장에서 업종과 업태 및 아이템이라는 용어를 구별하지 않고 사용하고 있는데, 이론적으로는 업종과 업태를 구분하여 쓰는 것이 필요하다. 그러나 소자본으로 창업하는 경우 취급하는 물품이나 규모, 업종 형태 등을 고려해 볼 때 아이템이라고 하는 것이 무방하리라고 본다.

1) 업종의 의미

업종은 판매되는 제품과 서비스에 의한 분류 즉 '무엇을 판매하느냐'에 따라 구분되며, 주력상품과 보조 상품이 결합하는 방법에 의해서도 구분된다. 한국표준산업분류에 의하면 업종은 농업 및 임업, 어업, 광업, 제조업, 전기 · 가스 및 수도 사업, 건설업, 도 · 소매업, 숙박 및 음식점업, 운수업, 통신업, 금융 및 보험업, 부동산 및 임대업, 사업 서비스업, 공공행정 · 국방 및 사회보장 행정, 교육 서비스업, 보건 및 사회복지사업, 오락 · 문화 및 운동관련 서비스업, 수리 및 개인서비스업, 가사 서비스업 등으로 구분한다.

2) 업태의 의미

업태는 동일 업종 간에 제품과 서비스를 판매하는 방식 즉 '어떻게 판매하느냐'에 따라 구분되는데, 영업형태와 판매 전략을 의미하는 경우도 있고, 취급하는 상품 형태, 입지, 조직 구성을 의미하는 경우도 있다. 오늘날 소매업종들이 비슷한 형태를 띠고 있으나, 체인점이 발달함에 따라 구색 갖춤과 소매가격대, 상권의 범위, 대상고객층, 점포의 규모, 입지상의 특성, 취급상품의 종류 및 수량, 판매방법 등 다양한 요인에 의해 구분된다.

3) 업종과 업태의 차이

소규모 창업업종은 대부분 외식업, 도 · 소매업, 서비스업 등의 업종에 국한되고 있는 실정이다. 업종간의 경쟁은 업태로 확인될 수 있는데 같은 업종에서도 다양한 소비자를 위한 차별화된 마케팅을 위하여 가격대나 판매형식을 달리하는 경영 방식이 해당된다. 도매점과 소매점 경우 취급하는 상품의 가격 차이와 판매 대상으로 구분하기도 하고, 판매방식에 따라 편의점은 24시간 영업을 하여 시간의 효용가치를 제공하며, 백화점은 다품종 소량으로 구입하여 서비스를 강화하여 판매하는 형태이고, 회원제 할인점은 메이커 직거래로 구입한 상품을 대량으로 구입하여 박스째 창고에 쌓아두고 판매하는 방식 등이 있다.

표 4-1 업종과 업태의 비교

구분	시각	주도자	분류기준	점포크기	주요유형	장점
업종개념	생산자	제조업체	제품성격	소규모	외식업, 도 · 소매업	제조업체 통제용이
업태개념	소비자	소매업체	소매전략	대규모	할인점, 편의점	소비자 편의, 소매효율 증대

4.3 아이템 선정 시 고려사항

1) 자신의 경험이나 지식을 이용할 수 있는 아이템을 선정

창업자가 그 동안 쌓아온 경험이나 과거의 직장생활 또는 지식을 활용할 수 있는 아이템을 선정하는 것이 다른 사람보다 유리한 위치에서 사업을 전개할 수 있으므로 성공 확률을 높일 수 있다. 경험이 없으면 실제 경험을 충분히 쌓은 후에 창업을 해야 한다. 자신이 잘 아는 아이템이 최선이고, 자신과 관련 있는 아이템은 차선이며, 자신과 전혀 무관했던 아이템은 최악임을 염두에 두어야 한다.

2) 자신의 적성에 맞는 아이템을 선정

사업은 자신의 열정과 노력을 쏟아 붙지 않으면 안 되는 일이므로 높은 수익성도 중요하지만 자신의 적성이나 취향을 고려하여 선정해야 한다. 자신의 적성을 판단하기 힘들 때는 주변사람들에게 "당신은 그 업종에 맞을 것 같다"라고 들으면 어느 정도는 근거가 있다고 볼 수 있다. 남에게 좋은 사업이라고 나에게도 좋은 것은 아니다. 자신의 좋아하고 잘할 수 있는 아이템이면 즐거운 마음으로 사업에 임할 수 있다.

3) 자본규모에 맞는 아이템을 선정

같은 아이템이라도 상가의 입지와 크기, 계약조건 등 여러 가지 상황에 따라 창업자금의 규모가 달라지므로 이들 여건들을 미리 예상하고 준비해야 한다. 또한 아이템을 선정할 때에는 단순히 창업이 가능한 자금만을 염두에 두어서는 안 되며, 창업 후 운영자본도 미리 고려해야한다. 창업자본 규모는 창업자금과 운영자금, 예비자금 등을 합한 것을 말한다.

4) 전망 있고 성장성이 있는 아이템을 선정

현재 잘 되고 있는 유행 아이템이나 수명주기상 성숙기에 도달한 아이템보다는 인구, 사회, 경제적 변화와 경기변동 사이클이 소비시장을 더욱 확대시키면서 도입 후 2년 미만의 새로운 유망 아이템을 선정해야 한다. 경영능력이 좋고 자금력이 충분하더라도 아이템이 성숙기에 접어들었거나 점포매물이 많이 나온 업종은 전반적으로 지역에서 사양(쇠퇴)업종일 가능성이 크다. 초보 창업자는 시장에서 검증되지 않은 기획 아이템보다는 대중성이 있는 아이템을 선정하는 것이 바람직하다.

4.4 창업아이템의 유형

창업을 고려하다 보면 매우 다양한 업종과 아이템을 만나게 된다. 본인의 적성이나 자질 등을 참고하고 나서 추가적으로 고려할 사항은 관심 있는 업종 또는 아이템이 어느 수명주기단계에 있는가, 과연 미래에도 계속해서 유망할 것인가 하는 점이다. 이러한 것을 알아보기 위해서는 업종 및 아이템의 수명주기 단계를 고려할 필요가 있다.

사람에게 유년기–청년기–장년기–노년기처럼 수명을 다하고 땅에 묻히고 서서히 기억 속에서 사라지는 것처럼, 모든 아이템도 시장에서 도입기–성장기–성숙기–쇠퇴기 등의 수명단계를 거쳐 고객들이 더 이상 찾지 않게 된 상품이나 서비스는 결국 시장에서 사라지게 된다. 예를들어 현재는 커피 프랜차이즈 시장은 호황을 누리며 성숙기로 평가된다. 라이프 사이클 단계로 따지면 성숙기는 매출과 이익, 경쟁이 가장 높은 시기이지만, 달리 이야기하면 곧 쇠퇴기에 접어들 단계이다. 최근에는 아이템의 수명주기는 점점 짧아지고 있다. 몇 년 전만 해도 한 아이템으로 5년간은 이익을 냈는데, 현재는 3년은커녕 1년도 가지 않는 아이템이 많다. 아이템을 수명주기별로 유형과 특징을 살펴보면 아래와 같다.

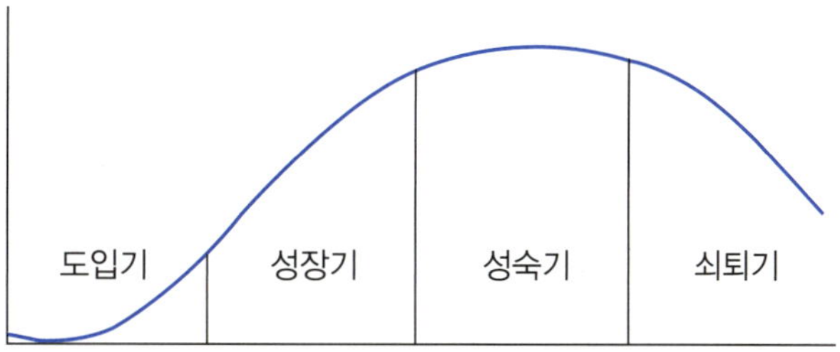

도입기에서 쇠퇴기까지의 기간이 1년인 아이템
도입기에서 쇠퇴기까지의 기간이 2년인 아이템
도입기에서 쇠티기까지의 기간이 3년인 아이템
도입기에서 쇠퇴기까지의 기간이 3년 이상인 아이템

그림 4-2 아이템 수명주기

창업아이템 수명주기

창업아이템은 도입기, 성장기, 성숙기(안정기), 쇠퇴기의 수명주기를 갖게 된다. 아이템의 주기에 따라 창업자의 수익성, 경쟁력, 위험도 등이 다르기 때문에 창업자는 창업하려는 아이템의 수명주기가 어느 단계인가를 판단해야 한다.

- **1단계 도입기:** 도입기는 신규아이템이 시장에 소개되는 기간이다. 아이템의 차별성이 높고, 경쟁업체가 없는 장점이 있지만 검증되지 않은 아이템으로 위험부담이 크다. 도입기 자체에 아이템이 자리를 못 잡고 사라지는 경우가 많다.
- **2단계 성장기:** 성장기에는 창업아이템에 대한 고객만족이 증가함에 따라 시장규모가 확대되고 경쟁업체가 생겨나기 시작한다. 성장기에 접어들면 위험은 적어지고 매출과 이윤은 극대화된다.
- **3단계 성숙기(안정기):** 높은 수익률로 인해 새로운 모방업체가 시장에 속속 진입하기 시작하고 수요가 포화상태로 접어들게 된다. 신규업체들은 가격인하를 통해 경쟁이 치열해지며 경쟁력이 약한 사업체는 시장에서 퇴출되는 위험한 시기이다.
- **4단계 쇠퇴기:** 아이템의 수요가 급격히 떨어지면서 매출과 수익이 감소한다. 신규 대체 아이템의 출현으로 기존의 아이템은 시대에 뒤떨어진 아이템으로 전락하여 시장에서 서서히 퇴출되기 시작한다.

창업에서 타이밍은 중요하다. 동일한 아이템으로 5년 전 시작한 사람과 지금 시작하려는 사람은 분명 차이가 크다. 지금 시작하려는 아이템이 수명주기 중 어느 단계에 속해있는 지를 잘 파악한 후 창업을 시작해야 한다.

1) 유행 아이템

유행 아이템(fashion item)은 수명주기가 짧은 아이템으로 소비자들의 욕구가 지속적이지 못하여 짧은 기간 동안 인기가 집중되다가 그들의 욕구가 충족되면 썰물처럼 빠져나가는 사양(쇠락) 아이템이다. 한 때 유행했던 조개구이 전문점과 찜 닭 전문점, 팥빙수 전문점, 대왕카스테라 등이 사례이다. 일시적 유행을 따르는 반짝 아이템은 빠른 폐업으로 이어질 수밖에 없다. 또한 단일화된 메뉴는 경쟁력을 갖춘 대기업 외식 프랜차이즈에 밀릴 수밖에 없어 오랜 생명력을 유지할 수 없다. 유행 아이템으로 수익 극대화를 위해서는 남들보다 빨리 정보를 얻고 기민하게 움직이며, 아이템이 정점에 이르렀다고 판단될 때 주저 없이 빠져나올 수 있는 역량이 필요하다. 수요가 계속해서 감소하는 아이템으로 노래방, PC방, 커피숍, 당구장 등이 있다. 그러나 사양되는 아이템이라고 무시해서는 안 된다. 지금도 연탄을 사용하는 소비자가 있어서 연탄공장을 운영하듯이 사양 아이템을 가지고도 안정적인 수익을 얻는 사업자도 많이 있다.

2) 유망 아이템

유망 아이템(promising item)은 수명주기가 긴 아이템으로 인구와 사회구조, 기술적이고 경제적인 변화로 새롭게 창출되는 소비자들의 욕구와 필요를 지속적으로 충족시켜 나갈 수 있다. 안정성 및 수익성이 꾸준히 이어지는 성장 아이템으로 1~2인용 가구 아이템, 미혼가구 아이템, 실버관련 아이템, 친환경, 웰빙(well-being) 혹은 레저관련 아이템 등이 있다. 또한 유망 아이템을 선정할 때 아이템의 수명주기에서 도입기 후반이나 성장기 초기의 제품을 고려하는 게 바람직하며, 성숙기 중반이나 쇠퇴기의 아이템은 가급적 피해야 한다.

유망 아이템이 반드시 창업을 성공으로 이끌어 주는 것도 아니며, 사양 아이템이라고 해서 꼭 실패하는 것도 아니다. 그러나 처음부터 성공할 확률이 낮은 아이템을 선정하는 것은 경쟁자들보다 불리한 조건으로 출발하게 되는 것이므로 확고한 신념과 시장 분석을 근거로 신중하게 접근해야 한다. 예를들어 오래전에 시장에 도입된 생고기 전문점, 제과점, 김밥집, 화장품점, 아동복 할인점, 보습학원 등은 시대의 큰 변화 없이 꾸준한 대중적인 수요가 있으며, 최근에는 복고풍의 아이템 창업도 수요가 늘어나고 있다.

기획 프랜차이즈

프랜차이즈회사들이 넘쳐나는 시대이다. 대한민국은 프랜차이즈 선진국인 일본에 비해 가맹본사가 약 4배가량이 많다. 2019년 9월 기준 공정거래위원회에 등록된 브랜드는 5,500여개로 나타났다. 예비가맹점주 입장에서는 생존이 직결된 문제라 가맹본사를 선택하는데 고민이 많다. 그나마 검색을 통해 이것저것 찾아보다보면 가맹본사를 선별하는 노하우 등에 대한 설명을 읽을 수 있다. 그 중에 기획 프랜차이즈를 조심하라는 말이 있다.

기획프랜차이즈란 프랜차이즈 사업을 통해 단기간 내에 오로지 사업수익을 노리는 형태를 말한다. 쉽게 말해 가맹본사가 가맹점을 하나 개설해서 발생하는 개설수익과 가맹점을 유지 관리하면서 얻어지는 물류수익만을 목적으로 사업을 전개하는 형태를 말한다. 가맹본사가 이렇게 많이 생기는 근간을 들여다본다면 기획 프랜차이즈에 대해 좀 더 조심할 수 있다.

첫째, 프랜차이즈시스템은 만들기가 어렵지 않다. 프랜차이즈 업계에서 2~3년 정도 총괄 업무를 해 보면 프랜차이즈 비즈니스 모델을 만들 수 있는 능력이 생긴다. 다른 사업에 비한다면 짧은 시간 내에 사업모델을 만들 수 있는 역량이 생긴다.

둘째, 너무나 급변하는 유행 속에서도 창업자들은 유행아이템을 좋아한다. 유행아이템을 조심해야 한다. 하지만 유행아이템에는 매력이 있다. 특히 초보 창업자에게 고객들이 바글바글한 매장모습은 계약서에 도장을 찍기에 너무나 매력적인 요소다. 신중하게 판단한다고 하지만 개인의 판단은 한계가 있다.

셋째, 평가 기준이 없다. 검색엔진을 살펴보다 마치 신뢰할 수 있는 추천 브랜드인 것처럼 어떤 브랜드를 자랑스럽게 광고해주는 모습을 볼 수 있다. 해당 브랜드는 짜깁기와 베끼기 특화인 브랜드로 1년 안에 브랜드 론칭하고 안되면 접어버리는 브랜드로써 예비창업자의 급한 마음을 이용한 악덕 가맹본부가 대부분이다. 너무나 쉽게 가맹본사를 설립하고 사업을 펼쳐나갈 수 있는 환경이 대한민국의 현실이다.

대만 대왕카스테라가 유행할 때 가맹본사 20개가 동시다발적으로 생겨난 것을 비추어 보면 상기 3가지 사항들이 어느 정도 이해가 가실 거라 본다. 프랜차이즈 사업은 매력적인 사업모델이지만 옥석을 가리는 선별능력이 문제라고 볼 수 있다.

출처: 채널프랜차이즈(2018.9.23.)

연습문제 CHAPTER 04

O X형 문제

01 창업의 기본절차로 계획 – 설계 – 실행의 세 단계를 적용할 수 있다.(　　)

02 설계단계는 계획단계에서 세운 목표를 어떻게 실현할 것인가를 구체적으로 기술하여 창업의 아이템을 선정하는 단계이다.(　　)

03 목표는 어떤 일을 통해 이루려고 하는 것 혹은 어떤 일을 하는 이유이며, 목적은 목표를 달성하고자 하는 구체적이고 바람직한 장래의 상태(결과)를 말한다.(　　)

04 창업자가 가장 먼저 해야 할 일은 창업에 관련된 정보를 수집하고 분석을 통해 자신이 나아갈 방향을 결정하는 것이다.(　　)

05 아무리 입지가 좋고 사업장이 마음에 들더라도 자신의 자금 능력을 벗어날 경우에는 과감히 다른 사업장을 물색해야 한다.(　　)

06 창업을 결정하고 난 후, 실질적으로 창업을 위한 첫 번째 단계가 아이템을 선정하는 일이다.(　　)

07 아이템 선정만 잘하면 사업의 성공을 보장받을 수 있으며, 아이템 선정이 사업의 성공 가능성과 발전성을 높일 수 있다.(　　)

08 업태는 판매되는 재화나 서비스에 의한 분류, 즉 무엇을 판매하느냐에 따라 구분된다.(　　)

09 업종은 동일 업태 간에 재화나 서비스를 판매하는 방식 즉 어떻게 판매하느냐에 따라 영업형태, 집하방식에 따라 구분된다.( )

10 업종은 영업의 종류로 제조업, 도 · 소매업, 서비스업 등의 산업 분류를 나타낸다면, 업태는 영업이나 사업의 방식으로 취급상품과 서비스의 종류에 따라 구분된다.( )

11 유망 아이템은 라이프 사이클이 도입기를 지나 성장 단계에 진입한 아이템으로 계속적으로 수요가 창출되는 아이템이다. ( )

12 유망 아이템을 선정할 때 아이템의 수명주기에서 도입기 초기나 성장기 초기의 제품을 고려하는 게 바람직하며 성장기 중반이나 쇠퇴기의 아이템은 가급적 피해야 한다. ( )

13 라이프 사이클 단계로 따지면 성장기는 매출과 이익, 경쟁이 가장 높은 시기이지만 달리 이야기하면 곧 성숙기로 접어들 단계다.( )

14 모든 아이템은 시장에서 도입기–성장기–성숙기–쇠퇴기 등의 수명단계가 있고, 사람들이 더 이상 찾지 않게 된 상품이나 서비스는 결국 시장에서 사라지게 된다.( )

15 유행아이템은 수명주기가 긴 아이템으로 소비자들의 요구가 지속적이지 못하여 짧은 기간 동안 인기가 집중되다가 그들의 욕구가 충족되면 썰물처럼 빠져나가는 사양 아이템이다.( )

16 유망 아이템이 반드시 창업을 성공으로 이끌어 주는 것도 아니며, 사양 아이템이라고 해서 꼭 실패하는 것도 아니다.( )

4지 선택형 문제

17 **창업 계획단계에서 할 일에서 벗어난 것은?**

① 목표 설정　② 정보 수집 및 분석
③ 창업업종 및 아이템 선정　④ 사업타당성 분석

18 **창업에 도움을 줄 수 있는 기본 정보가 아닌 것은?**

① 전반적으로 창업시장의 상황　② 아이템에 따라 적합한 사업 장소
③ 사업 인 · 허가 및 등록 여부　④ 아이템에 따른 수익률

19 **업태를 구분하는 요인에서 벗어난 것은?**

① 주력상품과 보조상품　② 상권의 범위
③ 대상 고객층　④ 구색 갖춤과 소매가격대

20 **다음 중 업태분류와 거리가 먼 것은?**

① 백화점　② 소매점　③ 할인점　④ 편의점

21 **아이템 선정 시 고려사항으로 거리가 먼 것은?**

① 자신의 경험이나 지식을 이용할 수 있는 아이템
② 자신의 성격에 맞는 아이템
③ 자본규모에 맞는 아이템
④ 유행 아이템이나 라이프 사이클이 성숙기에 도달한 아이템

22 **인구와 사회구조의 변화로 새롭게 창출되는 소비자들의 요구를 지속적으로 충족시켜 나갈 수 있어 성장성이나 안정성 및 수익성이 꾸준히 이어지는 아이템은?**

① 유망 아이템　② 성장 아이템　③ 유행 아이템　④ 인기 아이템

23 **라이프 사이클이 도입기를 지나 성장 단계에 진입한 아이템은?**

① 유망 아이템 ② 성장 아이템 ③ 유행 아이템 ④ 인기 아이템

24 **아이템 수명주기 상에서 위험은 적어지고 매출과 이윤은 극대화되는 시기는?**

① 도입기 ② 성장기 ③ 성숙기 ④ 쇠퇴기

25 **다음 중 성장 아이템에서 벗어난 것은?**

① 1~2인용 아이템 ② 실버관련 아이템
③ 레저관련 아이템 ④ 팥빙수 아이템

26 **성숙기(안정기)의 특징으로 맞는 것은?**

① 매출과 수익이 감소 ② 가격경쟁이 치열
③ 매출과 이윤은 극대화 ④ 시장규모가 확대

정답

01	O	02	X	03	X	04	O	05	O	06	X	07	X	08	X	09	X	10	O
11	X	12	X	13	X	14	O	15	X	16	O	17	④	18	③	19	①	20	②
21	④	22	①	23	②	24	②	25	④	26	②								

CHAPTER

05 창업형태와 프랜차이즈

1. 개인기업

1.1 개인기업이란

개인이 출자하고, 위험부담과 운영상의 모든 책임을 창업자 개인이 지는 기업형태를 말한다. 우리주변의 도·소매점, 서비스업, 외식업 등 소규모 영세기업이 대부분 해당된다. 개인기업은 창업자가 영업, 자금조달, 종업원 관리 및 생산 등의 기업 전반에 걸쳐 직접 총괄적으로 경영하는 형태이다. 기업설립은 특별한 제한이 없기 때문에 연령, 성별, 능력 등에 관계없이 자연인은 누구나 설립할 수 있다. 설립 및 폐쇄가 쉽다는 점과 경영과 관련한 의사결정이 신속하다는 점이 장점이다. 개인의 자본 규모의 한계와 개인의 생명과 경영능력의 한계로 기업의 영속성을 보장하기 어렵고, 무한책임으로 위험이 높다는 점이 단점이다.

1.2 사업자 등록 및 교부

신규로 개인 사업을 개시하고자 하는 자는 업종에 따라 주무 관청에서 인·허가를 얻어 사업을 개시하여 사업개시일로부터 20일 이내에 관할세무서에 사업자등록을 함으로써 설립요건을 갖추게 된다. 사업자 등록 절차는 아래와 같다.

1) 인·허가의 취득

개시하고자 하는 업종이 법령에 인·허가나 등록 및 신고를 해야 하는 경우 반드시 해당 관청이나 지방자치단체에서 인·허가를 받아야 한다.

2) 사업자 등록

신규로 사업을 개시하는 자는 사업장마다 사업개시일로부터 20일 이내에 사업장 소재지 관할세무서에 신고하여 사업자 등록을 해야 한다. 등록에 필요한 서류는 신청서, 인 · 허가증 사본 또는 사업계획서, 주민등록등본, 임대차계약서 등이 필요하다.

3) 기타 신고사항

사업자 등록이 끝나면 법적으로 사업을 개시할 수 있는 자격이 되었지만, 사업을 영위하는데 필요한 근로자 명부, 임금대장의 작성, 취업규칙의 작성, 4대 보험(국민연금, 건강보험, 산업재해보험 및 고용보험) 등 행정절차상 필요한 사항을 신고하여야 한다.

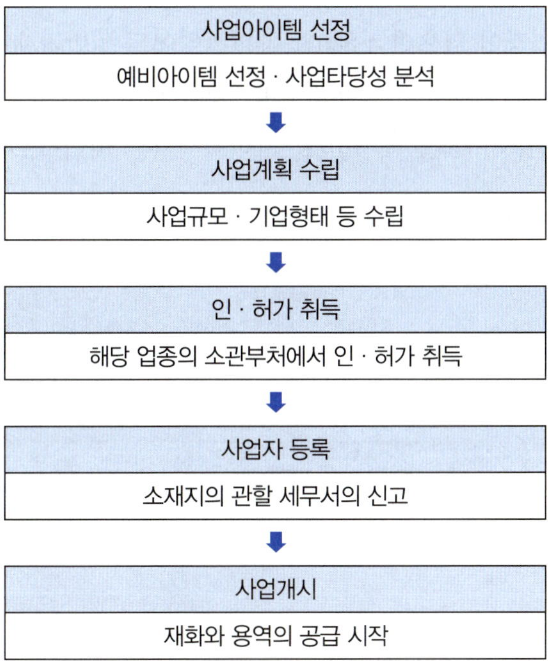

그림 5-1 개인기업 설립 절차

1.3 사업자 등록 유형

사업자 등록을 신청하면 세무서에서 일반과세자, 간이과세자, 면세과세자로 구분하여 발급해 준다. 부가가치세(10%)가 과세되는 사업을 할 때, 사업자등록을 하면 일반과세자 혹은 간이과세자로 등록을 해야 한다. 일반과세자는 10%의 세율이 적용되며, 창업에 들어간 비용, 물건 등을 구입할 때 받은 매입 세금계산서의 부가가치세액을 전액 공제받을 수 있다. 또한 세금계산서를 발행할 수 있다. 전년도 1년간의 매출액이 4,800만원 이상이면 일반과세자로 분류가 된다. 거래 때마다 세금계산서를 주고받아야 하며 장부기장도 의무이다.

영세한 소규모사업자의 신고편의 및 세 부담의 경감을 위해 연간 매출액이 4,800만원 미만인 사업자는 간이과세자로 발급한다. 단 여러 개의 사업장이 있는 경우에 하나의 사업장이 일반과세 사업장이 있으면 4,800만원 미만이어도 일반과세자로 전환된다. 간이과세자는 1.5~4%의 낮은 세율이 적용되지만, 매출액과 업종별 부가가치율로 세액(매출액×업종별 부가가치율×10%)을 계산한다. 간이과세자는 매입장, 매출장 등 장부의 기

사업자등록증
(간이과세자)
등록번호 : 132-01-97148

상 호 : 데코박스
성 명 :
주민등록번호 :
개업 년월일 : 2008 년 04 월 20 일
사업장소재지 : 경기도 화성시 반월동 883 [illegible] 201-1501 13/
사업자의주소 : 경기도 화성시 반월동 883 [illegible] 201-1501 13/
사업의 종류 : 업태 소매업 종목 전자상거래업

교부 사유 : 신규
공동 사업자 :

2008 년 04 월 17 일
수원세무서장

그림 5-2 개인사업자 등록증 견본

장의무가 없어 간편하나 세금계산서를 발행할 수 없어 매입세액의 15~40%만 공제 받을 수 있다. 간이과세자가 될 수 없는 업종으로는 광업, 제조업, 도매업, 부동산매매업, 일정규모 이상의 유흥장소 영위사업, 일정규모 이상의 부동산 임대업, 인적용역 제공사업, 국세청장이 정하는 기준에 해당하는 사업자 등이 있다.

면세사업자는 부가가치세가 면제되는 제품이나 서비스를 판매하는 종목으로 등록하며, 국민 모두에게 필요한 농산물, 축산물, 수산물, 임산물, 도서출판, 의료, 교육관련 등의 업종이 해당된다.

2. 법인기업

2.1 법인기업이란

자연인(natural person)은 보통 사람을 지칭하지만, 법인(corporate body)은 법에 의해 만들어진 사람을 말한다. 자연인의 생명이나 능력에는 스스로 한계가 있기 때문에 어느 정도 대규모이고 비교적으로 영속적인 사업을 경영하기 위해서 법인이란 실체가 필요하게 되었다. 실제로 법인을 만들게 되면 사람의 주민등록등본처럼 법인의 등기부등본이 나오게 된다. 또한 도장도 만들어서 법인 인감도 등록하게 된다. 법인기업은 다수의 사람이 자본을 출자하여 설립한 공동기업을 말하며, 법인을 설립한 후에 사업자 등록을 하면 법인사업자가 된다. 법인기업은 창업을 하면서 일정한 조직을 갖추어 회사 업무의 대부분을 능력 있는 종업원에게 분담시키고 창업자는 전체를 총괄하는 형태이다. 상법의 규정에 따라 설립되며 대표적인 법인기업은 주식회사가 해당된다. 개인기업과 법인기업을 어떠한 차이가 있는지에 대해서 비교한 내용을 표로 정리하였다.

표 5-1 개인기업과 법인기업 비교

내용	개인기업	법인기업
적용법률	소득세법	법인세법
과세기간	매년 1월 1일부터 12월 31일까지	정관에 정하는 회계기간
과세소득	총수입금액-필요경비	과세소득=익금의 총액 · 손금의 총액
과세범위	특정소득에 대해서는 종합과세× -원천징수만으로 분리과세	분리과세 인정 안 됨
이중과세여부	하나의 원천소득에 대해 이중과세×	법인: 법인세 과세 주주: 배당소득세 과세
세율	세율: 6~38% 누진적용 주민세: 소득세의 10%	세율: 10~20% 주민세: 법인세의 10%
납세지	개인기업의 주소지	법인등기부동상의 본점/주사무소
기장의무	(수입금액별) 기장의무자/간이장부 의무자/ 복식부기 의무자	(수입금액 무관) 복식부기의무자
외부감사제	적용×	외감기준 해당유무별 적용
대차대조표 공고	대차대조표 공고의무×	법인세 신고기간 내 일간신문 공고 의무

사 업 자 등 록 증
(법인사업자)
등록번호 : 214-88-92581

법인명(단체명) : 주식회사 청정
대 표 자 :

개 업 연 월 일 : 2012 년 02 월 17 일 법인등록번호 :
사업장 소재지 : 대구광역시 중구 동덕로 49, 4층(대봉동)

본 점 소 재 지 : 대구광역시 중구 동덕로 49, 4층(대봉동)

사업의 종류 : 업태 서비스 종목 국내외여행알선업

발 급 사 유 : 정정

사업자 단위 과세 적용사업자 여부 : 여 ( ) 부 (V)
전자세금계산서 전용 전자우편주소 : clubgro@hometax.go.kr

2016 년 02 월 02 일

북대구세무서장

국세청

그림 6-3 법인사업자 등록증 견본

2.2 법인기업의 형태

법인기업의 형태는 상법의 규정에 따라 설립된 영리법인으로서 소수 공동기업인 합명회사, 합자회사, 유한회사 그리고 다수 공동기업인 주식회사로 분류된다. 영리법인 간에는 어떠한 차이가 있는지를 비교한 내용을 표로 정리하였다.

표 5-2 법인기업의 형태별 특성

구분/형태		합명회사	합자회사	유한회사	주식회사
성격	적정 규모	가족적 소기업	가족적 소기업	중소기업	대 · 중기업
	기업 성격	인적회사	인적 물적회사	물적 인적회사	물적회사
	책임 한계	무한책임	유한책임과 무한책임	유한책임	유한책임
설립	발기인 사원 수	2인 이상	2인 이상	2인 이상 50인 이하	제한없음
	출자 형태	현금, 현물, 노무, 신용	• 유한책임사원: 현금, 현물 • 무한책임사원: 현금, 현물 노무, 신용	현금, 현물	현금, 현물
	소유 형태	지분	지분	지분	주식
	최저자본금	없음	없음	1천만원 이상	5백만원 이상
	출자 방법	분할납입 시 정관에 명시	분할납입시 정관에 명시	일시에 전액	발행할 주식 총수의 1/4 이상 발행 전액 납입
기관	의결기관	무한책임사원의 동의	무한책임사원의 동의	사원총회 (1구좌 1의결권)	주주총회 (1주 1의결권)
	대표기관	업무집행사원	업무집행사원	대표이사와 각자 대표권	대표이사
	업무집행기관	각 사원 대표기관	무한책임사원	이사(1명 이상, 임기 제한)	이사회(3명 이상)
	감사기관	규정에 없음	규정에 없음	임의기관	1명 이상
기타	주주와 사원의 이동	전사원의 동의 필요	무한책임사원의 동의 필요	사원간은 자유, 원외 양도시 사원 총회의 특별결의 필요	원칙상 자유정관에 제한 가능
	조직 변경	합자회사로 가능 (전사원의 동의 필요)	합명회사로 가능 (무한책임사원의 동의 필요)	주식회사로 변경가능 (법원인가 필요)	유한회사로 가능
	합 병	전사원의 동의 필요	전사원의 동의 필요	유한회사 상호간 또는 주식회사와 합병 가능	자유

개인사업자에서 법인사업자로 전환

처음 창업을 시작할 때부터 법인사업자로 등록하는 경우도 있지만, 개인사업자로 계속 사업을 하다가 일정규모 이상 성장한 경우 추후 변경하기도 한다. 개인기업을 법인으로 전환하는 사유는 여러 가지가 있다. 사업 규모가 커져서 개인기업으로 계속하기에는 소득세 부담이 클 경우, 세 부담 절감을 위한 수단으로 선택하기도 한다. 또한 주식이나 사채발행 등의 방법을 통해 외부로부터 자금 조달을 용이하기 위한 방법도 있다. 또한 소비자나 거래처에 대한 대외 공신력을 제고하기 위해, 사업상의 리스크나 경영위험을 분산시키는 데도 유리하게 작용된다.

하지만 법인기업이 개인기업보다 모두 좋은 것만은 아니다. 변경 시 회사의 규모나 사업활동, 자금조달 능력, 유지비용 등을 충분히 파악한 다음 선택해야 한다. 법인 전환에도 여러 방법이 있기 때문에 이 또한 차이점을 제대로 알아두어야 합니다. 자세한 전환방법은 법무사의 도움을 받을 필요가 있다.

3. 독립사업체 창업

우리가 사는 동네 어귀나 사무실이 밀집한 지역에서는 다양한 독자적인 상호명을 걸고 영업을 하는 독립사업체들을 볼 수 있다. 이런 사업 형태는 프랜차이즈 가맹점과 달리 사업에 관련된 모든 재료의 선택이나 제조방식뿐만 아니라 영업방식 등 모두를 사업자 본인의 재량으로 처리한다. 즉 프랜차이즈 가맹점의 획일적인 가게 디자인이나 운영형태와는 달리, 독립사업체의 경우는 좀 더 창의적인 운영을 할 수 있다는 장점이 있다. 그러나 독립사업체 창업은 백지상태에서 새로운 사업의 기틀을 마련하는 것이기 때문에 처음 창업을 시도하는 입장에서는 많은 시행착오를 겪을 수 있다. 따라서 창업자는 기존 사업체를 인수하여 창업하는 것을 고려하기도 한다. 보통 기존 사업체를 인수하여 창업하는 경우에는 새로운 사업체를 개점하는 비용보다 덜 들거나, 업종의 특수성, 사업체 간의 거리 조정으로 인해 사업체를 새로 개점하는 것이 해당 지역에서 불가능한 경우이다. 그러나 새로운 사업체를 개점하는 경우와 기존 사업체를 인수하여 창업하는 경우는 각각 장 · 단점이 있다. 창업자는 이에 대한 평가를 통하여 새로운 사업체를 개점할지와 기존 사업체를 인수할지를 정하는 것이 바람직하다.

1) 새로운 사업체 개점

신규 사업체를 개점 하는 경우에는 시설이나 간판, 실내 인테리어 등 모든 것이 새롭고 산뜻하기 때문에 고객에게 좋은 느낌을 준다. 이러한 새로운 업체의 출현에 대해 고객들은 호기심으로 방문하게 되고, 방문한 고개들의 입소문을 타고 사업체에 대한 홍보가 이루어질 수 있다. 또한 창업자의 창의적인 아이디어를 사업체의 내부 설계나 운영방식에 적용할 수 있기 때문에 참신한 모습을 고객에게 인식시킬 수 있다.

2) 기존 사업체 인수

기존 사업체를 인수할 경우에는 실내 인테리어, 집기, 설비 구입과 설치에 따르는 비용과 시간을 줄일 수 있다. 즉 새로운 사업체로 창업하는 것보다 초기비용이 적게 든다. 기존 사업체를 인수할 경우에는 전 사업주가 사업을 할 때의 수익과 지출에 대한 기록을 참고할 수 있기 때문에 수익 증가를 위한 사업방법 모색에 대한 힌트를 얻을 수 있다.

표 5-3 독립사업체 창업과 프랜차이즈 창업 비교

구 분	독립사업체 창업	프랜차이즈 창업
사업운영	경험자에게 유리	초보자에게 유리
상호개발	독자적 상호개발	프랜차이즈 상호 승계
창업비용	기본적 비용(보증금, 권리금), 시설비, 장비구입비 등	기본비용, 프랜차이즈 부대비용 (가맹비, 보증금, 인테리어비용) 추가
마진율	높음	낮음
상품구매	독자적 구매처 확보	가맹본부 공급
내부장식	독자적 디자인	통일된 디자인
상권조사	독자적 조사가 어려움	가맹본부 조사에 의존
창업기간	오래 걸림	획일적인 처리로 기간 단축
시장대처능력	시장 변화에 빠른 대처	가맹점 전체의 동향파악으로 대처가 느림
홍보마케팅	독자적인 홍보전략	가맹본부의 공동마케팅 지원

중요한 것은 고객에게 이미 인식된 기존 사업장의 좋은 이미지를 승계하여 사업체 운영에 적극적으로 활용할 수 있다는 점이다. 또한 기존 사업체에 대한 좋은 평판과 단골고객이 사업에 도움이 될 수 있지만, 권리금 지급으로 많은 부담감과 위험이 발생할 수 있다.

4. 프랜차이즈 창업

4.1 프랜차이즈의 태동

프랜차이즈의 시작은 1863년 미국 싱거 재봉틀 회사(Singer Sew Machine Co.)로 보는 견해가 지배적이다. 당시 싱거 기업은 자신의 재봉틀을 전국에 판매하기 위해 소매업자들과 계약을 맺고 프랜차이즈 개념을 도입하게 되었다. 그 당시에는 총체적인 프랜차이즈 비즈니스보다는 일종의 위탁판매방식에 가깝다고 볼 수 있다. 본격적인 프랜차이즈 사업의 시작은 1898년 미국의 GM으로 자동차 회사가 광활한 자국 내 영토 안에서 자동차를 판매하기 위한 독립지점을 만든 것이 본격적인 출발이다. 이러한 프랜차이즈 형태는 그 효율성이 인정되면서 1910년대 이후 패스트푸드, 자동차 부문으로 확대 되었다. 현재는 다양한 업종과 아이템이 프랜차이즈 형태를 통해 판매되고, 서비스 분야에서도 프랜차이즈 개념을 도입하게 되었다.

4.2 프랜차이즈의 개념

프랜차이즈(franchise) 사업은 가맹본부(franchiser)와 가맹점(franchisee)이 계약에 의해 상품공급, 조직, 교육, 영업, 관리, 점포개설 등의 노하우를 브랜드와 함께 제공하여 상생하는 사업을 영위해 나가는 형태이다. 가맹본부가 상품의 개발, 상품의 판매권, 상호사용권, 경영기술의 제공 및 판매촉진 등의 운영에 대한 정보제공과 영업활동을 지원해 주고, 가맹점은 일정한 가맹비, 보증금, 로열티(royalty) 등을 지불하고 판매에만 전념하는 창업형태이다.

일반적으로 상품을 제조하거나 판매하는 업체가 가맹본부가 되고, 독립된 사업자가 가맹점을 운영하는 체인형태로 유지하면서 상호 협력하여 판매를 극대화하는 사업형태를 말한다. 최근 프랜차이즈 사업이 활발해지는 이유는 경험이 부족하거나 소자본으로 창업을 하는 사업자들이 경영지도를 받아 경쟁력을 향상시키고, 자본적으로는 독립체산제이면서 본사의 체인형태로 상호 협력하여 안정된 매출을 얻을 수 있기 때문이다.

대부분의 프랜차이즈 사업은 본부와 가맹점의 활동이 명확하게 분화되어 있어 독립적이며, 상품구성과 판매방법이 같고, 동일한 서비스를 제공하는 형태로 경영의 전반에 대한 포괄적인 계약에 의해 운영되어 판매시너지 효과를 얻을 수 있다.

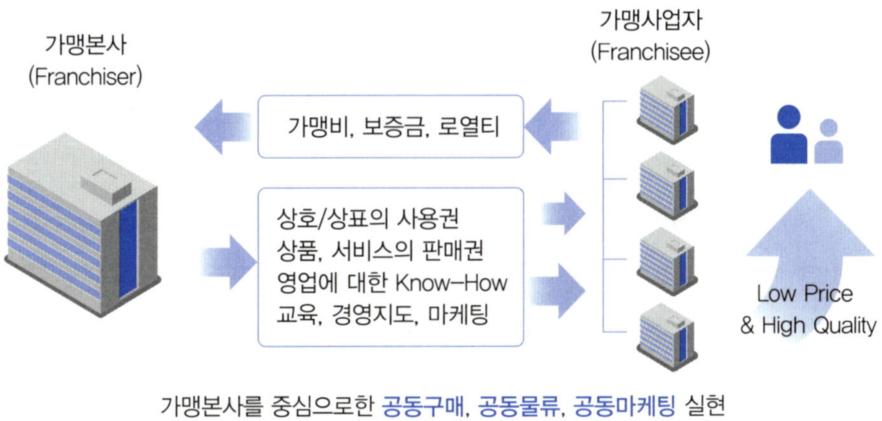

그림 5-4 프랜차이즈의 개념

4.3 프랜차이즈 실태

프랜차이즈가 우리나라에 첫 선을 보인 1979년 롯데리아 출점 이후 지속적인 성장으로 프랜차이즈 선진국이 되었다. 우리나라는 프랜차이즈 가맹점수, 시장규모, 가맹점에서 일하는 종업원 수 등이 선진국에 비해 큰 비중을 차지하고 있다. 그러나 선진국처럼 프랜차이즈 가입이 가장 안전한 창업이라는 명제가 우리나라에서는 통하지 않는다. 한해 평균 1,500여개의 가맹점이 문을 닫고 있는 것으로 추산되고 있고, 프랜차이즈 창업은 상당한 주의가 필요하다고 인식되어 있다. 1998년 외환위기 후 영세 프랜차이즈 업자들이 우후죽순처럼 생겨나 마구잡이로 가맹점을 모집하면서 시장 질서를 파괴하였고, 악덕 프랜차이즈(기획 프랜차이즈) 업자들이 가맹점 모집을 상가분양이나 일회용 상품 판매 정도로 여겨 한탕주의의 수단으로 이용하였다.

선진 프랜차이즈는 대부분 소규모 자영업이 성공하여 직영점을 확대하면서 성공 노하우를 축적하고 메뉴얼화 하면서 프랜차이즈 사업으로 전환하는데 비해 우리나라 상당수의 프랜차이즈는 이러한 단계를 밟지 않거나 서두르다가 문제를 야기하고, 전략적인 경영을 하지 못해 피해를 주는 경우가 많다. 또한 현재 치킨체인점과 관련된 프랜차이즈만 90여개가 되듯이 특정 업종의 프랜차이즈가 검증 절차없이 단기간에 과잉공급 되어 부작용이 많다. 프랜차이즈협회의 2017년 말 조사한 자료에 의하면, 사업지속기간이 5년 이상인 점포는 17%뿐이고, 1년 이상 3년 이내가 62%에 달하고, 창업한지 1년도 안돼서 문을 닫는 가맹점도 많다.

그러나 국내 프랜차이즈 사업이 꽃을 피운 것은 힘든 불경기와 풍파를 이겨내고 자리를 잡고 10년 이상 안정적으로 운영한 50여개의 우량 프랜차이즈 본부들이다. 특유의 경영시스템을 정착시키고 본부와 가맹점이 윈윈(win-win)하는 문화를 정착시켰기 때문이다. 예를들어 KFC, 배스킨 라빈스, 던킨 도너츠, 피자헛 등 해외 유명 프랜차이즈와 롯데리아, 놀부, BBQ 치킨, 채선당, 크린토피아, 알파 문구점 등의 프랜차이즈들은 단기승부보다는 철저하게 브랜드 관리를 하면서 경영능력이 없는 사람에게는 가맹점을 내주지 않는 장기적인 전략으로 사업을 해 왔다. 한편 우리나라도 프랜차이즈 발전을 위해서는 미국처럼 회원사들이 공동으로 진입장벽을 만들어 과당경쟁이 우려되지 않는 지역과 아이템으로 창업을 유도하고, 일정수준 이상의 경영능력을 갖춘 사업자에게만 가맹점을 내주는 프랜차이즈 가맹점 인증제도가 필요하다.

프랜차이즈산업 연매출 120조 육박… 대기업 쏠림 여전

2017년 우리나라 프랜차이즈산업의 매출액이 120조원에 육박하는 것으로 나타났다. 명목 국내총생산(GDP)의 6.9%를 차지하는 규모로 성장했지만, 매출 대부분은 대기업과 중견기업에 쏠렸다.

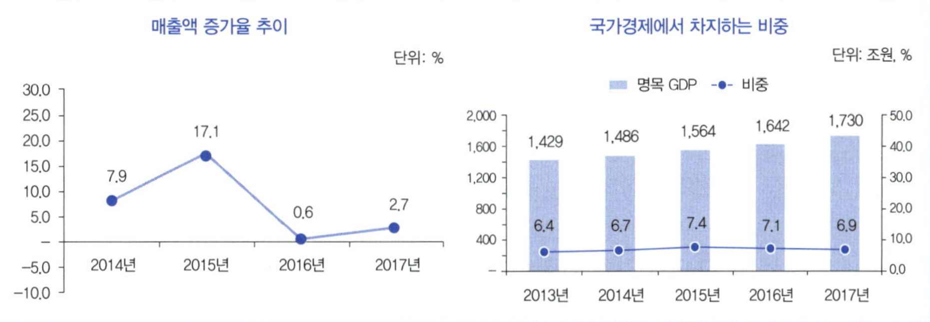

프랜차이즈 실태조사 주요 결과(자료: 산업통상자원부)

산업통상자원부가 8일 발표한 '2018 프랜차이즈산업 실태조사'에 따르면 2017년 프랜차이즈(외식업 · 서비스업 · 도소매업) 매출은 전년보다 2.7% 증가한 119조7000억원으로, 우리나라 명목GDP(1730조원)의 6.9%를 차지했다. 살펴보면 프랜차이즈 가맹본부는 4631개로 전년 대비 8.5% 늘었고, 브랜드는 5741개로 가맹본부당 평균 1.2개의 브랜드를 보유한 것으로 조사됐다. 가맹점(가맹+직영)은 24만8000개로 전년 보다 5.2%증가했다. 이 중 가맹점이 23만1000개로 93.1%를 차지했고 업종별로는 외식업 48%, 서비스업 29%, 도소매업 23% 등의 순이었다. 전체 매출 중 가맹본부는 52조3000억원(44%), 가맹점은 67조4000억원(56%)이었고, 연평균 매출액은 가맹본부당 144억원, 가맹점당 2억8000만원으로 나타났다.

고용은 전년 대비 11% 증가한 125만6000명으로, 우리나라 경제활동인구(2775만명)의 4.5%를 차지한 것으로 나타났다. 전체 고용 중 가맹본부는 18만2000명(14%), 가맹점이 107만4000명(86%)이며, 평균 고용인원은 가맹본부가 49명, 가맹점이 4명이었다. 기업규모별로는 대기업이 27개(0.7%), 중견기업이 101개(2.7%)이며, 중소기업이 3518개로 전체의 92.4% 인 것으로 조사됐다. 중소기업이 대부분이었지만, 대기업과 중견기업이 매출의 70.4%, 고용의 47.7%, 매장수의 44.2%를 차지했다. 대기업과 중견기업의 매출 쏠림은 여전했다.

가맹본부의 수입원은 가맹점에 제공하는 원재료 등의 매입가와 공급가 차이 금액인 물류마진(81%)이 가장 많았고, 이어 로얄티(11.0%)가 뒤를 이었다. 브랜드당 평균 가맹비는 1044만원이었고, 교육비 390만원, 보증금 584만원 수준으로 전년 대비 소폭 하락했다. 최초 가맹계약기간은 평균 2.2년이다.

가맹점을 창업한 배경은 '안정적 소득을 위해(59.2%)'가 가장 많았고, 다음으로 '생계수단이 마땅치 않아(11.5%)' 등의 생계형 창업이 대부분이었다. 이들의 애로사항으로는 경쟁 심화(39.5%), 가맹점 경영악화(24.1%) 등이 거론됐다. 가맹사업 발전을 위해서는 가맹점 개설 지원(34.1%), 자율적 경영여건 조성(31.8%) 등이 필요하다고 응답했다. 아울러 전체 가맹본부 중 350여곳(7.6%)은 해외진출 경험이 있었고, 12.3%는 향후 해외진출 계획을 하고 있는 것으로 나타났다. 업종별로는 커피(16.8%), 치킨(16.2%), 한식(15.8%) 등 외식업 진출이 활발했고, 진출 국가로는 중국(52%), 미국(20%), 말레이시아(13.6%), 필리핀(11.8%) 등의 순이었다.

산업부 관계자는 "프랜차이즈산업은 증가율 추이 고려 시 성장세가 주춤해졌으나, 가맹본부 수가 일본과 비교해 3.5배 많은 등 여전히 외연적 확대가 지속되고 있다"면서 "양적 성장을 벗어나 질적 성장으로 패러다임을 전환하고, 해외진출 확대와 상생협력을 강화해야 한다"고 말했다. 앞서 산업부는 지난 1월 관계부처 합동으로 '2019년도 가맹사업진흥 시행계획'을 수립했다. 해외진출 활성화와 상생협력 기반 강화, 가맹본부-가맹점 동반성장모델 육성 등을 위한 정책을 추진 중이다.

출처: 뉴스토마토(2019.4.8)

4.4 프랜차이즈의 특성

(1) 가맹본부와 가맹점의 자율성이 인정되고, 독립된 사업자들이 상호협력하면서 동일 기업처럼 보이지만, 각자는 독립된 이윤의 흐름을 보장받는다.

(2) 독립적인 주체이지만, 소비자들은 시스템과 아이템이 동질적이라고 인식한다.

(3) 상호 간에 협동성과 공동성을 가지고 상호조정하고 환경에 적응해간다.

(4) 해당 지역의 시장성이나 문화적 특성을 파악하여 영업에 임할 수 있어 정보부족에서 생기는 불확실성을 별다른 비용지출 없이 감소시킬 수 있다.

(5) 소자본으로 창업할 수 있고, 사업 확장에도 막대한 자본이 필요하지 않다.

(6) 이익분배 문제나 정보를 공유하지 못하는데서 생기는 불만에 대한 분쟁의 우려가 있으므로 상호 간에 신뢰가 중요하다.

4.5 프랜차이즈의 유형

1) 가맹점주의 권한 범위에 따른 분류

(1) 단일지역 프랜차이즈 – 계약 가맹점에게 계약기간동안 일정한 지역 내에서 가맹본부가 가지고 있는 권리 및 영업권의 일체를 부여하는 가장 전형적인 프랜차이즈 형태다. 우리나라 프랜차이즈의 대부분을 차지하고 있다.

(2) 지역개발 프랜차이즈 – 일정기간 동안 일정지역 내에서 특정의 가맹점을 축으로 여러 개의 가맹점 개설권을 부여하는 형태다. 가맹본부와 가맹점 사업자가 지역개발계약을 체결하여 개발권을 매입하여 이루어진다.

(3) 지역분할 프랜차이즈 – 일정지역 내에서 일정기간동안 어떤 개인이나 집단에게 가맹본부의 권리를 부여하는 형테이다. 이러한 권리를 부여받은 지역가맹본부는 다시 최종 가맹점을 모집하여 운영한다.

2) 업종에 따른 분류

(1) 외식업 프랜차이즈 – 단순한 먹고 마시는 기능의 차원에서 벗어나 식생활 문화체험기능, 사교기능, 가치창출기능 등 다양한 기능을 제공 등

(2) 서비스업 프랜차이즈 – 교육, 세탁, 차량정비, 부동산, PC방, 택배, 미용실, 네일샵, 광고대행, 배달, 노래방, 피부샵, 청소용역 등

(3) 도 · 소매업 프랜차이즈 – 편의점, 다이소, 의류패션, 잡화점, 온라인쇼핑몰, 문구 · 팬시점, 서점 등

3) 제공하는 내용에 따른 분류

(1) 상품 · 상호 유통형 프랜차이즈 – 가맹점에게 상호, 영업을 상징하는 표지의 사용 등을 허락하지만, 영업에 대한 노하우를 제공하지 않는 프랜차이즈이다.(예; 자동차 딜러, 주유소, 음료 · 우유 대리점 등)

(2) 비지니스형 프랜차이즈 – 상표와 상호, 상품 및 자재, 각종 교육 및 조직관리 등의 프랜차이즈 프로그램을 개발하여 가맹점을 모집하고 패키지로 제공하여 가맹비와

사용료를 받는 프랜차이즈 형태이다. 특정 상품을 유통시킴으로써 생기는 이익을 목적으로 하는 사업이 아니다.

프랜차이즈 외식업 쏠림현상 높아져… 산업전체 74% 넘게 차지해

프랜차이즈 산업규모가 33조원 이상인 것으로 분석됐다. 프랜차이즈 컨설팅 전문 업체인 '맥세스컨설팅'이 분석한 '빅데이타를 활용한 프랜차이즈 산업분석 보고서'에 따르면, 프랜차이즈 본사 매출의 총액이 2014년 약39조원에 이른 것으로 2013년에 비해 2조7천억 원이 신장 성장한 것으로 나타났다. 보고서에 따르면, 2015년 4월30일까지 공정위에 등록된 정보공개서를 근거로 분석한 결과, 외식업비중이 73.2%로 매우 높게 나타났으며, 외식업브랜드 운영이 쉽게 가능하면서 참여하는 브랜드가 늘어난 것으로 조사됐다.

출처: 머니투데이(2016.6.4)

4.6 프랜차이즈 체인 형태에 따른 분류

1) 직영 체인점(Regular Chain)

단일자본, 동일 경영자에 의해 설립된 체인점을 말한다. 이는 회사가 독자적으로 자기 자본 전액을 출자하여 체인형태를 확장해 가는 방식을 말하며, 동일 경영자와 단일 자본에 의한 다점포화를 의미한다.

2) 임의적 체인점(Voluntary chain)

독립자본에 의한 다수의 소매점이 모여서 각자가 갖고 있는 기능의 일부를 체인 본사에 위탁하여 체인 시스템을 갖추고 영업을 하는 방식이다. 체인 본사가 도매업자라 할지라도 조직의 주체는 어디까지나 소매업자이며, 모든 소매점이 체인본부 의사결정에 참여하는 등 소매업자간의 수평적 관계가 중시된다.

3) 프랜차이즈 체인점(Franchise chain)

체인 본사와 각 가맹점이 모든 독립 자본에 의한 사업자이지만 운영의 주체는 체인 본사에 있으며, 가맹점은 체인경영의 의사 결정에 적극적으로는 참여하지 않는 프랜차이즈 시스템이다. 가맹점과의 수평적 연결보다는 체인 본사와 가맹점간의 수직적 관계가 중시된다.

표 5-4 프랜차이즈 형태 비교

형태	직영체인(Regular Chain)	자발적 체인(Voluntary Chain)	프랜차이즈 체인(Franchise Chain)
주체	기업본사	개인점포	프랜차이즈 전문점
자본	단일자본	가맹점(본부와 별도)	
경영	비독립	독립	
점포경영	본부에서 위임한 자	독립한 오너 또는 점포 경영자	
시장	점포개설과 시장확대	기존점포의 가맹으로 점포 확대	
계약범위	없음	경영일부	경영전반
가격통제	본부통제	자유	원칙은 본부추천
지도	수퍼바이저가 순회	이용은 자유	원칙은 본부추천
본부통제	완전통제	약함	강함
본부와의 관계	전부통일	임의 공동체	경영이념 공동체
점포이미지	전부통일	기본적으로 동일	전부통일
지원	경영매뉴얼 통해 실시	중요 점포에만 실시	경영매뉴얼 통해 실시

4.7 프랜차이즈 창업의 장 · 단점

1) 프랜차이즈 가맹본부에게 유리한 점

(1) 소규모 본부 조직만으로 위험부담 없이 이윤을 획득할 수 있다.

(2) 직접투자를 하지 않고도 사업장과 사업을 확장할 수 있다.

(3) 최소의 자금으로 전국적, 국제적 사업으로 확장이 가능하다.

(4) 기존판매망 밖에 있는 지역도 이용할 수 있다.

(5) 판매점포의 사원관리문제가 없고, 지역사정에 밝은 점주가 관리한다.

(6) 지역사정에 밝은 점주가 판매점을 관리하므로 영업성과가 더 커지게 된다.

2) 프랜차이즈 가맹본부에게 불리한 점

(1) 장래의 경쟁자를 열심히 지도해 주는 상황이 될 수도 있다.

(2) 사업유형에 합당한 가맹점을 모집해야 하고, 계속 교육시켜야 한다.

(3) 가맹자가 다른 영업도 수행할 수 있고, 경험을 축적하면 독립하려고 한다.

(4) 품질, 서비스, 사용료에 관한 기준이 준수되는지를 항상 감시하여야 한다.

(5) 가맹본부와 가맹점 간에 불신과 시설문제 등에 의견이 대립될 수가 있다.

3) 프랜차이즈 가맹점에게 유리한 점

(1) 영업지식이나 경험이 없어도 가맹본부의 훈련계획 등으로 보충할 수 있다.

(2) 비교적 적은 자본으로 사업을 개시하여 독립된 점주가 될 수 있다.

(3) 유명한 상호나 상표 등의 영업권(goodwill)과 독점권을 이용할 수 있다.

(4) 영업운영상의 조언과 적은 비용으로 전국적인 광고나 판촉활동의 이익을 누릴 수 있다.

(5) 대량구매의 혜택과 유리한 조건의 융자를 받을 수 있다.

(6) 유능하고 경험이 풍부한 본사로부터 경영지도 및 새로운 기법을 이용할 수 있다.

4) 프랜차이즈 가맹점에게 불리한 점

(1) 로열티(royalty) 등 프랜차이즈 사용료를 정기적으로 지급하여야 한다.

(2) 가맹본부로부터 계속 통제를 받아야 한다.

(3) 가맹본부의 능력과 자질을 평가하기 어려워 손해를 입을 염려가 있다.

(4) 본부 의존율이 높아 자신 능력과 무관하게 본부의 영업능력에 영향을 받는다.

(5) 타 가맹점의 실패로 인하여 프랜차이즈 전체에 영향이 미칠 수 있다.

(6) 프랜차이즈 영업 자체의 양도나 판매가 제한된다.

표 5-5 프랜차이즈 창업의 장 · 단점

프랜차이즈 창업의 장점	프랜차이즈 창업의 단점
• 실패위험성이 낮다. • 소자본 창업용이 가능하다. • 구매상품의 공급이 안정적이다. • 시장변화에 빠르게 대처 가능하다. • 사업인지도를 빨리 높일 수 있다.	• 사업의 독립성과 독자성을 살릴 수 없다. • 본사에 비해 상대적인 약자의 위치에 있다. • 초기 높은 개점비용이 발생한다. • 지속적인 추가지출의 부담이 크다. • 본사의 약체화나 도산은 사업 실패의 원인이 된다.

프랜차이즈 창업 증가 배경

- 사업적인 경험이 부족해도 본부에서 창업을 돕기 때문에 안정감을 준다.
- 기본적인 훈련과 지속적인 경영지원을 기대할 수 있다.
- 매스컴이나 대중매체를 이용한 광고를 지원받을 수 있다.
- 상품의 품질을 안정적으로 유지할 수 있다.
- 고객에게 표준화된 서비스를 제공할 수 있다.

4.8 프랜차이즈 선택 시 주의사항

1) 가맹본부에 대해서 잘 알고 시작해야 한다.

프랜차이즈 사업이 생각보다는 훨씬 복잡하고 다양한 문제가 존재한다. 가맹본부가 권유하는 사업이 진정으로 사업성이 있는 사업인지, 가맹본부의 거래 모델이 서로 윈윈(win-win)할 수 있는 바람직한 상태인지 확실히 알고 접근해야 한다. 소상공인시장진흥원의 프랜차이즈 수준평가제는 가맹본부의 자격 기준과 경쟁력 수준을 6개 분야로 측정하고, 1~4등급으로 평가해서 우수 프랜차이즈를 지원하고 선정 · 홍보함으로써 예비창업자의 가맹사업 결정을 돕고 있다.

2) 반드시 정보공개서를 신청하여 확인한다.

프랜차이즈 가맹본부는 반드시 공정거래위원회에 가맹사업 현황 등이 담긴 정보공개서를 등록해야 한다. 정보공개서 열람은 공정거래위원회 웹사이트에 들어가면 누구나 요약본을 확인할 수 있고, 기업의 업종에 따라 항목의 구성이 다르지만 매출액, 재무상황, 계열사 수, 직영점이나 가맹점의 현황, 개·폐점률, 법 위반의 사실 등의 정보를 확인할 수 있다. 가맹본부는 정보공개서를 반드시 계약체결이나 가맹금의 일부 수령일보다 5일 이상 먼저 제공하여야 하고, 허위의 사실이 기재되거나 중요한 사실을 누락하지 않아야 한다. 이를 위반할 경우 가맹금의 반환사유가 되며 공정거래위원회의 조사 및 형사 처분의 대상이 될 수도 있다.

3) 거래모델, 수익모델 및 가맹점 지원체계를 꼼꼼히 확인한다.

가맹본부의 수익구조가 개업 가맹금 위주인지, 로열티나 원부자재 공급의 차익인지 등의 사업모델과 물적·인적 지원체계를 갖추고 있는지를 확인한다. 또한 가맹조건에 가맹점의 불이익 요소, 각종 설비비, 판매마진, 가맹지원 방안, 계약상 상권보호조항의 명문화 등을 확인한다.

4) 매출액이나 순이익의 규모를 객관적으로 분석한다.

가맹본부의 허위·과장 추정매출액이 실현되지 않아도 책임추궁을 할 수 없으므로, 본부가 제공한 예상 매출액이나 이익에 관한 산출근거를 면밀하게 분석해야 한다. 본부 임직원의 말보다는 정보공개서 등의 관련 정보를 객관적으로 파악해야 한다.

5) 신규 브랜드인 경우 더욱 신중해야 한다.

신규프랜차이즈는 검증이 안 된 상태이므로 훨씬 더 신중해야 하며, 특히 가맹점 1호로 특별히 지원하겠다는 것은 실험대상이 될 가능성이 크다. 빨리 계약체결하지 않으면 다른 사람에게 가맹점을 빼앗긴다고 창업자의 조바심을 압박하는 경우 더욱 조심해야 한다.

6) 3개 이상의 기존 가맹점을 방문하여 점주와 면담한다.

정보공개서에 가맹희망자의 개설 예정지에서 가장 가까이에 있는 가맹사업자 3명 이상의 점주와 면담을 통하여 정보를 수집하는 것이 필요하다. 또한 계약 해약자를 만나보는 것도 좋은 방법이다.

7) 전문가나 경험자와 상담한 후 계약체결 여부를 결정한다.

초보자가 중요한 점검사항을 빠뜨리지 않기 위해서는 설사 비용을 지불하고서라도 전문가와 상담하여 결정하는 것이 큰 손해를 예방할 수 있다. 예를들어 소상공인진흥원의 상담사, 가맹거래사, 경험사업자와 상담한 후 최종 계약체결 여부를 결정하는 방법이 있다.

프랜차이즈 창업자 주의할 점 5계명

❶ 본인 적성에 맞고 좋아할 만한 사업을 해라.
❷ 브랜드 이름만 보고 선택하지 마라.
❸ 공정거래위원회 정보공개서를 꼭 살펴봐라.
❹ 가맹본부 본사와 매장을 직접 방문해라.
❺ 지역 상권에 맞는 마케팅 전략을 수립해라.

가맹사업법이 금지하는 가맹본부의 불공정행위

A분식 프랜차이즈는 25개 품목의 일반공산품과 나무젓가락 · 만두찜종이 등 6개 주문생산품을 필수물품을 지정했다. 가맹점주가 필수물품 수령을 거부하면, 상품공급을 중단하거나 가맹계약을 해지할 수 있다는 규정에 따라, 가맹본부는 이들 필수물품을 개별적으로 구매한 가맹점주와의 계약을 해지했다.

A분식 가맹본부에 대해 공정거래위원회는 가맹사업법상 불공정거래를 이유로 시정명령과 함께 6억5900만원의 과징금을 부과했다. 가맹점주가 취급하는 상품 또는 용역의 가격, 거래상대방, 거래지역이나 가맹점주의 사업활동을 부당하게 구속하거나 제한하는 불공정행위에 해당

한다고 본 것이다. 가맹점주에 대한 가맹본부의 불공정거래는 금지되고, 불공정거래가 발생하면 사안에 따라 시정명령, 과징금처분, 형벌이 부과될 수 있다.

거래거절
- 영업지원 동의 거절
- 부당한 계약갱신 거절
- 부당한 계약해지

구속조건부거래
- 가격의 구속
- 거래상대방의 구속
- 가맹점사업자의 상품 또는 용역의 판매 제한
- 영업지경의 준수 강제

거래상 지위남용
- 구입강제
- 부당한 강요
- 부당한계약조건의 설정 또는 변경
- 판매목표 강제

가맹계약 존속 중 불공정거래행위 금지 제도

가맹본부가 부당하게 가맹점주의 영업에 간섭하거나, 물품구입을 강제하고 부당하게 거래를 중단하면 가맹사업법 위반이다. 가맹사업법상 가맹본부의 불공정거래로부터 보호해줄 수 있는 제도는 ▲거래거절 ▲구속조건부거래 ▲거래상 지위의 남용 등이 있다.

◇ **거래거절**: 부당하게 거래나 계약이 중단되었는지에 대한 문제다. 가맹점주에 대해 상품이나 용역의 공급 또는 영업의 지원 등을 부당하게 중단 또는 거절하거나 그 내용을 현저히 제한하는 행위는 모두 거래거절로 위법행위다. 영업지원 등의 거절', '부당한 계약갱신 거절', '부당한 계약해지' 등이 이에 해당한다. 불리하게 변경된 계약조건을 가맹점주가 승인하지 않는다는 이유로 가맹본부가 물품공급을 중단하면 '영업지원 등의 거절'이 된다. 필수물품이 아닌 물품의 구입을 권유받았으나 구입하지 않던 중, 계약갱신 시점에 특별한 이유없이 가맹본부가 계약갱신을 거절하면 '계약갱신 거절'이다. 가맹본부와 가맹점주 간 거래조건 협의를 위해 가맹점주단체의 회장직을 맡은 후 특별한 이유 없이 계약해지를 통지했다면 '부당한 계약해지'다. 경기도 공정거래지원센터는 모든 거래거절행위에서 '계약위반 등 가맹점주의 귀책사유로 가맹사업거래 관계를 지속하기 어려운 사정이 존재한다면 불공정거래행위가 아니므로 주의해야 한다고 지적했다.

◇ **구속조건부거래**: 가맹본부의 통제가 과도한지에 대한 문제다. 가맹점주가 취급하는 상품 또는 용역의 가격, 거래상대방, 거래지역이나 가맹점주의 사업활동을 부당하게 구속하거나 제한하면 구속조건부거래로 위법행위다. '가격의 구속', '거래상대방의 구속', '가맹점주의 상품 또는 용역의 판매제한', '영업지역의 준수 강제' 등이 이에 해당한다.

지방에 오픈한 가맹점이라 가격을 저렴하게 설정해야 매출이 오르는 상황이라 가격을 낮췄는데, 가맹본부가 가격을 높이라고 강요한다면 '가격의 구속'이 된다. 가맹본부에서 구입하지 않으면 가맹본부의 상표권을 보호하고 상품의 동일성을 유지하기 어려운 물품이 아닌, 공산품을 마트보다 30%이상 비싼 가격으로 구입을 강제한다면 '거래상대방의 구속'이다. 정보공개서나 가맹계약서에 금지하지 않은 홈메뉴를 제공하지 못하도록 강요하면 '가맹점주의 상품 또는 용역의 판매제한'이다. 가맹계약서에 영업지역을 설정해 두고, 그 영업지역 외에서는 어떠한 이유로도 판매할 수 없도록 강제했다면 '영업지역 준수 강제'에 해당한다.

◇ **거래상 지위의 남용**: 가맹본부가 우월적 지위의 이점을 이용했는가의 문제다. 가맹점주에게 영향력을 행사할 수 있는 가맹본부가 자신의 우월한 지위를 이용해 가맹점주에게 불이익을 주는 행위는 거래상지위남용으로 위법이다. '구입강제', '부당한 강요', '부당한 계약조항의 설정 또는 변경', '경영간섭', '판매목표강제' 등이 여기에 해당한다.

학원에 가맹본부가 제공하는 교재 재고가 많이 남아있음에도 추가구매를 강요하면 '구입강제'다. 사전에 정보공개서나 가맹계약서에서 기재되지 않은 광고계획에 따라 분담된 광고비의 지급을 강요한다면 '부당한 강요'다. 가맹계약 만료시점에 영업지역을 1km에서 500m로 축소한 갱신계약서 서명을 강요하면 '부당한 계약조항의 설정 또는 변경'이다. 독립된 가맹점사업자로서 점포임대도 직접 진행했는데, 갑자기 다른 사람과 같이 동업해 가맹점을 운영하도록 강요하면 '경영간섭'이다. 가맹계약의 갱신조건으로 작년 매출 대비 5%이상 신장을 요구한다거나, 목표매출액을 설정해 두고 이에 도달하지 못할 경우 일정 벌금을 부과하면 '판매목표 강제'다.

출처: 중기이코노미(2019.3.22)

5. 인터넷 쇼핑몰 창업

5.1 개요

인터넷을 활용한 전자상거래(e-commerce)가 전개되면서 산업변화에 큰 지각변동을 일으키고 있다. 다양한 네트워크에 의해서 디지털혁명은 시장진입이 용이하고, 무수한 틈새시장의 새로운 분야에 창업을 가능하게 해 주고 부가가치 생산성을 증가시켜 디플레이션이 없는 고성장을 유도하여 경제에 새로운 패러다임을 만들고 있다.

온라인 쇼핑몰 또는 인터넷 쇼핑몰은 컴퓨터 통신망의 가상세계를 뜻하는 사이버 공간과 보행자 전용 상가를 뜻하는 쇼핑몰의 합성어로 인터넷의 가상공간에 상품을 진열하고 판매하는 상가를 말한다. 쇼핑몰 운영자가 상품의 모습과 정보를 컴퓨터 화면으로 볼 수 있도록 진열해 놓으면, 소비자들은 상점 사이트를 방문하여 상품을 찾아 주문하고 대금을 지불하면 주문한 상품이 고객에게 배달된다.

인터넷 쇼핑몰은 전 세계 인터넷 사용자를 고객으로 삼아 거래할 수 있는 새로운 교역 형태로서, 소비자 입장에서 보면 직접 상점을 찾는 일 없이 전 세계의 상품을 가격 및 품질 등에 따라 비교해 가며 한자리에서 값싸게 살 수 있다는 장점이 있다. 그리고 창업자 입장에서는 온라인 쇼핑몰을 구축하는 데 필요한 자금과 쇼핑몰 유지, 보수에 드는 소규모의 자금만 있으면 실제 매장을 갖추는 데 부담을 덜 수 있다. 또한 시간 · 공간적 제약이 없으며, 임대료 등 상가 유지에 드는 비용을 아낄 수 있으므로 줄어든 운영비로 상품 가격을 낮추어 팔 수 있다는 장점이 있다. 쇼핑몰을 만드는 것이 어렵거나 복잡하지 않고, 기본적인 절차와 방법만 익히면 구멍가게를 여는 것보다 쉽게 내 상점을 마련할 수 있다는 장점이 있다. 그러나 인터넷 창업을 할 경우 처음에 쇼핑몰을 대중에 알리기가 쉽지 않고 알리는 기간도 오래 걸리기 때문에 경영상 어려움이 따른다는 단점이 있다.

5.2 상품 및 사업계획 구상

1) 판매 상품 선정

온라인 쇼핑몰을 창업하고자 한다면 이미 판매를 생각하고 있는 아이템이 있을 것이다. 인터넷에서 파는 게 유리한 상품도 있고 고객이 직접 볼 수 없으면 판매가 힘든 상품도 있다. 어느 쪽이든 간에 상품이 지닌 가치에 대한 강한 믿음이 있어야 한다. 그렇지 않으면 고객을 설득하기가 힘들다. 인터넷 창업은 다음 내용을 면밀히 고려해야 한다.

- 배송이 필요한 물리적인 상품인가, 아니면 인터넷을 통해 보낼 수 있는 디지털 상품인가?
- 한 종류 이상의 상품을 취급하면서 상품별로 재고를 갖출 것인가, 아니면 예술품이나 빈티지 제품 같이 특수한 상품을 취급할 것인가?
- 다양한 상품을 취급할 것인가, 아니면 티셔츠나 서적 전문 몰처럼 한 가지 상품을 전문적으로 취급할 것인가?
- 상품을 직접 생산할 것인가? 그렇다면 수요를 충족시킬 수 있어야 한다. 믿을만한 납품업체와 거래해야 한다.
- 상품을 직접 생산할 생각이 아니라면 믿을만한 제조업체가 필요하다. 여러 업체를 조사해서 사업 구상에 적합한 업체를 선정한다.
- 상품 배송 방식을 결정한다. 집에서 효율적으로 상품을 발송하는 방안을 마련하거나 물류 창고를 활용한 보관 및 배송 계획을 세운다. 상품을 제3자가 제조하는 경우에 생산자 직송 방식도 고려해 볼 수 있다.
- 판매하는 상품이나 서비스에 깊이 관여하게 될 것이다. 효과적으로 입소문을 타고 쇼핑몰을 홍보하기 위해서 동종업계 종사자들과 친목을 다질 필요가 있다. 상품은 오랫동안 취급할 수 있는 것이어야 한다.

2) 틈새시장 포착

판매하고 싶은 상품을 정하는 것은 성공적으로 인터넷 쇼핑몰을 창업하기 위한 일부

과정에 지나지 않는다. 온, 오프라인 상에 고객들이 골라잡을 수 있는 비슷비슷한 서비스가 난무하는 가운데 서비스를 차별화할 수 있는 방안을 세워야 한다. 예를들어 선택할 수 있는 온라인 쇼핑몰이 100개가 있는데 고객은 왜 우리 쇼핑몰에서 손으로 짠 스웨터를 사야하는가?

- 경쟁업체를 평가한다. 경쟁 상대가 될 업체의 사이트를 다 둘러볼 때까지 특정 제품군의 판매에 뛰어들지 않는다. 상품 광고를 낼 주요 전자상거래 사이트를 생각해보고 그 곳에 입점해 있는 경쟁업체를 확인한다.
- 매우 독창적인 상품을 판매한다. 수공예품이나 예술품을 판매하는 경우, 상품의 독창성 그 자체가 상품을 돋보이게 한다. 아주 독창적인 상품과 일반적인 상품 사이에서 균형을 잡도록 노력한다.
- 전문지식을 제공한다. 쇼핑몰을 경쟁업체와 차별화시킬 수 있는 특징은 팔고 있는 상품에 대한 전문지식이 될 수 있다. 예를들어 전직 프로 야구선수가 야구 글러브를 판다면 어떨까. 열정과 전문지식을 상품의 일부로 만든다.
- 사용자 친화적인 구매 절차를 제공한다. 상품이 인터넷에서 팔리고 있는 다른 제품들과 매우 흡사할지라도 쇼핑을 즐겁고 쉽게 만들어 다른 쇼핑몰들과 차별화하는 것이 가능하다. 상품을 찾기 쉽고 남들과 공유하고 싶은 즐거움을 주는 사이트를 만든다. 고객의 소리에 귀를 기울이고 다른 곳에서는 경험해 볼 수 없는 우수한 고객 서비스를 제공하도록 한다.

3) 소량 판매를 통한 시장 조사

실제로 가게를 차리기 전에 위탁판매, 벼룩시장, 공예 박람회 등 부담감이 덜한 곳에서 상품을 팔아보는 것이 현명하다. 인터넷 쇼핑몰도 마찬가지이다. G마켓, 옥션, 쿠팡 등을 통해 개인적으로 상품을 팔아본다. 파악해야 할 것은 다음과 같다.

- 누가 상품을 구매하는가? 사람들이 간단한 설문에 응답하면 할인 쿠폰이나 사은품을 제공한다.
- 사람들이 기꺼이 지불하는 가격은? 여러 가지 가격을 책정해서 실험해본다.

- 고객 만족도는 어떠한가? 고객에게 상품을 얼마나 잘 전달할 수 있는지 시험해볼 수 있는 좋은 기회이다. 좋은 포장재를 사용하는가? 배송 방식은 믿음직한가? 고객이 상품에 만족하는가? 상품 설명을 잘 했는가?

4) 사업 계획서 작성

투자자를 확보하여 외부에서 자금을 조달할 계획이건 아니건, 온라인 쇼핑몰을 창업하기 전에 자세한 사업 계획서를 작성한다. 사업 계획서를 작성하면 사업을 성공시키기 위해 밟아야 하는 단계를 계획하는 데 도움이 된다. 운영비를 파악하고 마케팅 전략을 수립해야 한다. 다음 요소를 고려해 본다.

- 직접 만들 든, 제조업체를 이용하든 간에 제품 생산 시 발생하는 생산비용
- 배송비용
- 세금 및 공과금
- 직원이 있는 경우, 직원 급여
- 도메인 및 웹 호스팅 서비스 유지비용 등

5.2 인터넷 쇼핑몰 구축

사이트를 위해 좋은 서비스를 찾아다니는 것은 그럴만한 가치가 있다. 사이트는 온라인 쇼핑몰의 핵심이기 때문이다. 사이트가 불안정하면 매출에 지장이 있다. 무료 웹 호스팅 서비스도 있지만 인터넷으로 상품을 판매하기 때문에 필요한 옵션을 제공하는 유료 서비스를 이용한다. 인터넷 쇼핑몰 구축의 경우 종합쇼핑몰이나 전문쇼핑몰 입점, 독립 쇼핑몰 구축, 포털사이트 입점, 경매사이트 등에 입점하여 쇼핑몰 사업을 하는 방법이 있다.

표 5-6 쇼핑몰 운영 방식에 따른 장점과 단점

<table>
<tr><th>운영방식</th><th colspan="2">장점</th><th>단점</th></tr>
<tr><td rowspan="2">종합쇼핑몰
·
전문쇼핑몰
입점</td><td>종합
쇼핑몰</td><td>• 입점만 되면 확실한 매출액 기대
• 쉽고 간단히 쇼핑몰 시작 가능
• 초기 구축비용 저렴</td><td>• 독자적 고개관리 어려움
→ 노하우 축적 어려움
• 입점 기준이 까다로움
→ 대부분 개인 · 소호사업자 입점 불허</td></tr>
<tr><td>전문
쇼핑몰</td><td>• 전문화 · 특화 가능</td><td>• 다양한 상품군의 취급이 어려움</td></tr>
<tr><td>포털사이트
입점</td><td colspan="2">• 포털사이트 방문고객을 이용하여 손쉽게 고객확보 가능
• 입점비와 월 관리비가 저렴
• 키워드 검색서비스, 다양한 이벤트 활용 등을 통한 홍보가 용이
• 포털사이트의 신뢰도를 이용하여 고객의 신뢰를 얻을 수 있음
• 쇼핑몰 구축과 관리가 쉬움</td><td>• 비슷한 쇼핑몰들이 같은 카데고리에 포함
→ 가격경쟁
• 같은 솔루션 사용으로 차별화가 어려움
• 의류 · 잡화 등을 선호하는 경향으로 판매아이템이 제한적
• 단품은 입점이 까다로움
• 회원 DB자체 관리 어려움
→ 고객정보관리 어려움</td></tr>
<tr><td>경매사이트
입점</td><td colspan="2">• 창업절차가 간단
• 초기 투자비가 없음
• 단품 판매가 용이
• 경매사이트 상권을 이용 가능
• 다양한 아이템의 판매가 용이
• 단발성 판매에 적합
• 매매보호서비스, 신용등급관리를 통해 거래의 신뢰도가 높음
• 상품 회전율을 높일수 있음</td><td>• 고객 충성도를 높이기 어려움
• 수수료 부담이 큼
• 가격 경쟁이 치열
• 커뮤니티 활성화가 낮음
• 제공되는 일괄된 인터베이스 디자인으로 인해 차별화가 어려움
• 고객 관리가 어려움</td></tr>
<tr><td>독립쇼핑몰
구축</td><td colspan="2">• 세련된 디자인
• 차별화된 쇼핑가능
• 효과적인 고객관리</td><td>• 상권을 보장받기 어려움
• 홍보의 어려움
• 초기 구축비용 많이 듬</td></tr>
</table>

연습문제 CHAPTER 05

O X형 문제

01 개인기업은 창업자가 영업, 자금조달, 종업원 관리 및 생산 등의 기업 전반에 걸쳐 간접적으로 총괄하는 경영하는 형태이다.(   )

02 신규로 사업을 개시하는 자는 사업장마다 사업개시일로부터 10일 이내에 사업장 소재지 관할세무서에 신고하여 사업자 등록을 해야 한다.(   )

03 등록에 필요한 서류는 신청서, 인 · 허가증 사본 또는 사업계획서, 주민등록등본, 임대차 계약서 등이 필요하다.(   )

04 법인기업은 창업을 하면서 일정한 조직을 갖추어 회사 업무의 대부분을 능력있는 종업원에게 분담시키고 창업자는 전체를 총괄하는 형태이다.(   )

05 개인기업은 종합소득(이자, 배당, 사업, 근로, 기타)만을 납부해야 한다.(   )

06 법인기업은 법인소득과 양도소득을 납부해야 된다.(   )

07 실제로 법인을 만들게 되면 사람의 주민등록등본처럼 법인의 호적등본이 나오게 된다.(   )

08 개인기업은 개인의 자본 규모의 한계와 개인의 생명과 경영능력의 한계로 기업의 영속성을 보장하기 어렵고, 무한책임으로 위험이 높다는 점이 단점이다.(   )

09 영세한 소규모사업자의 신고편의 및 세 부담의 경감을 위하여 연간 매출액이 4,600만원 미만인 사업자는 간이과세자로 발급한다.(　　)

10 간이과세자는 매입장, 매출장 등 장부의 기장의무가 없어 간편하나, 세금계산서를 발행할 수 있어 매입세액을 공제 받을 수 없다.(　　)

11 보통 기존 사업체를 인수하여 창업하는 경우는 새로운 사업체를 개점하는 비용보다 더 들거나, 업종의 특수성, 사업체 간의 거리 조정으로 인해 사업체를 새로 개점하는 것이 해당 지역에서 불가능한 경우이다. (　　)

12 기존 사업체를 인수할 경우에는 실내 인테리어, 집기, 설비 구입과 설치에 따르는 비용과 시간을 줄일 수 있다.(　　)

13 프랜차이즈의 시작은 1863년 미국 GM자동차로 보는 견해가 지배적이다.(　　)

14 프랜차이즈 사업은 가맹본부와 가맹점이 계약에 의해 상품공급, 조직, 교육, 영업, 관리, 점포개설 등의 노하우를 브랜드와 함께 제공하며 상생하는 사업을 영위해 나가는 형태이다.(　　)

15 가맹본부는 상품의 개발, 상품의 판매권, 상호사용권, 경영기술의 제공 및 판매촉진 등의 운영에 대한 정보제공과 영업활동을 해 주어야 한다.(　　)

16 최근 프랜차이즈 사업이 활발해지는 이유는 경험이 부족하거나 소자본으로 창업을 하는 사업자들이 경영에 대한 지도도 받고 많은 돈을 벌기 위하여 활성화되었다.(　　)

17 토종 우량 프랜차이즈들은 단기 승부보다는 철저하게 브랜드 관리를 하면서 경영능력이 없는 사람에게는 가맹점을 내 주지 않는 장기적인 전략으로 사업을 해 왔다.(　　)

18 프랜차이즈가 우리나라에 첫 선을 보인 1979년 피자헛 이후 양적인 성장으로는 프랜차이즈 선진국이 되었다.( )

19 가맹본부와 가맹점의 자율성이 인정되고 독립된 사업자들이 상호협력하면서 동일 자본하에 있는 것처럼 각자는 종속된 이윤의 흐름을 보장받는다.( )

20 이익분배 문제나 정보를 공유하지 못하는데서 생기는 불만에 대한 분쟁의 우려가 많으므로 쌍방 간에 경쟁이 중요하다.( )

21 영세한 소규모사업자의 신고편의 및 세 부담의 경감을 위하여 연간 매출액이 4천8백만원 이상인 사업자는 간이과세자로 발급한다.( )

22 간이과세자는 매입장, 매출장 등 장부의 기장의무가 없으며 세금계산서를 발행할 수 있어서 매입세액을 공제 받을 수 있는 장점이 있다.( )

23 지역개발 프랜차이즈는 일정기간 동안 일정지역 내에서 특정의 가맹점을 축으로 하여 여러 개의 가맹점 개설권을 부여하는 형태이다.( )

24 영업에 대한 노하우를 제공하지 않는 프랜차이즈(자동차 딜러, 주유소, 음료 대리점 등)를 비즈니스 프랜차이즈라고 한다.( )

25 임의적 체인점은 전 소매점이 체인 경영의 의사결정에 참여하는 등 소매업자간의 수평적 관계가 중시된다.( )

26 프랜차이즈 체인점은 가맹점과의 수직적 연결보다는 체인 본사와 가맹점간의 수평적 관계가 중시된다.( )

27 가맹본부는 최소의 자금으로는 전국적, 국제적 사업으로 확장이 불가능하다.(　　)

28 가맹점은 영업운영상의 조언과 전국적인 광고나 판촉활동의 이익을 누릴 수 있다.(　　)

29 프랜차이즈 선택 시 반드시 구두로 정보공개서를 확인하는 것이 필요하다.(　　)

30 가맹점을 양도할 때 양수인은 신규계약을 체결하는 것과 마찬가지로 가입비, 계약이행보증금 등을 모두 다시 본사에 지급해야 한다.(　　)

4지 선택형 문제

31 사업자 등록에 필요한 서류가 아닌 것은?

① 신청서　② 인 · 허가증 사본
③ 사업계획서　④ 건물등기부등본

32 4대 보험이 아닌 것은?

① 국민연금　② 퇴직연금　③ 산재보험　④ 고용보험

33 간이과세자가 될 수 있는 업종은?

① 광업　② 제조업　③ 부동산매매업　④ 교육서비스업

34 개인기업의 사업자등록 유형이 아닌 것은?

① 영세과세자　② 일반과세자　③ 간이과세자　④ 면세사업자

35 개인기업의 장점이 아닌 것은?

① 이윤의 독점과 자유로운 활동
② 신용이나 공신력이 높음
③ 적은 자금으로 설립이 용이함
④ 신속한 의사결정이 가능함

36 개인기업의 단점이 아닌 것은?

① 기업의 영속성 부족함
② 자본조달과 경영 능력에 한계
③ 소득이 높아지면 납세 상 불리
④ 활동상 제약과 대립이 많음

37 법인기업의 형태별 특성으로 틀린 것은?

① 합명회사 ② 합자회사 ③ 지주회사 ④ 유한회사

38 다음 중 다수 공동기업에 속한 회사는?

① 주식회사 ② 합명회사 ③ 합자회사 ④ 유한회사

39 개인기업을 법인기업으로 전환하는 사유에 해당하지 않는 것은?

① 세 부담 절감을 위한 수단
② 외부로부터 자금 조달을 용이
③ 사업상의 리스크나 경영위험을 분산
④ 좀 더 창의적인 운영

40 가맹점이 가맹본부에 지불하지 않아도 되는 것은?

① 로열티 ② 최초가입비 ③ 광고분담금 ④ 주문시스템 교체비

41 프랜차이즈의 특성에서 벗어난 것은?

① 가맹본부와 가맹점의 자율성이 인정되고 독립된 사업자들이 상호협력하면서 동일 자본하에 있다.
② 서로 간에 협동성과 공동성을 가지고 상호조정하고 환경에 적응해간다.
③ 소자본으로 창업할 수 있고, 사업 확장에도 막대한 자본이 필요하지 않다.
④ 정보부족에서 생기는 불확실성을 별다른 비용의 지출 없이 감소시킬 수 있다.

42 **가맹점주의 권한 범위에 따른 분류가 아닌 것은?**

① 단일지역 프랜차이즈
② 중복지역 프랜차이즈
③ 지역개발 프랜차이즈
④ 지역분할 프랜차이즈

43 **프랜차이즈를 업종에 따른 분류로 적당치 않은 것은?**

① 외식업 프랜차이즈
② 숙식업 프랜차이즈
③ 서비스업 프랜차이즈
④ 도 · 소매업 프랜차이즈

44 **독립자본에 의한 다수의 소매점이 모여서 각자가 갖고 있는 기능의 일부를 체인 본사에 위탁하여 프랜차이즈 시스템을 갖추고 영업을 하는 방식의 체인은?**

① 직영 체인점
② 임의적 체인점
③ 수직적 체인점
④ 프랜차이즈 체인점

45 **다음 중 프랜차이즈 가맹본부에게 유리한 점이 아닌 것은?**

① 소규모 중앙조직만으로 커다란 위험부담 없이 이윤을 획득할 수 있다.
② 직접투자를 하지 않고도 사업장과 사업을 확장할 수 있다.
③ 비교적 적은 자본으로 사업을 개시하여 독립한 영업주가 될 수 있다.
④ 판매점포의 사원관리문제가 적어지고, 지역사정에 밝은 자가 관리한다.

46 **다음 중 프랜차이즈 가맹점에게 유리한 점에서 벗어 난 것은?**

① 영업지식이나 경험이 없어도 가맹본부의 훈련계획 등으로 보충할 수 있다.
② 유명한 상호나 상표 등의 영업권(Goodwill), 독점권을 이용할 수 있다.
③ 대량구매의 혜택과 교섭력 및 유리한 조건의 융자를 받을 수 있다.
④ 기존판매망 밖에 있는 지역도 이용할 수 있다.

47 **프랜차이즈 선택 시 주의사항과 관계가 먼 것은?**

① 반드시 서면으로 정보공개서를 신청하여 확인
② 거래모델, 수익모델 및 가맹점 지원체계를 꼼꼼히 확인
③ 1개 이상의 기존 가맹점을 방문하여 점주와 면담
④ 매출액이나 순이익의 규모의 근거를 확인

48 **가맹본부의 주요 불공정 조항이 아닌 것은?**

① 겸업금지
② 시설교체비용 부담강제
③ 가맹점의 양수인에게 가맹비 부담강제
④ 물품대금 카드결제

49 **인터넷 쇼핑몰 만드는 방법으로 거리가 먼 것은?**

① 개인 쇼핑몰에 입점하는 방법
② 자체 쇼핑몰을 구축하는 방법
③ 종합 쇼핑몰에 입점하는 방법
④ 쇼핑몰 솔루션을 이용하는 방법

50 **오프라인에 실제로 상점이 있는 경우에 인터넷 쇼핑몰을 만드는 적합한 방법은?**

① 개인 쇼핑몰에 입점하는 방법
② 자체 쇼핑몰을 구축하는 방법
③ 종합 쇼핑몰에 입점하는 방법
④ 쇼핑몰 솔루션을 이용하는 방법

정답

01	X	02	X	03	O	04	O	05	X	06	O	07	X	08	O	09	X	10	X
11	X	12	O	13	X	14	O	15	O	16	X	17	O	18	X	19	X	20	X
21	X	22	X	23	O	24	X	25	O	26	X	27	X	28	O	29	X	30	X
31	④	32	②	33	④	34	①	35	②	36	④	37	③	38	①	39	④	40	④
41	①	42	②	43	②	44	②	45	③	46	④	47	③	48	④	49	①	50	③

CHAPTER

06 | 상권분석과 입지선정

1. 상권의 개요

점포를 임대하여 창업하는 경우에 가장 중요한 것은 점포의 임대차 계약 전에 반드시 상권분석을 진행해야 한다. 그러나 아직도 대부분의 창업자들은 주변의 부동산 중개소에 의뢰하여 점포를 선정하고 있지만, 철저한 상권분석 없이 점포를 선정하는 경우는 창업실패로 이어질 가능성이 매우 높다는 점을 유의해야한다.

1.1 상권의 개념

디킨슨(Dickinson)과 로버트(Robert)는 "도시는 땅 위에 존재하는 공간으로서 하나의 실체일 뿐만 아니라, 그 내부에는 독특한 특성을 지닌 몇 개의 지역으로 나뉘어져 구성되어 있다"고 말했듯이, 지리적으로 같은 도시 안에서도 업종과 아이템, 소비계층 등 각각의 특성에 따라 여러 개의 상권이 있다. 상권(trading area)이란 상업시설 또는 개별점포가 '고객을 끌어들일 수 있는 지역적 범위'로 판매대상으로 삼고있는 고객들의 거주지역으로써 판매권을 말한다.

판매권은 도매상권과 소매상권으로 나누어는데, 도매상권은 판매지역이 넓고 한 상품의 거래량이 많은 반면에, 소매상권은 범위가 좁고, 값싼 일상잡화를 취급하는 업체가 많으며 1인당 수요빈도가 높다. 상권의 범위는 점포의 크기, 취급하는 상품의 종류, 상업시설 집적도, 교통편의성 등에 의해 결정된다. 상권이라는 말과 유사하게 쓰는 말은 시장권 · 세력권 · 의존권 · 영향권 · 지배권 · 상세권 등이 있다.

1) 상권과 상세권의 차이

(1) 상권 – 개별 상점이 고객을 끌어들일 수 있는 지역적 범위를 의미한다.

(2) 상세권 – 상권과 동일한 의미로 사용하기도 하지만, 개별 상점이 모여 상업 집단이 만들어져 고객을 끌어들이는 범위를 말한다.

2) 상권의 계층화

(1) 지역상권 – 일반적으로 행정구역상의 특정지역, 즉 서울, 부산, 대구, 대전 광주 등과 같은 대도시 전체의 상권을 말한다.

(2) 지구상권 – 지역상권내에서 신도시 개발로 상업 시설과 주택이 모인 지구로 영등포구, 성북구, 강남구 등과 같은 중규모의 상권을 의미한다. 중소도시는 지역상권과 지구상권을 굳이 구분할 필요가 없다.

(3) 점포상권 – 지구상권내에서 특정입지의 점포가 위치한 지점으로 특정 구역과 같이 소규모의 상권으로 개별점포상권이라고도 한다.

1.2 상권의 분류

상권은 소비자들의 거주 밀도와 거리에 따라 1차 상권, 2차 상권, 3차 상권으로 구분된다. 그러나 교통수단이 발달되어 있고, 거의 모든 가정에 자가용이 보급되어 대형마트나 백화점이 지구별로 진출되어 소비자의 쇼핑 활동 범위가 점차 넓어지고 있어 상권분류에 대한 절대적인 의미를 부여하기가 어렵다.

(1) 1차 상권 : 500m 이내(상권의 60～70% 차지), 고객 1인당 매출액이 가장 높음
(2) 2차 상권 : 1차 상권 외곽, 1～1.5km 이내 (상권의 20～25% 차지)
(3) 한계(3차) 상권 : 2차 상권 외곽을 둘러싼 지역범위 1.5～3km 이내(상권의 5～10% 차지)

그림 6-1 대형점포 상권의 분류

(1) 1차 상권: 이용고객이 상점에 근접해 있어 고객 수나 고객 1인당 판매액이 높은 지역으로 식료품 같은 편의품(일상생활에 필요하여 가까운 점포에서 구매하는 상품)이나 화장품 같은 선매품(구매할 때 여러 점포를 돌아다니며 값, 품질, 디자인 등을 비교하고 선택하는 상품)이 유리한 상권을 말한다.

(2) 2차 상권: 1차 상권의 외곽지역으로 편의품일 경우 2차 상권에서 약간의 고객밖에 확보하지 못하고, 선매품은 1차 상권으로 볼 수도 있다.

(3) 3차 상권: 1차, 2차 상권에 포함되는 고객 이외의 고객들이 거주하는 범위를 말하며, 고객들의 거주지역이 매우 분산되어 있으며, 편의품 고객들은 거의 존재하지 않으며 선매품이나 전문품(가격 이외에 소비자의 개성에 따라 전문적인 지식을 가지고 구매하는 상품)을 취급하는 지역을 말한다.

소비제품 형태분류

- **편의품**: 식품, 기호품, 일상용품 등 최소한의 노력으로 구매를 결정하는 제품
- **선매품**: 의류, 가구, 구두, 생활가전 등 구매자가 제품 특성을 비교하기 위하여 구매에 시간과 노력을 많이 들이는 제품
- **전문품**: 자동차, 피아노, 고급카메라, 고가전자제품, 고가의류 등과 같이 상표 또는 점포의 신용과 명성에 따라 구매하는 제품

2. 상권분석

2.1 상권분석의 3요소

상권분석은 점포 선택 전에 반드시 필요한 중요한 작업이다. 상권 내 유동인구 혹은 상주인구의 구매성향을 분석하고, 판매할 고객층을 선정하여 연령층별, 남녀 구성비, 구매단가, 구매시간, 구매빈도, 업종 경쟁력 등을 파악해야 한다. 상권분석을 위해서는 거주인구, 경제기반, 경쟁상황 등의 특성을 조사하여 잠재고객의 예상 구매량과 신규점포의 진입정도, 즉 추정매출액을 파악하는 것이다. 상권을 조사하고 분석하는 가장 쉬운 방법은 시간대별로 유동인구를 조사하는 것인데, 직접 조사를 하거나 전문가의 도움을 받아 객관적으로 분석해야 한다.

일반적으로 상권을 분석하기 위해서는 상권 내의 입지에 대한 특성(입지요인)을 분석하고, 상권 내 고객들의 구매 특성(매출요인)을 분석하고, 상권 내의 경쟁구조(경쟁요인)를 분석하기 때문에 이를 상권분석의 3요소라 한다.

2.2 상권분석을 위한 정보수집

상권분석을 위해서는 필요한 정보를 경제적으로 수집하여 객관적으로 분석해야 한다. 특히 소자본으로 창업을 준비하는 예비 창업자들은 상권이 변화하는 트렌드나 여건의 변화에 평소에 관심을 두어야 한다. 대부분 창업자들은 업종과 아이템만 좋으면 잘 팔리는 줄 알고 있지만, 성공을 위해서는 아이템이 3분의 1, 자본력이 3분의 1, 상권이 3분의 1이라는 원칙을 알고서 필요한 정보를 수집하여야 한다. 상권을 제대로 분석하는 일이 쉬운 일이 아니므로 전문기관을 이용하는 것이 좋지만, 창업자가 사업의 모든 책임을 져야하므로 상권정보를 어떻게 수집 · 분석해야 하는지를 알아야 한다.

1) 상권조사의 주요 항목

점포계약 전에 진행해야 하는 상권분석은 아래 6가지의 항목을 중심으로 적어도 2주 이상 꼼꼼하게 조사를 해야 하며, 이러한 조사를 바탕으로 하여 점포계약을 할 것인지를

표 6-1 상권분석의 3요소

요인	주요항목		세부사항
입지요인	소비수준		인구 통계 특성에 따른 주 고객들의 소비단가 등
	주변도로		도로의 특성, 차선, 주차여부, 경사여부 등
	점포형태		전면디자인, 단독, 복합, 층수, 평수, 계단여부, 도로와의 거리 등
매출요인	입지형태	주거지역	세대수, 출입구, 이용도, 출입근접도 등
		상업지역	상가, 술집, 음식점, 극장, 숙박시설 등
		사무지역	민간기관, 금융기관, 공공기관, 건물형태 등
	교통형태		버스, 지하철, 건널목, 거리, 자가용주차 등
	교육기관		초 · 중 · 고, 대학교, 학원, 출입근접도, 인원수, 출입구수, 입구 이용도 등
	이용가능성		유동인구, 고객 수, 이용률 등
경쟁요인	편의점		500m 이내의 편의점 수, 거리제한 등
	슈퍼마켓		200m 이내의 슈퍼마켓의 수 등
	외식점		100m 이내의 외식점 수 등

자료: 소자본창업과 사업계획서(정덕화 · 오종근, 2010)

결정해야 한다. 또한 가능하면 한 곳 보다는 적어도 2~3곳의 장소를 대상으로 상권조사를 진행한 후에 점포의 위치를 선정하는 것이 최적의 방법이 될 수 있다.

(1) 통계자료 조사: 인구수, 세대수, 가족구성원의 수, 주거형태(단독주택, 아파트 등)

(2) 상권형태 및 규모파악: 주간상권, 야간상권, 고정상권, 유동상권

(3) 통행인구 조사: 성별, 연령별, 시간대별, 요일별 통행객의 수를 관찰하고, 통행객과 통행성 및 통행객의 수준을 파악

(4) 통행차량 조사: 통행차량의 수와 어느 시간대에 많이 지나가는지 파악

(5) 경쟁점포 조사: 예상되는 경쟁점포와 이용객 수, 계층, 제품의 가격대, 매장구성 장 · 단점을 파악

(6) 상권의 향후 전망: 주변 상권의 확대 또는 축소 가능성을 파악하고 대형 집객시설의 개발정보를 수집, 그리고 주변 건물의 신축 또는 철거계획 등을 조사

2) 상권정보시스템

점포의 입지를 선정하기 위해 반드시 필요한 과정 중에서 가장 중요한 것이 상권을 분석하는 일이며, 상권분석을 통해 얻어지는 결과물에 대한 선택이 점포의 입지선정이다. 이러한 상권분석을 조금 더 효율적으로 진행하기 위해서는 소상공인시장진흥공단에서 운영하고 있는 '상권정보시스템(sg.sbiz.or.kr)'을 먼저 활용한 후에 위에서 제시한 상권조사의 6가지 항목에 대한 조사 및 분석을 추가적으로 진행하는 것이 최적의 점포 입지를 선정하는 절차가 될 수 있다.

상권정보시스템에서 제공하는 정보내용

■ **상권분석**

– 특정 지역 · 영역 · 업종의 업종, 매출, 인구, 지역 53종의 상권정보 제공
– 제공업종은 대분류 8종, 중분류 95종, 소분류 837개

- 업종(15): 선택상권 · 행정구역별 선택업종 추이, 유사업종 추이, 전년대비 증가 · 감소 업종, 음식 업종 업소 변화 추이, 전년대비 업소수 비교, 업소변화 추이, 한식업종 업소수 증감 추이, 한식/백반/한정식업종 업소수 증감, 중 · 대분류 업종별 창/폐업률 및 업력 통계, 선택업종 · 유사업종 · 시설
- 매출(7): 월평균 매출액 비교, 건당 매출액 비교, 선택업종 평균매출 및 이용건수 추이, 중분류 업종 평균매출 및 이용건수 추이, 주중/주말/요일별 매출 비율, 시간대별 매출 비율, 성별/연령대별 매출 비율
- 인구(18): 인구 구성, 주거인구 · 직장인구 · 유동인구 현황, 성별 · 연령별 · 시간대별 · 요일별 · 월별 유동인구 추이, 직업 · 직종 분포, 주거형태별 분포, 세대 규모별 아파트 단지 현황, 아파트 면적별 세대수, 아파트 기준별 세대수, 아파트 동/세대수 추이, 선택 상권의 배후지 인구 변화 추이, 행정구역별 인구변화 추이
- 지역(13): 주요 집객시설 현황 · 추이, 평균 임대료 비교, 인근 주요상권 점포평균 임대시세, 지역별 점포 평균 임대시세 추이, 학교시설 현황, 교통시설, 지하철 이용 현황, 지하철 승하차 인원 추이, 기업체수 통계, 브랜드지수, 지역별 평균 임대료 비교, 인근 주요상권점포 평균 임대시세

■ **경쟁분석**

– 업소별 경쟁영역내 거래건수를 기반으로 경쟁수준을 평가 할수 있는 지표로 안전, 주의, 위험, 고위험 4단계 경고등 형태로 제공

• 음식(21): 아이스크림판매, 제과점, 커피전문점, 패스트푸드, 피자전문, 국수만두칼국수, 도시락전문, 떡볶이전문, 라면김밥분식, 죽전문점, 한식백반한정식, 해장국감자탕, 양식, 일식수산물, 중국음식, 간이주점, 갈비삼겹살, 곱창양구이전문, 족발보쌈전문, 호프맥주, 후라이드양념치킨

• 소매(12): 건강식품, 슈퍼마켓, 편의점, 신발소매, 안경원, 일반의류, 캐쥬얼스포츠의류, 꽃집꽃배달, 화장품판매점, 사무문구용품, 인테리어욕실용품, 일반가구소매

• 서비스(12): 발네일케어, 비만피부관리, 여성미용실, 노래방, 모텔여관여인숙, 실내골프연습장, 헬스클럽, 어린이영어, 학원(음악미술체육), 학원(입시), 세탁소빨래방, 자동차정비

■ **입지분석**

– 특정 입지에 대한 45개 표본업종별 입지가치(예상매출액)의 평균을 종합하여 평가한 입지등급정보

– 제공업종은 경쟁분석과 동일

■ **수익분석**

– 특정 위치 · 업종의 추정매출액, 투자비 회수를 위한 목표매출 및 고객수, 유사한 입지 · 업종의 매출현황의 비교분석 정보 제공

– 제공업종은 경쟁분석과 동일

■ **점포이력**

특정 위치의 개 · 폐업 이력정보. 특정 업종의 창업여부 및 영업기간 등의 정보 제공

그림 6-2 상권분석시스템

2.3 상권별 특성 및 아이템

상권의 종류는 다양하다. 상권을 선택할 때 상권범위와 함께 각 상권별 특성을 파악하고 분류하는 것이 필요하다. 이렇게 분류된 상권들 중 어떤 상권에서 창업을 하는 것이 적합한지를 결정하면 된다. 다만 상권을 분류하는 기준과 각 상권별 특성은 업종과 아이템마다 달라질 수 있다. 상권별로 주변 환경에 따라 주요 업종이 달라질 수 있다.

1) 업종별 상권의 특성

구분	관련 업종	상권 범위	주요 업종
판매업 (유통업)	생활 필수품	500 m 이내	슈퍼마켓, 편의점, 약국, 도서 · 문구 · 팬시점, 대여점, 미용실, 안경점, 배달점 등
	선매품/전문품	1~2Km 이내	패션 · 의류점, 안경점, 운동화, 제화점, 가전점, 가구점 등
외식업	일반 음식점	500 m 이내	돈가스, 우동, 김밥, 치킨&호프점, 한식집, 피자점 등
	대형 패스트푸드점 전문음식점	1~2Km 이내	감자탕, 레스토랑, 고기집, 생선전문점, 설렁탕집 등
서비스& 교육사업	생활관련서비스업	500 m 이내	세탁소, 반찬전문점, 꽃집, 애견용품점, 카센터 등
	취미&교육,서비스업	1~2Km 이내	어린이영어학원, 요리학원, 피부관리숍, 휘트니스 등

2) 5대 상권별 가능업종

상 권	상권의 특징	유망 아이템
주택가 진입로 상권	• 버스정류장 기준으로 100m 이내 • 주택가 입구나 모퉁이 • 출 · 퇴근 방향 고려 • 원룸 밀집지역	• 간편음식 • 즉석빵제과점 • 체인미용실 • 저가의류점 • 배달음식 • 약국 • 내의전문점 • 편의점
아파트 상권	• 지하나 2층보다 1층에서 10평 정도 • 출입구 우측에 있는 점포 • 1,000세대 기준 전용 25평 정도	• 팬시문구점 • 세탁편의점 • 조기교육용품점 • 꽃체인점 • 각종대여점 • 배달음식점
오피스 (사무실)상권	• 대형건물 지하 아케이트 • 관공서, 회사 밀집지역 • 주말에는 매출 감소	• 칼국수, 김밥만두전문점 • 부대찌개 전문점 • 항아리수제비 전문점 • 삼겹살전문점
학교주변 상권	• 중 · 고교 주변은 1층 10평 규모 • 교육적인 아이템 • 대학교는 1층 20평 정도가 적격 • 방학기간 매출감소, 활용방안	• 과학모형기기점 • 문구할인점 • 돈가스전문점 • 패스트푸드점 • 비디오방 또는 게임방 • 분식점 • 카페 • 호프집
중심지 번화가 상권	• 집객시설 밀집 지역 • 권리금이나 보증금이 비쌈 • 화려하고 특색있는 유행사업에 유리	• 커피전문점 • 이색카페 • 아이스크림점 • 호프점 • 퓨전음식점 • 외식업

2.4 상권분석 실패한 사례

1) 상권에는 계절, 요일 등 특수한 요인이 있다

대학가의 학사 주점을 인수했다가 실패한 사례다. 인수 가격도 저렴했고 학기중 학생 손님들도 많았다. 그러나 유명 대학가 상권은 1급 유흥지가 되어 크게 신경을 쓸 필요가 없지만, 평범한 대학가 상권은 신입생 환영회 등이 많은 3~4월에만 장사가 잘 되고, 여름방학 2개월, 겨울방학 3개월 등 총 5개월의 휴면기도 있음을 감안했어야 하는데, 이를 간과하고 창업하여 실패하였다.

2) 유동 인구가 성공의 보증 수표는 아니다.

유동 인구가 많은 서울 대학로에 죽 전문점을 개업했다가 실패한 사례다. 그 많은 사람 중 한 명씩만 들어와도 잘 될 것이라 생각하고 창업하였으나 실패했다. 유동 인구의 성향을 잘못 판단한 것이다. 돌도 소화시킨다는 젊은 층은 아프거나 특별한 사유가 있을 때 빼고는 죽을 잘 먹지 않는다. 유동인구가 많은 지역은 어떤 업종이 들어가도 잘 될 것이라고 흔히 생각하지만 유동인구의 연령, 직업, 취향, 씀씀이 등을 꼼꼼히 분석한 뒤 적합한 업종을 차려야 성공할 수 있다.

3) 유명 상권도 쇠락이 있다.

불과 5년 전만 해도 이태원 경리단길은 유명한 식당이 즐비해 식사를 한번 하려면 대기자 명단에 이름을 올리고 기본 1~2시간은 기다려야 했던 곳이다. 소셜 네트워크 서비스(SNS)에서 입소문 난 '핫플레이스(명소)'로 불리는 맛집이 많아 젊은이들의 발길이 끊이지 않던 서울 용산구 경리단길은 이제 빈 점포가 속출하며 상권이 침체해 예전과 확연히 다른 모습이다. 맛과 멋이 넘쳤던 서울 대표 골목 상권 경리단길이 불과 몇 년 만에 몰락한 이유는 '상권 내몰림'을 뜻하는 젠트리피케이션(gentrification) 현상 때문이다. 과거 상권이 그대로 유지되지 않고 상권도 늘 변한다는 것을 염두해 두어야 한다. 주변 건물의 임대료 상승, 소비자의 씀씀이가 줄어드는 경우 그리고 주변 인구가 줄어드는 경우 등 다양한 이유로 상권은 쇠락할 수 있다.

4) 소비자 방문 목적이 정해진 상권이 있다.

이화여대 뒷 골목 옷가게 거리에 깔끔한 분위기의 고급카페를 열었다가 실패한 사례다. 중심 상권에 있어 성공을 자신했으나, 이곳을 찾는 주요 소비자는 유행에 민감하면서 싼 옷과 액세서리를 구입할 목적을 가진 학생인 점을 고려하지 못했다. 싼 제품을 구입하려고 멀리서 온 이들에게 분위기 좋고 비싼 커피는 관심 밖이다. 싼 옷을 사고 분식을 먹은 뒤 근처에 있는 더 큰 유흥가로 넘어가거나, 그냥 귀가하는 학생들이므로 점포와 유동 인구의 소비수준과 궁합이 맞지 않았던 것이다.

3. 입지 선정

3.1 개요

상권(trade area)이란 고객이 흡입되는 지리적 범위로써 해당 점포를 이용하는 고객들의 주거지역이나 밀집지역을 말하며, 입지(site)는 점포를 개설하고자 하는 지점, 즉 상권 내의 점포위치(자리)로 이해하면 된다. 입지 선정은 점포를 개설하고자 하는 상권을 결정한 후 상점을 선택하기 위하여 조사하는 작업으로 기업의 유지 · 성장에 절대적인 영향을 미치기 때문에 창업의 준비단계에서나 창업 후 경영에도 아주 중요한 요인이다.

입지선정을 먼저 해야 하는가 아니면 업종선정을 먼저 해야 하는가에 대해서는 논란이 있지만, 창업자의 사정에 따라 적절히 대처하면 된다. 전문가들은 첫째도 입지, 둘째도 입지, 셋째도 입지라고 할 만큼 점포입지가 성공의 여부를 좌우한다고 하는데, 특히 소자본 창업의 성공여부의 70% 정도는 입지선정에 달려 있다. 아무리 좋은 업종과 탁월한 아이템을 선정하였더라도 업종과 아이템에 어울리지 않는 잘못된 장소에서 사업을 시작하면 실패로 이어질 수 있다.

1) 입지유형

(1) 적응형 입지 – 유동인구를 대상으로 하는 영업(도심형, 번화가, 역세권)

(2) 목적형 입지 – 먼 거리에서 계획적으로 내점한 고객을 대상으로 하는 영업(외곽형 가구, 의류단지)

(3) 생활형 입지 – 지역 주민을 대상으로 하는 영업(주택밀집형, 생활용품)

2) 판매지향적 요인의 고려 요인

(1) 시장요인 – 현재 및 잠재고객의 크기, 소비의 빈도와 질, 구매방법 등

(2) 교통요인 – 고객의 접근비용, 접근수단의 다양성

(3) 경쟁요인 – 동종 또는 대체품을 판매하는 경쟁자 수, 경쟁 강도 등

(4) 공간요인 – 공간 능력, 공간비용, 공간확대 가능성 등

3.2 좋은 입지와 피해야 할 입지

1) 좋은 입지

(1) 유동인구가 많고, 집객 시설이 있는 입지

▷ 유동인구가 많아서 자연적으로 고객이 유입되는 곳

▷ 고객들이 많이 찾는 극장이나 패션가 등 사람을 모이게 하는 집객시설(attraction facilities)이 있는 곳

(2) 대형 사무실보다 5층 이하의 사무실이 많은 입지

▷ 편의품 등 소비용품을 필요할 때 수시로 구입하는 소형 사무실이 많은 곳

▷ 저녁까지 유동인구가 많은 사무실이 밀집된 곳

(3) 접근이 용이하고, 주차장이 있는 입지

▷ 고객들이 쉽게 찾을 수 있고 접근하기 쉬운 곳

▷ 주차 공간이 확보된 곳이나 주변에 주차가 편리한 곳

(4) 출근길보다는 퇴근길 방향에 있는 입지

▷ 매출이 많은 시간대가 퇴근 후이므로 퇴근길 길목에 있는 곳. 단 출근길은 간편식의 음식업이 좋음

(5) 지대가 낮은 상가나 코너 입지

▷ 상권이 좋은 곳을 보면 왕래가 편리한 사방에서 위로부터 내려오는 곳

▷ 점포가 코너에 있으면 시선이 집중되면서 출입구 접근이 쉬운 곳

(6) 중소형 아파트 단지의 진입로 입지

▷ 어린이나 학생들이 많은 중소형 아파트가 많은 곳

▷ 아파트에 사는 사람들이 하루에도 여러 차례 오고 가는 진입로가 있는 곳

(7) 권리금이 있는 입지

▷ 장사가 안 되는 곳보다 장사가 잘되어 권리금이 형성된 곳

▷ 나중에 타인에게 양도할 때 권리금을 쉽게 받을 수 있는 곳

(8) 주변에 노점상이 많은 입지

▷ 유동인구가 많아서 노점상이 형성되는 곳

(9) 비어 있는 점포가 없는 입지

▷ 임대를 알리는 표시나 주변에 비어 있는 점포가 거의 없는 곳

(10) 보도의 폭이 넓은 입지

▷ 점포 앞 보도가 최소한 2.5미터 이상이 되는 곳

▷ 점포 앞 보도에 전시품을 진열하기 쉬운 곳

2) 피해야 할 입지

(1) 내 가게 주변에 같은 업종의 큰 가게가 있는 입지

소비자들은 대부분 크고 화려한 곳을 선호한다. 특별한 노하우가 없다면 주변의 다른 점포보다 규모가 작으면 경쟁에서 밀리게 된다. 따라서 자신이 얻고자 하는 점포의 평수보다 더 크고 더 화려한 상점이 옆에 들어설 가능성이 높은 경우라면 피하는 것이 좋다.

(2) 상권이 확대되는 입지

대형유통시설이 들어서거나 새로운 역세권의 형성되는 경우에는 일반주택이 상가주택으로 변하면서 상권이 활성화되겠지만, 상권의 범위만 넓어지면서 경쟁이 더욱 치열해지는 경우가 많으므로 주의해야한다.

(3) 언덕 위에 있는 상점

언덕 위에 위치한 상점은 인기가 없다. 고객들은 대체로 쉽고 편한 것을 바라기 때문에 언덕에 올라가면서까지 상품을 사려고 하지 않는다. 큰 규모의 전통시장을 보면 언덕 위에 위치한 경우가 드물다.

(4) 맞은편에 상점이 없는 경우

맞은편에 상권이 없는 경우는 고객흡입력이 약하기 때문에 주변 상점들 모두 어려운 상태라고 볼 수 있다.

(5) 유동인구가 그냥 흐르는 입지(지나가는 자리)

대부분인 중간 입지는 유동인구가 많더라도 목적지를 향해 가는 사람이 경유할 뿐 별로 도움이 되지 않는 곳이다.

(6) 업종이나 주인이 자주 바뀌는 상점

가능하면 좀 비싸더라도 한 사람이 오랫동안 장사를 한 상점, 혹은 여러 사람이 차지하려고 하는 점포를 얻는 것이 좋다.

(7) 건물 주인이 유사업종에 사업하는 건물

건물주가 유사업종에 장사를 하는 사람이라면 욕심을 내는 경우가 많다. 장사가 잘 되어 건물주가 직접 경영하려고 한다면 세입자가 손해를 보는 경우가 많다.

(8) 임대료나 권리금이 유난히 싼 점포

임대료와 권리금이 지나치게 싸다면 싼 이유가 있다. 그 나쁜 입지에는 낮은 임대료와 권리금이 형성되어 주인은 그 이상을 받고 싶어도 그러지 못하는 경우도 있다.

4. 점포 선정

4.1 우수한 점포의 조건

1) 우수한 점포 선정요령

(1) 취급하려는 상품의 상권 내 시장규모와 주변지역의 특성을 파악한다.

(2) 업종에 따라 고객의 흡인 정도를 업태에 맞추어 파악한다. 고객을 새로이 창출해야 하는가, 근린지역의 주민을 상대로 하는가, 통행량에 의존하는가.

(3) 생활용품 같은 소매점은 기존의 고객과 경쟁 점포의 중간에 위치하여 고객을 중간에 저지할 수 있는 입지를 선택하여 고객이 쉽게 올만한 곳을 택한다.

(4) 가구점 같은 점포는 같은 종류의 상품을 취급하는 점포가 모여 있어 고객들의 누적적 흡인력이 있는 곳을 선택한다.

(5) 웨딩용품 같은 점포는 보완관계에 있는 상품을 취급하는 두 개 이상의 점포가 근접해 있는 곳을 선택한다.

(6) 타켓으로 하는 대상층의 소비성향, 현재 경쟁점포의 상황 및 장래 경쟁점이 들어설 가능성을 파악하고, 관리하기 편리한 곳을 선정한다.

(7) 입지의 비용을 생산성과 관련하여 분석하고, 자금에 맞는 곳을 선정한다.

2) 우수 점포의 일반적인 조건

(1) 반경 2km 이내에 10층 이상 대형건물이 5개 이상 밀집된 지역

(2) 2,000세대 이상의 대규모 아파트단지나 주택단지, 반경 1km 이내에 여관, 모텔 등 숙박업소가 10개 이상인 지역

(3) 버스 정류장에서 100m 이내인 지역, 버스 종착역 반경 500m 이내인 지역

(4) 버스 정류장에 정차하는 버스 노선이 5개 이상인 지역

(5) 고등학교와 대학가 정문의 500m 이내, 후문 300m 이내인 지역

(6) 편도 2차선 삼거리 이상의 가로의 200m 이내인 지역

(7) 동일 가로 200m 이내에 동일 업종이 없는 지역

(8) 반경 500m 이내에 동일 업종이 3개 이상 없는 지역

(9) 업종에 관련된 시간대별 유동인구와 주거인구가 부합한 지역

4.2 점포이전을 고려해야 할 시기

(1) 점포 주변 거리의 유동인구가 현저하게 줄어든 때

▷ 과거에 유동인구가 많아서 붐볐는데, 줄어드는 현상을 느낄 때

▷ 도시개발계획이나 도로계획의 변경으로 다른 곳에 새로운 상권이 형성될 때

(2) 주변에 낡고 변색된 간판이 눈에 띄기 시작할 때

▷ 간판을 교체할 수 없을 정도로 장사가 안 되고 있다는 현상을 느낄 때

(3) 주변에 동일 업종이 문을 닫았을 때

▷ 인구의 유출이나 상권의 변화로 동일 업종이 폐점을 하였을 때

▷ 동일 업종의 점포가 새로 입점했다가 얼마 안 있어 철수한 때

(4) 주변에 잘 되는 업종이 별로 없을 때

▷ 주변에 잘 되던 다른 업종이 매출이 줄어 어려움을 겪을 때

▷ 보완 관계로 시너지 효과를 주던 업종의 매출이 줄어 어려움을 겪을 때

(5) 주변에 비어 있는 점포가 늘어날 때

▷ 주변 점포들이 비는 곳이 계속해서 늘어나는 현상을 느낄 때

▷ 주변 점포들이 비어 상가의 연속성이 끊어졌을 때

(6) 게임방이나 주점 등이 부쩍 늘어날 때

▷ 오락이나 유흥상가로 쾌적한 상권이 변하는 현상을 느낄 때

▷ 상권이 확대되고 유동인구가 많아져도 매출에 도움이 되지 않을 때

(7) 통행인의 보행속도가 빨라질 때

▷ 통행인이 머무르지 않고 빠르게 지나가기만 하는 현상을 느낄 때

▷ 통행인의 흐름이 특정방향으로만 이어져 지나가기만 할 때

(8) 주변에 동일 업종이나 대체할 대형 유통센터가 생겼을 때

▷ 대규모 자본을 이용한 대형 경쟁점이 생겨 경쟁이 어려울 때

(9) 자전거나 기물들이 방치되기 시작할 때

▷ 방치되는 자전거가 많아지는 현상을 느낄 때

▷ 장사에 쓰던 기물들이 오래 동안 방치되는 현상을 느낄 때

(10) 주변이 지저분하고 쓰레기가 쌓이기 시작할 때

▷ 점포 주변의 도로가 지저분하고 쓰레기들이 오래 동안 쌓여있을 때

4.3 점포 계약 시 점검사항

1) 점포 계약 전에 확인해야 할 사항

(1) 점포 내부에서 확인해야 할 사항

▷ 전용면적의 실 평수 직접 확인

▷ 점포의 전면길이와 바닥 모양 및 방향

▷ 주차시설 유무와 사용료

▷ 건물 및 영업시설의 노후 상태

▷ 수도, 도시가스, 창고 및 화장실 등

(2) 점포 외부에서 확인해야 할 사항

▷ 유동인구, 경쟁 점포의 규모와 영업형태 등

▷ 임대보증금 및 월세, 관리비, 공과금 등 임대가격 비교

▷ 상권 내 세대별 소득수준, 업종의 라이프 사이클 등 배후조건

2) 점포 계약 시 주의 사항

(1) 권리 유무의 확인

▷ 등기부 등본, 도시계획 확인원, 보증금 및 권리금 설정 등

(2) 건물의 용도가 상업용도인지 확인

▷ 건물주의 임대 의도 파악

(3) 목적물 불법여부와 상태 확인

▷ 점포의 구조변경과 건물의 노후상태, 출입문의 방향 및 접근성 등

(4) 점포가 위치한 층수와 업종의 상관관계 확인

▷ 층별 업종의 타당성 확인

(5) **채권 확보 대책 확인**

▷ 공증 또는 전세권 설정 등

(6) **계약 시 건물주 본인과 직접 계약**

▷ 계약서 내용은 세부내용까지 정확하게 작성

▷ 중도해약 조건과 계약 갱신 조건 등 명시

▷ 권리금의 양도 여부와 건물 하자 보수 조건 등 명시

4.4 권리금

권리금이란 부동산이 갖는 특수한 장소적 이점(임차권)과 영업상 형성된 이익의 가치(영업권)로써, 신규 임차인(세입자)이 임대인(건물주)과 기존 임차인에게 지불하는 관행상의 금전을 말한다. 기존세입자가 요구하는 권리금은 상가에 부설된 설비, 비품, 인테리어비용과 사업이 잘되어 수익이 보장되는 보이지 않는 대가 등이 포함된다.

권리금을 얼마로 해야 한다는 특별한 원칙이 없으며, 상권과 상가의 관행에 따라 혹은 거래당사자 간의 흥정에 따라 금액이 달라질 수밖에 없다. 또한 세를 얻은 점포가 재개발 지역에 포함되어 철거되는 경우가 있으므로 권리금이 많은 점포를 얻을 때는 미리 잘 조사하고 신중하게 결정해야 한다. 상법에서는 영업권리금을 영업권(good will)으로 인정하고 있지만, 상위법인 민법에는 이런 규정이 없어 유사 시 법적인 보호가 되지 않기 때문에 점포주와 계약을 할 때 분명히 기록해 두어야 한다.

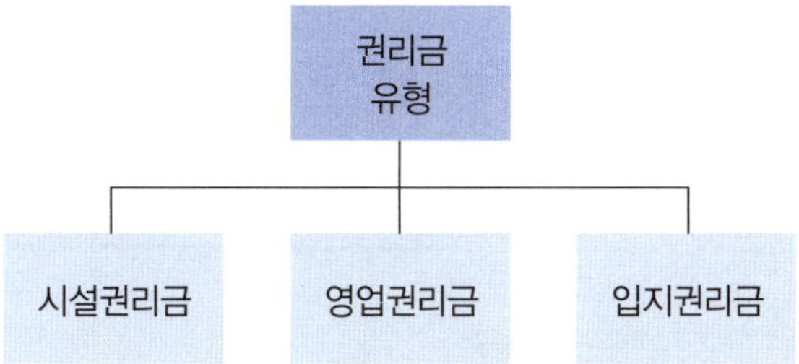

그림 6-3 권리금의 유형

1) 시설 권리금

기존의 점포를 인수하면서 초기에 투자된 시설비용에 대한 권리금으로 인테리어, 간판, 집기 및 기자재 등의 구입에 지출된 비용을 기준으로 낙후정도나 감가상각비 및 주변의 권리금 시세를 고려하여 상호 협의에 의하여 결정해야 한다. 기본시설에 대한 비용의 50% 이하 비용으로 최소한 2년 이상 사용할 수 있는 정도의 자산에 대해서 인정이 되며, 감가상각은 보통 5년을 기준으로 균등상각하므로 기존 점포의 사업자등록증, 영수증, 장부 등을 확인하여 산출하면 된다.

2) 영업 권리금

기존의 점포가 동종의 다른 점포에 비하여 높은 수익을 얻고 있는 가치로 널리 알려진 브랜드 이름, 탄탄한 단골고객, 종업원들의 높은 사기 등으로 형성된 자산을 인정하여 별도의 대가를 지불하는 금액으로 동종업종으로 승계할 때 인정된다. 영업에 대한 권리금은 관행상 매출액에서 임차료, 재료비, 공과금 등의 경비를 제외한 순이익의 1년분 정도로 결정하는 경우가 많다.

3) 입지 권리금

바닥 권리금이라고도 하며 기존의 점포가 위치한 지역적 특성 때문에 다른 점포에 비하여 높은 수익을 얻고 있는 가치를 인정하여 별도의 대가를 지불하는 금액이다. 일반적으로 임대료에 반영되며, 상권이 형성되면서 또는 점포의 주인이 바뀌면서 생기기도 하고, 신축 건물이라도 주변 점포의 시세가 형성된 경우 발생된다. 상가임대차계약서에 명시하여 지불해야 하고, 폐점할 때 권리 의무에 대해서도 분명히 해야 한다.

용산참사

용산 4구역 재개발의 권리금 보상대책에 반발해 온 철거민(세입자)과 전국철거민연합회 회원 등 30여 명이 적정 보상비를 요구하며, 2009년 1월 20일 새벽 용산구 한강로 2가에 위치한 남일당 건물을 점거하고 경찰이 강제진압하던 중 화재가 발생해 6명이 사망하고 24명이 부상당한 대참사다. 검찰은 사건 발생 3주 만에 철거민의 화염병 사용이 화재의 원인이었고, 경찰의 점거농성 해산작전은 정당한 공무집행에 해당한다는 수사 결과를 발표해 경찰의 과잉진압 책임은 묻지 않고 철거민 대책위원장 등과 용역업체 직원 7명을 기소한 바 있다. 인명 참사로 이어진 서울 용산 재개발 철거민들의 건물옥상 농성은 철거민과 조합 간 보상비 갈등이 직접적인 원인이다. 서울시와 용산구에 따르면 재개발조합 측은 세입자에게 법적으로 규정된 휴업보상비 3개월분과 주거이전비 4개월분을 지급한다는 입장이었다. 그러나 일부 세입자는 조합이 주는 보상비로는 생계와 주거를 이어갈 수 없다는 입장이었다. 상가 세입자들은 "지금껏 충분하지는 않지만 먹고 살 만했는데, 조합이 주는 보상비는 턱없이 적다"며 "철거하면 당장 생계를 이을 수 없으니 대체 상가를 마련하는 등 대책을 세워 달라"라고 요구하였다.

4.5 상가건물 임대차 보호법

상가건물 임대차의 공정한 거래질서를 확립하고 영세 상인들이 안정적으로 생업에 종사할 수 있도록 과도한 임대료 인상을 방지하고 세입자의 권리를 보호하기 위해 제정되어 2002년 11월부터 시행되기 시작하였다. 최근 상가건물임대차보호법 시행령 개정안이 국무회의를 통과하여 2019. 4월부터 시행되었다.

1) 상가 임차인에게 부여하는 주요 권리

(1) 계약 갱신 요구권에 의해 최대 10년간의 임대차 존속기간 보장

(2) 건물을 인도받고 사업자등록을 하면 이후 건물 주인이 바뀌어도 임차권을 주장할 수 있는 대항력 인정

(3) 연 5% 범위로 임대료 인상 한도 설정

(4) 경매 발생 시 보증금의 일정금액에 대해 우선변제권 보장

대항력은 임대차계약서상 내용이 사업자등록 사항과 일치하고, 임대차계약서상 임대차 목적물이 등기부등본 등 민원(행정)서류와 일치하는 2가지 요건이 갖추어졌을 때 보장되므로, 임대차계약의 내용이 변경되는 경우 반드시 사업자등록 정정신고를 하여야 한다. 대항요건을 가지게 되면 임대인(건물주)은 물론 제3자에게도 임차권을 주장할 수 있다. 계약기간 동안 건물주가 바뀌더라도 임차권자로서의 지위를 유지할 수 있고, 임대차 기간이 끝나더라도 보증금을 반환받을 때까지 계속 입주할 수 있다. 다만 환산 보증금을 초과하는 임대차에 대하여는 법의 보호를 받지 못한다.

2) 환산보증금의 산정범위

이 법은 상가건물 임차인의 보증금 환산액(보증금 환산액 = 보증금 + 월세 × 100)이 일정액 이하인 영세 상인에게 보호되며, 지역별로 다음과 같이 적용한다.

- 서울특별시 – 6억 1,000만원 이하
- 수도권 과밀억제권역, 부산광역시 – 5억원 이하
- 광역시(인천 제외), 세종시 – 3억 9,000만원 이하
- 그 밖의 지역 – 2억 7,000만원 이하

보증금을 보호받기 위해서는 주택 임차인이 동사무소에 전입신고하는 동시에 확정일자를 받아 우선변제권을 확보하듯이, 상가건물 임차인은 세무서에서 사업자등록을 신청하는 동시에 임대차계약서에 확정일자를 받을 수 있다. 확정일자를 받은 임차인은 경매 절차에서 다른 후순위 채권자보다 먼저 배당받을 수 있는 우선변제권을 얻는다. 예를 들어 서울시에서 보증금 1,000만원에 월세가 50만원인 임대차가 있다면 환산 보증금은 6,000만원이 되니 2,200만원까지 우선변제권으로 배당받을 수 있지만, 실제 보증금은 1,000만원이므로 배당받을 수 있는 금액도 1,000만원이다.

궁중족발 임대인 폭행사건

2018년 6월 궁중족발 사건은 종로구 서촌에서 족발집을 운영하던 세입자가 임대료를 둘러싸고 새 건물주와 갈등을 빚던 와중 건물주를 망치로 폭행해 구속된 사건이다. 새 건물주는 월세를 기존 297만원에서 1200만원으로, 보증금을 3000만원에서 1억원으로 각각 3배나 올렸지만, 상가건물임대차보호법상 계약갱신 요구권이 5년으로 돼 있어 세입자는 보호를 받지 못했다. 이 사건을 계기로 국회에서는 법 시행령을 개정하여 계약갱신 요구권이 10년으로 연장되었다.

연습문제 CHAPTER 06

OX형 문제

01 입지란 개별점포가 고객을 끌어들일 수 있는 지역적 범위로 판매의 대상으로 삼고 있는 지역이며, 상권은 점포를 개설하고자 하는 지점, 즉 상권 내의 자리(위치)로 이해하면 된다. ( )

02 판매권은 도매상권과 소매상권으로 나누는데, 도매상권은 지역이 넓고 한 상품의 거래량도 많고, 소매상권은 범위가 작고, 값싼 일상잡화를 취급하는 업체가 많으며 1인당 수요빈도가 높다.( )

03 판매권이란 주로 도매업에 사용하며 도매점이 판매 대상으로 삼고 있는 범위이다.( )

04 지역상권이란 지역상권내에서 상업 집적 공간인 지구로 영등포구, 성북구, 강남구 등과 같은 중규모의 상권을 말한다.( )

05 상권을 측정하는 방법은 주로 소비시장의 침투정도를 측정하는데 쓰이는 통계적 방법이 있다.( )

06 1차 상권은 식료품 같은 편의품이나 화장품 같은 선매품이 유리한 상권을 말한다.( )

07 2차 상권은 선매품이나 전문품을 취급하는 지역을 말한다.( )

08 상권을 조사하고 분석하는 가장 쉬운 방법은 시간대별로 유동인구를 조사하는 것이다.(　　)

09 성공을 위해서는 상품이 3분의 1, 자본력이 3분의 1, 마케팅이 3분의 1이라는 원칙을 알고서 필요한 정보를 수집하여야 한다.(　　)

10 개별점포인 경우 2차 상권은 매출액 또는 이용고객의 60~70%를 흡수한다.(　　)

11 공동점포인 경우 1차 상권 내 소비수요의 20% 이상을 흡수하고 있는 지역을 말한다.(　　)

12 상권에는 계절, 요일 등 특수한 요인이 있다.(　　)

13 유명 상권은 쇠락이 없다.(　　)

14 전문가들은 첫째도 상권, 둘째도 상권, 셋째도 상권이라고 할 만큼 점포상권이 성공 여부를 좌우한다고 한다.(　　)

15 생활형 입지는 지역 주민을 대상으로 하는 영업이다.(　　)

16 상권이 확대되는 곳은 상권이 활성화되겠지만, 상권의 범위만 넓어지고 상권이 분산되어 경쟁만 치열해지는 경우가 많으므로 피해야한다.(　　)

17 좋은 입지는 퇴근길보다는 출근길 방향에 있는 입지가 좋다.(　　)

18 입지가 좋은 곳은 왕래가 편리한 사방에서 아래로부터 올라가는 곳이다.(　　)

19 좋은 입지는 어린이나 학생들이 많은 중소형 아파트가 많은 곳이다.(　　)

20 장사가 안 되는 입지보다 장사가 잘되어 권리금이 형성된 입지가 바람직하다.(　　)

21 가구점 같은 점포는 같은 종류의 상품을 취급하는 점포가 분산되어 있어 고객들의 분산적 흡인력이 있는 곳을 택한다.(　　)

22 우수 점포의 일반적인 조건은 버스 정류장에서 100m 이내인 지역, 버스 종착역 반경 500m 이내인 지역이 좋다.(　　)

23 우수 점포의 일반적인 조건 중에서 고등학교와 대학가 정문의 1000m 이내, 후문 500m 이내인 지역이 바람직하다.(　　)

24 우수 점포의 일반적인 조건에서 반경 500m 이내에 동일 업종이 3개 이상 없는 지역이다.(　　)

25 점포이전을 고려해야 할 시기는 경쟁 관계로 시너지 효과를 주던 업종의 매출이 줄어 어려움을 겪을 때이다.(　　)

26 일반적으로 소비재는 편의품, 선매품, 전문품, 사치품 등으로 분류한다.(　　)

27 새로운 역세권의 형성되는 경우에는 일반주택이 상가주택으로 변하면서 상권이 활성화되겠지만 상권의 범위만 넓어지면서 경쟁이 더욱 치열해지는 경우가 많으므로 주의해야 한다. (　　)

28 대부분인 중간 입지는 유동인구가 많더라도 목적지를 향해 가는 사람이 경유할 뿐 별로 도움이 되지 않는 곳이다. (　　)

29 권리금은 상가 등에서 흔히 발생하는 것으로 장사가 잘되어 기존 세입자에게 주는 웃돈으로 법의 보호를 받는다. (　　)

30 임대차계약의 내용이 변경되는 경우 반드시 사업자등록 관할 세무서에 정정신고를 할 필요가 없다. (　　)

4지 선택형 문제

26 상권의 범위를 결정하는 요인이 아닌 것은?

① 점포의 크기　② 취급하는 상품의 종류
③ 교통편의　④ 입지의 형태

27 소규모 사업 상권의 특징과 거리가 먼 것은?

① 접근의 용이성　② 상품의 다양성　③ 인구의 밀집성　④ 가격의 저렴성

28 지역을 기준으로 한 상권이 아닌 것은?

① 기생상권　② 지역상권　③ 지구상권　④ 점포상권

29 상권을 분류하는 경험적 방법에서 벗어난 것은?

① 1차 상권　② 2차 상권　③ 기생 상권　④ 한계 상권

30 소비재의 유형이 아닌 것은?

① 편의품　② 고급품　③ 선매품　④ 전문품

31 **상권분석의 3요소로 틀린 것은?**

① 입지요인 ② 매출요인 ③ 경쟁요인 ④ 교통요인

32 **입지요인에 해당하는 것은?**

① 점포형태 ② 사무지역 ③ 주거지역 ④ 상업지역

33 **입지형태에 해당되지 않는 것은?**

① 사무지역 ② 근린지역 ③ 주거지역 ④ 상업지역

34 **매출요인에 해당되지 않는 것은?**

① 입지형태 ② 교통형태 ③ 점포형태 ④ 이용가능성

35 **상권 내의 지역정보 수집에 대한 설명으로 바르지 못한 것은?**

① 통계청의 인구통계 자료 수집

② 성별과 연령별로 구분하여 생활방식 조사

③ 방송사, 신문사 및 분석기관에서 기존의 조사정보 수집

④ 본인이 직접 돌아다니면서 점포 수, 위치 등 관련 점포 동향 조사

36 **지역의 상권지도 작성에 대한 설명으로 가장 먼 것은?**

① 지구별 세대 수와 인구 수 등의 표시

② 업종별 점포 표시

③ 교통 이용 현황을 통하여 상권의 영향력 조사

④ 경쟁 점포의 표시

37 **상권 내 지역을 도보로 확인하는 설명으로 가장 먼 것은?**

① 성별과 연령별로 구분하여 생활방식 조사

② 거주지, 주거형태 및 차량 소유 정도 등을 이용하여 소득수준 파악

③ 고객들의 생활방식과 상품의 구매행동 파악

④ 해당 동사무소나 구청에서 소득수준, 학력, 가족 수, 연령 등 자료 조사

38 **소자본창업의 업종별 분류와 관계가 먼 것은?**

① 판매업 ② 임대업 ③ 외식업 ④ 교육 서비스업

39 **상권의 범위가 500m 이내에 적합한 업종이 아닌 것은?**

① 생활필수품 ② 일반 음식점
③ 대형 패스트푸드점 ④ 생활관련 서비스업

40 **5대 상권 중에 초보 창업자가 위험을 줄일 수 있는 상권은?**

① 주택가진입로상권 ② 아파트 상권
③ 오피스 상권 ④ 학교주변 상권

41 **실패한 상권분석의 설명으로 맞지 않는 것은?**

① 상권에는 계절, 요일 등 특수한 요인이 있다
② 유동 인구가 성공의 보증 수표는 아니다.
③ 유명 상권도 쇠락이 있다.
④ 소비자 방문 목적이 정해진 상권은 없다.

42 **유동인구를 대상으로 하는 영업의 입지유형은?**

① 정책형 입지 ② 적응형 입지 ③ 목적형 입지 ④ 생활형 입지

43 **입지선정 시 경영 외적 고려요인에 해당되지 않는 것은?**

① 역사적 요인 ② 입지정책적 요인 ③ 판매지향적 요인 ④ 사회경제적 요인

44 **판매지향적 요인의 고려 요인에서 벗어 난 것은?**

① 시장요인으로 현재 및 잠재고객의 크기, 소비의 빈도와 질, 전통 등
② 교통요인으로 고객의 접근비용, 접근수단의 다양성
③ 경쟁요인으로 동종 또는 대체품을 판매하는 경쟁자 수, 경쟁 강도 등
④ 시설요인으로 시공능력, 인테리어비용, 공간확대 가능성 등

45 **피해야 할 입지가 아닌 것은?**

① 내 가게 주변에 같은 업종의 큰 가게가 있는 곳
② 상권이 확대되는 곳
③ 맞은편에 상점이 있는 경우
④ 언덕 위에 있는 상점

46 **점포이전을 고려해야 할 시기에 해당되지 않는 것은?**

① 통행인의 보행속도가 늦어질 때
② 주변에 동일 업종이 문을 닫았을 때
③ 게임방이나 주점 등이 부쩍 늘어날 때
④ 점포 주변 거리의 유동인구가 현저하게 줄어든 때

47 **점포 선정 시 내부에서 확인해야 할 사항이 아닌 것은?**

① 전용면적의 실 평수 직접 확인
② 유동인구, 경쟁 점포의 규모와 영업형태 등
③ 점포의 전면길이와 바닥 모양 및 방향
④ 주차시설 유무와 사용료

48 **점포 계약 시 주의 사항으로 거리가 먼 것은?**

① 유동인구, 경쟁 점포의 규모와 영업형태 등
② 권리 유무의 확인
③ 건물의 용도가 상업용도인지 확인
④ 채권 확보 대책 확인

49 **권리금의 형태가 아닌 것은?**

① 시설 권리금 ② 영업 권리금 ③ 수익 권리금 ④ 입지 권리금

50 **바닥 권리금이라고도 하며 기존의 점포가 위치한 지역적 특성 때문에 다른 점포에 비하여 높은 수익을 얻고 있는 가치를 인정하여 임대료에 포함된 권리금은?**

① 시설 권리금 ② 영업 권리금 ③ 수익 권리금 ④ 입지 권리금

51 **상가 임차인에게 부여하는 주요 권리에서 벗어 난 것은?**

① 계약 갱신 요구권에 의해 최대 10년간의 임대차 존속기간 보장

② 건물을 인도받고 사업자등록을 하면 이후 건물 주인이 바뀌어도 임차권을 주장할 수 없는 대항력 인정

③ 보증금에 대해 우선변제권 보장

④ 연 5% 범위로 임대료 인상 한도 설정

57 **기존의 점포가 동종의 다른 점포에 비하여 높은 수익을 얻고 있는 가치로 널리 알려진 브랜드 이름, 탄탄한 단골고객 등으로 형성된 자산을 인정하여 별도의 대가를 지불하는 금액의 권리금은?**

① 시설 권리금 ② 특별 권리금 ③ 영업 권리금 ④ 입지 권리금

정답

01	X	02	O	03	X	04	X	05	X	06	O	07	X	08	O	09	O	10	X
11	X	12	O	13	X	14	X	15	O	16	O	17	X	18	X	19	O	20	O
21	X	22	O	23	X	24	O	25	X	26	X	27	O	28	O	29	X	30	X
31	④	32	③	33	①	34	③	35	②	36	④	37	①	38	②	39	③	40	②
41	③	42	④	43	②	44	③	45	②	46	④	47	②	48	③	49	④	50	③
51	①	52	②	53	①	54	③	55	④	56	②	57	③						

CHAPTER

07 사업타당성과 사업계획서

1. 사업타당성 분석

1.1 타당성 분석의 의의

사업타당성 분석은 관심 있는 아이템으로 사업을 시작했을 경우, 제품화의 과정을 거쳐 시장에서 수요를 창출하여 어느 정도의 성공할 가능성이 있는지를 체계적인 방법으로 분석하는 것이다. 이러한 분석은 창업의 진행여부를 최종적으로 결정하기 위해서도 필요하지만, 분석하는 과정에서 얻어지는 지식들이 향후의 사업에도 많은 도움을 준다. 또한 사업의 타당성을 분석하는 과정은 창업자의 경영능력을 향상시키고, 창업을 실패로부터 막는데 반드시 필요한 사전점검 장치이다.

사업위험을 예측해보고 피할 수 있는 위험에 대해서는 해결방법을 점검해야 하고 피할 수 없는 위험이나 예측할 수 없는 위험은 대응방안을 마련해야 한다. 그러므로 아무리 소규모 창업이나 구멍가게를 창업하더라도 기본적인 타당성 분석을 수행하고 주먹구구식 창업을 피해야 한다. 경쟁력 있는 아이템이라 할지라도, 타당성 분석을 하여 큰 손해를 미연에 방지할 수 있도록 세밀히 수행해야 한다. 돌다리도 두드려 보고 건너라는 격언은 창업을 준비하면서 타당성 검토를 거치라는 표현을 위한 것이라 해도 과언이 아니다.

1.2 타당성 분석의 필요성

1) 자신의 주관적이고 막연한 사업 구상에 머무르지 않고, 객관적이고 체계적인 관점에서 창업할 사업아이템의 타당성을 최대한 정확하게 분석하는 것은 창업의 성공률을 높일 수 있다.

2) 사업 타당성 검토를 통하여 구상하고 있는 사업의 각종 관련요소를 정확하게 파악하여 창업기간을 단축할 수 있고 효율적인 창업업무를 수행할 수 있다.

3) 창업자가 미처 생각하지 못했거나 독자적으로 점검하기 어려운 상품화계획, 아이템의 기술성, 시장성, 수익성, 안정성, 공익성 등 세부 항목에 대해서는 외부 전문가의 도움을 받아 분석함으로써 효율적인 창업을 할 수 있다.

4) 창업경영에 필요한 요인을 정확하게 파악함으로써 창업자의 경영능력 향상에 도움을 줄 뿐만 아니라 사업에 필요한 지식습득과 보완해야 할 사항을 미리 확인하여 사전조치를 취할 수 있게 된다.

1.3 타당성 분석의 내용

사업 타당성 분석은 일반적으로 판매 가능성, 제품의 기술개발 가능성, 수익성 및 자금조달 가능성, 경제성, 안정성 등의 조건을 분석하여 성공 가능성을 확인하고 비즈니스 전략을 수립하는 데 초점을 둔다.

1) 시장의 규모 및 시장 잠재력 분석

마케팅 및 판매와 관련된 시장분석(market analysis)은 회사를 설립하기 전에 생산 · 판매하고자 하는 특정 제품 및 서비스에 대한 현재와 미래의 시장트렌드를 예측해야 한다. 판매 가능성, 시장의 규모와 잠재성, 경쟁에서 성공할 가능성은 어느 정도 인가를 반드시 분석해야 한다.

2) 제품 및 기술개발 능력 분석

생산과 관련된 기술 분석(technical analysis)으로 제조기술, 타사 제품에 대한 품질의 우위성, 예상 판매량, 인력과 원자재의 조달능력이 있는가를 분석해야 한다. 특히 신제품일 경우 수요 창출 가능성의 검토, 기술적 수준과 적정한 원가 수준에서 생산할 수 있는 능력과 시설확보 가능성을 검토하고 분석해야 한다.

3) 재무 분석 및 자금 조달능력 분석

수익성을 평가하는 재무 분석(financial analysis)으로 새로운 사업이 적정한 수익률과 현금 흐름을 보장할 수 있을 것인가를 검토하는 것은 사업성분석에서 가장 중요한 요소가 된다. 예상 매출액에 따른 수입 · 지출 분석을 통하여 시설자금 및 운전자금의 확보와 조달능력을 분석해야 한다.

4) 창업자의 사업수행 능력과 장기적인 분석

창업자의 능력과 경영환경 및 시장분석을 통한 수요예측, 경상적인 운영비의 예측, 소비패턴, 경제상황, 국내 · 외 경제 동향에 관한 분석도 필요하다.

1.4 타당성(사업성) 평가 항목

1) 시장성 평가 – 얼마나 팔 수 있는가

① 창업하고자 하는 아이템의 총 시장규모

② 자기가 창업할 경우 전체 중에서 차지할 수 있는 예상 시장점유율

③ 예상 점유율을 기준으로 계산했을 때의 월간 예상매출액

④ 앞으로의 판매 확대 가능성 및 확보전략의 타당성

⑤ 판매 확대 가능성을 바탕으로 했을 때 예상되는 매출확대 추이

⑥ 매출확대 추이를 바탕으로 했을 때 향후 5년간의 연도별 예상매출액

⑦ 예상되는 아이템의 라이프 사이클

2) 생산성(기술성) 평가 – 상품을 생산하는데 발생할 문제

① 아이템의 효용성 문제

② 생산에 있어서의 기술적 문제

③ 기계장비적 문제

④ 입지조건적 문제

⑤ 인력수급 문제

⑥ 생산규모 문제

3) 경제성(수익성) 평가 – 이익의 규모

① 소요자금의 규모와 조달가능성

② 향 후 예상되는 수익성(투자금액의 5% 이자에 자신의 인건비를 더한 금액)

③ 추정 대차대조표, 추정 손익계산서 및 추정 현금흐름표

④ 손익분기점(break-even point) 분석

⑤ 추정 차입금 상환일정 분석

4) 공익성 평가 – 국가경제 또는 사회생활에 미칠 영향

① 창업하려는 아이템이 국가 경제에 부합성 파악

② 소비자들의 생활이나 정신 건강에 기여여부 파악

5) 정책성 평가 – 정부의 정책 방향에 부합

① 정부가 권장하는 창업분야인가 평가

② 규제 대상은 아닌지 혹은 앞으로 규제할 가능성은 없는지 파악

2. 사업계획서 작성

2.1 사업계획서의 의의

사업타당성 분석을 실시하여 그 결과가 긍정적이면 실행계획, 즉 사업계획을 수립하면 된다. 사업계획과 사업타당성분석은 서로 다른 것이지만, 사업계획을 수립할 때 사업타당성 분석이 전제가 되므로 실제로는 매우 밀접한 관계를 가지고 있다. 사업계획을 짜서 추진하게 되면 사업을 체계적으로 진행함으로써 쓸데없이 시간과 비용이 낭비되는 것을 막을 수 있고, 향후 발생할지도 모를 위험 요소를 미리 점검하고 해결 방안을 모색하여 사전에 대비할 수 있다. 또한 영업 개시 후 실적대비 분석의 기회로도 사용 가능하고 기타 주위에서 자금 등을 융통 받는데도 유용하게 사용할 수 있다.

사업계획서는 사업을 개시하기 전에 사업에 관한 모든 계획, 즉 사업의 내용, 경영방침, 기술성, 시장성, 수익성, 소요자금의 조달 및 운영계획, 인력 문제 등을 일목요연하게 정리하고 계수화 한 일체의 서류이다. 이는 창업자의 얼굴인 동시에 신용을 나타내는 사업에 대한 설계서이다. 특히 소자본으로 창업을 하려고 하는 예비창업자가 사업계획서 작성을 소홀히 하는 경우가 있는데, 사업계획은 규모가 큰 기업에만 필요한 것이 아니라 분식점을 창업하더라도 나름대로의 사업계획서는 필요하다. 사업계획서를 다른 사람에게 보이기 위해서 혹은 형식적인 것으로 생각하여 작성해서는 안 되고, 체계적인 분석을 바탕으로 정확성과 객관성이 유지되어야 하며, 전문성과 독창성을 갖춰서 보편타당하게 작성하여야 한다.

1) 사업계획서의 핵심내용

(1) 이 사업을 하게 된 이유, 즉 무엇이 사업기회인가를 제시한다.

(2) 이 기회를 어떻게 포착하고 활용할 것인지를 제시한다.

2) 사업계획서는 연구계획서가 아니다

(1) 추상적인 내용에서 벗어나 무엇을 어떻게 개발(선택), 생산, 판매하여 이익을 실현

할 것인가를 세밀하게 작성되어야 한다.

(2) 경제적 타당성뿐만 아니라 이 아이디어가 시장에서 소비자들이 어떻게 받아들여 질 수 있는가를 구체적으로 분석하여 설명해야 한다.

2.2 사업계획서의 용도

창업은 막연한 꿈이나 마음만으로 되는 것이 아니다. 단순한 계획이나 메모는 낙서와 같다. 사업계획서를 통하여 사업에서 달성해야 할 목표와 수행해야 할 업무를 설계하고, 객관적으로 사업타당성을 검토할 수 있게 작성되어야 한다. 사업계획서는 창업에 필요한 제반 사항을 점검하고 부족한 부분을 파악하여 사업을 할지 안할지를 결정하는 지침서가 되어야 한다. 또한 사업계획서는 계획적인 창업을 가능하게 하여 창업기간을 단축하여 주고, 발생 가능한 위험에 효율적으로 대처할 수 있게 하여 창업성공률을 제고시키는 지침서로 활용될 수 있다. 특히 소자본 창업자는 자금조달을 위해 사전에 철저한 사업계획을 세워서 은행, 지원기관, 외부투자가 등의 이해관계자들에게 사업성을 체계적으로 설명 가능하도록 구체적이고 객관적으로 작성되어야 한다.

1) 사업계획의 타당성의 검토와 시행착오 감소

창업에 필요한 사항을 빠뜨리지 않고, 계획성 있게 창업을 진행하고 위험에 효율적으로 대처하여 성공 가능성을 높이기 위하여 필요하다.

2) 동업자, 후원자, 유능한 인재 등을 설득

가족의 동의 및 창업에 도움을 줄 관계자들에게 사업에 대한 관심을 유도하고 설득하는 자료로 활용하기 위하여 필요하다.

3) 외부자금을 조달

사업에 필요한 자금을 출자할 금융기관과 투자자들에게 사업의 타당성, 수익성과 부채의 상환 가능성을 알리는 수단으로 이용하기 위하여 필요하다.

4) 대외 홍보와 거래처로부터 신용확보

이해관계자들에게 관심을 유도하고 사업을 홍보하는데 필요하고, 거래처에서 신용을 얻기 위해서 필요하다.

5) 창업지원기관을 이용

사업체의 장래성을 우수하게 평가받는데 필요하고, 각종 혜택과 협조를 받을 수 있는 지원기관들을 효율적으로 활용하기 위하여 필요하다.

6) 관공서 등록 등

사업자 등록과 인 · 허가 신청 등 관공서의 요구에 부응하기 위해 필요하다.

2.3 사업계획서의 종류

훌륭한 사업계획서는 판매할 제품과 서비스의 경쟁력뿐만 아니라, 영업개시 후 시장에서 생존 여부를 판단할 수 있는 자료를 제공하여 사업의 지속가능성에 초점을 맞추어 작성하게 된다. 창업자가 기획했던 것들을 정리하는 가이드로 활용하거나 외부투자를 받는 목적, 형식이나 내용 등에 따라 여러 형태로 작성할 수 있다.

1) 형식에 따른 사업계획서의 종류

(1) 고정형 사업계획서: 고정형 사업계획서는 미리 정해져 있는 사업계획서 형식에 맞추어 작성한 사업계획서를 말한다. 창업투자회사, 금융기관, 정부기관 등에서는 사업계획서 형식을 미리 작성해 놓고 신청자들로 하여금 주어진 형식에 따라 사업계획서를 작성하게 하여 이용된다.

(2) 자유형 사업계획서: 자유형 사업계획서는 작성자가 임의로 결정한 형식에 따라 작성한 사업계획서를 말한다. 자유형 사업계획서를 작성하는 경우도 사업계획서에 포함되어야 할 내용은 고정형 사업계획서와 유사하다.

2) 내용에 따른 사업계획서의 종류

(1) 요약 사업계획서: 요약 사업계획서는 사업 계획의 내용을 모두 포함시키지 않고, 요점만 간단히 정리한 사업계획서를 말한다. 투자자들이 요약 사업계획서를 읽은 뒤에 구체적인 정보를 원한다면 완전 사업계획서를 제공한다.

(2) 완전 사업계획서: 완전 사업계획서는 사업 계획의 모든 내용을 상세하게 설명하여 작성한 사업계획서를 말한다.

3) 사업형태에 따른 사업계획서의 종류

(1) 창업을 성공으로 이끌기 위한 기초 사업계획서

(2) 신규사업(사업다각화)이나 사업확장(시설투자)을 위한 사업계획서

(3) 벤처기업 확인을 위한 사업계획서

(4) 투자 유치를 위한 사업계획서

(5) 경영개선을 위한 사업계획서

(6) 정책자금을 지원 받기 위한 사업계획서

(7) 연구 · 기술개발을 위한 사업계획서

(8) 사업전환이나 M & A를 위한 사업계획서

2.4 사업계획서 작성

1) 사업계획서 작성을 위한 기초능력

사업계획서는 경영의 종합예술이라고 할 수 있다. 사업계획서를 잘 작성하려면 우선 창업에 필요한 회사의 사업방향과 추진전략을 명확히 알고 있어야 하며 PC활용, 회계 · 세무지식, 논리력과 기획력 등 다방면에 걸친 능력을 배양해야 한다.

(1) 회사의 사업방향과 추진전략을 명확히 숙지

영세하고 작은 규모의 회사라도 사업계획서를 작성하면서 사업방향을 확실히 설정하면서 숙지하는 것도 좋은 방법이다. 또한 사업계획서를 작성하는 과정에서 그동안 생각

만 하고 있었던 사업의 아이디어나 전략방향을 새로이 정리할 수 있는 기회를 얻을 수 있다.

(2) 정보를 수집 · 분석할 수 있는 능력

이제는 창업자가 필요로 하는 정보와 노하우가 어디에 있는지만 알면 되는 'Know-where'가 중요하다. 이렇게 구한 정보와 자료를 내 입맛에 맞게 분석 · 가공 · 표현할 수 있어야 한다.

(3) 논리력과 기획력

사업계획서를 작성하는데 있어서도 가장 필수적인 능력이 논리력이다. 비록 자료가 충분하지 못하고 시간에 쫓기더라도 논리정연하게 객관적으로 작성할 수 있어야 한다.

(4) 기본적인 컴퓨터 활용능력

처음에는 컴퓨터 문서작성이 익숙하지 않더라도 직접 작성하다보면 PC를 활용하는 능력도 향상될 것이고 더불어 순간순간 떠오르는 사업전략이나 아이디어를 사업계획서에 즉시 반영할 수도 있다.

(5) 재무제표에 대한 개략적인 이해와 분석 능력

고정형(외부용) 사업계획서는 대부분 자금조달의 용도로 작성된다. 이때 반드시 기초적인 재무제표에 대한 내용을 기재해야하는데, 내부적으로 사업예산이 편성되어 있는 경우에는 이를 활용하여 요약작성하면 되지만, 새롭게 작성 할 때는 기초적인 재무관련 지식이 있다면 많은 도움이 될 수 있다.

2.5 사업계획서 작성 시 주의사항

사업계획서는 자신을 위한 것이면서 이해관계자들과의 의사소통 수단이 되므로 작성할 때 필요한 기본사항이나 주의해야 할 사항들이 많다.

1) 기본적인 주의사항

(1) 신뢰성: 사업계획서를 누가 보든지 그 내용을 믿을만하다고 생각할 수 있도록 현실성과 객관성이 있게 작성되어야 한다. 이를 위해서 참고자료, 자료의 출처, 권위 있는 전문가 등을 표시하는 것이 좋다.

(2) 능력성: 창업자 및 경영진은 사업을 성공적으로 이끌어 나갈 수 있는 능력을 나타내면서 자신감이 배어 있고, 다른 사람을 설득할 수 있게 작성하여야 한다. 과거의 경험, 학력, 발명, 특허, 수상경력 등을 포함하여야 한다.

(3) 독창성: 계획하고 있는 사업이 기존의 다른 사업과 차이점을 설명하기 위하여 제조업은 핵심 제품 위주로 서비스업은 고객만족 포인트 등을 부각하여 특허, 제품 성능, 경영 방법, 진출하려는 시장의 특성 등을 명시하여야 한다.

2) 세부적인 주의사항

(1) 계획하는 사업과 그 사업의 잠재력에 관해서는 간결하고, 투자가의 관심을 끌 수 있는 내용만 포함시키고 자세한 것은 면담 때로 미룬다.

(2) 창업의 목적이 개인적인 이익만을 추구하는 것이 아니라 공공의 이익도 추구한다는 점을 제시하고, 사업의 내용을 지나치게 다양하게 하지 말아야 한다.

(3) 꼭 필요한 경우가 아니면 전문적인 용어 사용을 피하고, 기초자료를 바탕으로 단순하면서도 보편적으로 서술한다.

(4) 이해하지 못하는 사업에 투자하지 않으려 하므로, 생산품이나 공정 등을 설명하면서 전문가나 이해할 수 있는 전문 용어는 되도록 피한다.

(5) 근거가 불충분한 자료나 비논리적인 추정 같은 애매한 표현은 쓰지 말고, 사업내용을 알기 쉽게 구체적으로 설명하고, 실현가능한 계획을 담아야 한다.

(6) 사업의 현재 또는 잠재적인 문제점과 발생 가능한 위험요소를 기술하고, 그에 대한 대안을 제시함으로써 위기에 대한 대처능력을 명쾌하게 설명한다.

(7) 투자자, 지원기관들은 경영진에 대하여 알고 싶어하므로 경영진의 역량을 확실히 서술 하고, 법적인 내용, 재무 · 회계 상의 내용도 포함시켜야 한다.

2.6 사업계획서의 작성 요령

사업계획서는 창업자가 사업을 시작하기 전에 작성해야 하지만, 사업을 수행하는 중에 필요성을 느낄 때 작성하기도 한다. 급격한 환경 변화를 쫓아 아이디어만으로 창업을 했더라도 창업 후에 좋은 사업계획서를 작성해야 한다. 아이팝콘닷컴사는 사업계획서를 다섯 차례에 걸쳐 수정하고 전문가의 컨설팅을 받으면서 25만 달러를 지불하면서 사업계획서를 완성하기도 하였다.

사업계획서는 예비 창업자의 아이디어를 충분히 전달하기 위하여 현재의 상황과 미래의 변동 가능성을 추정하여 일목요연하게 계수화하여 작성한다. 따라서 기본적인 절차에 따라 작성해야 하며, 작성 후 검토 사항도 고려해야 한다. 또한 투자자들은 비타민보다는 진통제를 원하기 때문에 사업계획서를 작성하기 전에 내가 왜 사업을 하는지, 회사의 비전과 목표가 무엇인지를 생각하고, 사업동기를 명확히 하여 사업계획서에서는 이해관계자들에게 명쾌한 해답을 주어야 한다.

실리콘벨리에 요즘 당신이 설득해야 할 사람과 1층에서 엘리베이터를 함께 탔다면 내릴 때까지 짧은 시간동안 자신의 아이디어를 설득시킬 수 있어야 한다는 엘리베이터 피치(elevator pitch)라는 말이 있다. 사업계획서도 이처럼 명확하게 핵심내용을 정리하여 엔젤(angel)이나 벤처캐피탈리스트(venture capitalist) 및 잠재적인 투자파트너에게도 원하는 정보를 전달해야 하므로, 전문용어보다는 일반인도 이해하기 쉬운 용어를 사용하여 설득력 있게 작성해야 한다. 사업계획서에는 사업의 성격, 제품명, 자금규모 등의 일반적인 사항 외에 사업의 특성과 내용에 따라 필요한 내용을 추가하거나 변화시킬 수 있다.

1) 사업계획서에 담아야 할 핵심적인 내용

(1) 우리의 제품 또는 서비스는 무엇인가?

(2) 누가 고객인가, 즉 누구를 대상으로 팔 것인가?

(3) 누가 제품이나 서비스를 팔 것인가?

(4) 실제로 얼마나 많은 사람들이 이 제품을 살 것인가?

(5) 제품을 생산하는데 얼마의 자본이 필요하며, 어떻게 확보할 것인가?

(6) 제품의 가격은 어떻게 산정해야 하나?

(7) 언제 손익분기점(BEP)에 도달할 수 있을 것인가?

2) 사업계획서에 담아야 할 부수적인 내용

(1) 시장조사와 관련된 사항

(2) 경쟁과 관련된 사항

(3) 제품과 관련된 사항

(4) 고객과 관련된 사항

(5) 목표시장과 마케팅전략에 관련된 사항

(6) 현실에서의 기회와 위협요인 사항

(7) 자금조달과 관련된 사항

성공사업은 올바른 기업가정신과 사업계획서 준비가 핵심

2018년 7월 취업자 수 증가폭은 5000명으로 2010년 1월 이후 8년6개월 만에 취업률이 가장 부진하다는 통계청 조사 결과가 발표됐다. '고용재난'이라는 말이 나올 정도로 취업시장이 얼어붙은 상황에서 청년창업을 통해 돌파구를 마련해보려는 인구가 늘어나고 있는 반면, 실제 취업을 준비하는 청년들 또한 좁아진 취업문을 체감하고 있는 현실이다.

이러한 어려운 상황에 직면한 청년들은 안정된 창업 아이템을 찾기 위해 많은 노력을 기울이고 있지만 지난해 자영업자의 폐업율 1년 전보다 10% 이상 높아진 87.9%로 역대 최고치를 기록했다는 결과처럼, 안정된 창업 아이템을 찾기란 쉬운 일은 아니다.

이와 더불어 조기퇴직자를 비롯하여 4050세대, 즉 베이버붐 세대들의 창업 실패율은 약70% 이상으로 더욱더 심각한 상태이며, 특히 2, 30대 청년창업의 실패율은 1년이내에 거의 90%이상으로 매우 심각한 실정임을 직시하여야 한다. 이에 대한 창업실패의 원인을 살펴보면 창업자들의 대다수가 오로지 사업아이템에 대한 자신감만으로 창업을 하는 경우가 대부분이며, 사업아이템에 대한 철저한 시장분석, 기술분석, 재무분석 등 철저한 사업성 분석을 통한 사업 준비와 전개에 대한 사전 시뮬레이션 없이 스타트업 하는 것이 가장 큰 문제점이라 볼 수 있다. 또한 제4차산업혁명 및 ICT산업 등 시대적인 산업기술의 발달로 다양한 분야의 기술개발 및 산업

경제 발전의 이슈에 따른 글로벌 시대의 환경에서 특히 국내의 불안전한 경기와 더불어 기업도산, 구조조정, 조기퇴직, 명예퇴직, 은퇴, 폐업, 사업전환, 창업 및 재창업 등으로 청년실업은 물론 창업에 대한 문제는 날로 심각한 현실임에 직면하고 있다.

한국BoB경영연구소의 임용일 대표는 최근 수년간 대상으로 다양한 사업아이템으로 도전하려는 예비창업자, 청년창업자, 재창업자, 기존사업자 등 수많은 사업자를 대상으로 교육, 멘토링, 컨설팅, 심사 등의 수년간의 경험에서 볼 때 거의 대부분 창업자들은 첫 번째 기업가정신의 역량부족, 두 번째 검정되지 않는 사업아이템, 세 번째 자기 합리화로 막연한 사업전개, 끝으로 맹목적인 자기 아집과 고집 등의 문제점을 나열할 수 있으며, 구체적이고 체계적인 사업아이템에 대한 사업성 분석을 통한 올바른 사업 방향과 전략을 설정하지 못함은 물론 사업계획서 준비도 없이 무리한 도전과 투자로 인하여 성공의 부푼 기대는 한순간 전락되며, 사업 실패자, 사회 낙오자 등으로 엄청난 고통을 경험할 것임은 자명한 것이다. 한편, 정부정책 자금지원 사업을 추진하기 위한 여러 관련기관들의 사전 교육구성을 살펴보면 다양한 주제의 교육도 중요하지만, 특히 창업 대상자의 현실적인 입장에서 가장 우선적으로 필요한 기업가정신, 사업성 분석, 사업방향, 사업계획 수립 등 중심으로 현실적이고 실질적인 교육 프로그램 운영과 동시에 체계적인 멘토링과 컨설팅 등을 통하여 보다 효과적인 지도가 필요함은 권고하고 있다.

사업자들의 사업 아이템(제품, 기술, 서비스 등)으로 어떻게 사업할 것인지. 즉 사업자 본인의 입장에서 사업의 목표를 우선 설정하고 그다음 사업 아이템에 대한 비즈니스 모델을 통하여 시뮬레이션을 해보아야한다. 즉 "사업 아이템에 대한 고객가치와 시장분석, 수익구조 및 사업 활동 핵심요소 등 비즈니스 모델을 통하여 시뮬레이션과 사업성 분석 즉 시장, 기술, 자금조달, 재무 등에 대한 세부적인 분석을 통하여 사업 방향에 대한 철저한 사업계획 수립과 준비가 우선임을 명심해야한다. 즉 기술보다는 시장을 통한 고객가치 중심으로 철저한 비즈니스 모델 수립과 사업성 분석을 통한 사업계획서 준비가 최우선임을 분명히 명심해야한다"고 강조했다.

출처: 뉴스메이커(2019.2.6)

3. 사업계획서 사례

인터넷게임방 사업계획서

2016. . .

(주) OOO

* 소상공인지원센터 교재 사례

1. 회사현황

1) 회사개요

업 체 명	(주) OOO		
대표자명	OOO	주민등록번호	12456-0000000
자택전화번호	02-555-0000	휴 대 폰	01*-123-0000
사업장소재지	서울특별시 ㅇㅇ구 ㅇㅇ동 ㅇㅇㅇ번지		
업 태	서 비 스	종 목	멀티게임장
창업(예정)일자	XXXX. XX. XX	종업원수(예정)	3명
특기사항			

2) 창업자의 인적사항

성 명	OOO	주민등록번호	123456-0000000	
주 소	서울. ㅇㅇ구. ㅇㅇ동		전화번호	02-555-0000
학 력	기 간	학 교 명	전 공	수학상태
	1974~1977	ㅇㅇ고등학교		졸 업
	1977~1980	ㅇㅇ대학교	창업학과	졸 업
경 력	근무기간	근 무 처	담당업무	직 위
	1981~1989	OOO (주)	영업관리	과 장
	1989~2001	OOO (주)	자금관리	부 장

2. 사업계획

1) 사업의 동기 및 개요

가) 사업의 동기

본인은 재직 중이던 회사의 부도로 인하여 XXXX년 XX월 회사를 사직하였다. 회사를 사직하고 취업을 하려해도 나이 때문에 여의치 않아 생계유지 차원에서 인터넷멀티게임장(PC방) 창업을 계획하게 되었다. 본 사업을 아이템으로 정한 동기는 현재 하고 있는 친구의 권유로 관심을 가지고 조사하여 본 결과 본인의 적성, 수행능력, 자금력, 투자수익 등이 적정하다고 판단되어 결심을 하게 되었다.

나) 사업의 개요

멀티게임장(인터넷게임방)이란 인터넷을 통해 여러 사람이 동시에 게임을 즐기거나 게임 CD-ROM을 이용해 게임을 하는 것으로 고속 인터넷 전용회선을 네트웍게임과 CD 게임 정보검색 문서작성 등 다양한 서비스를 시간당 1,200~1,500원 이하의 비용으로 이용케 하는 사업이다.

2) 판매계획

구 분	금 액	산출근거
PC 이용료	120,000,000	30대 × 8시간 × 1,360원 × 30일 × 12개월
OA 이용료	2,200,000	1일 스캐너, 프린터 30장기준
음료수판매	6,400,000	30개/1일 @600원
컵라면판매	3,600,000	10개/1일 @1,000원
자판기수입	4,300,000	40잔/1일 @300원
합 계	136,500,000	

3) 상품구매계획(비용)

구 분	금 액	산출근거
음 료 수	3,800,000	30개/1일 @350원
컵 라 면	2,200,000	10개/1일 @650원
자 판 기	1,200,000	40잔/1일 @80원
용지/카트리지	500,000	
게임타이틀	4,000,000	
합 계	11,700,000	

4) 소요자금 및 조달계획

가) 소요자금

구 분	내 용	금 액	비 고
(시 설 자 금)			
1. 건 물	임차보증금	25,000,000	
2. 집기비품	컴퓨터 외	71,000,000	명세서 참조
3. 창 업 비	개업비	4,000,000	
소 계		100,000,000	
(운 전 자 금)			
1. 급 료		2,800,000	2개월분
2. 판매관리비		7,200,000	2개월분
소 계		10,000,000	
합 계		110,000,000	

나) 집기비품 명세서

품 명	수 량	단 가	금 액	비 고
인테리어비	30평	400,000	12,000,000	
컴 퓨 터	30대	1,400,000	42,000,000	
간 판	1식	3,000,000	3,000,000	
책 상	30개	80,000	2,400,000	
의 자	30개	60,000	1,800,000	
에 어 콘	1식	2,000,000	2,000,000	
온 풍 기	1식	1,000,000	1,000,000	
냉온수기	1식	1,000,000	1,000,000	
랜 공 사			300,000	
허 브			1,000,000	
프 린 터	1대		400,000	
스 캐 너	1대		600,000	

품 명	수 량	단 가	금 액	비 고
소프트웨어			3,500,000	
소 계			71,000,000	

다) 자금조달 계획

구 분		시설자금	운전자금	
자본금	자기자금	70,000,000		
소계		70,000,000		
조달	지원자금	30,000,000	10,000,000	소상공인지원자금
	소 계	30,000,000	10,000,000	
합계	100,000,000	10,000,000		

3. 고정비 계획

구 분	금 액	비 고
급 료	16,800,000	1,400,000 × 12개월
임대료	12,000,000	1,000,000 × 12개월
통 신 비	10,800,000	900,000 × 12개월 512Kbps
수도광열비	6,000,000	500,000 × 12개월
지급이자	3,200,000	40,000,000 × 8.0%
복리후생비	3,600,000	300,000 × 12개월
감가상각비	23,600,000	71,000,000/3년
합 계	136,400,000	

4. 입지 · 상권분석

가) 입지현황

주 　 소: 서울 ○○구 ○○동 289번지 민부빌딩 2층

소 유 자: ○○○○ 주식회사

면 　 적: 100평방미터

소 　 유: 임차

보 증 금: 25,000,000(월세 1,000,000원)

나) 사업장 상권분석

① 유동인구 분석(시간당 10분 파악한 수 × 6 = 1시간당 유동인구) (단위: 명)

구 분	15시		17시		19시		21시		23시		합 계	
	평일	주말	평일	주말	평일	주말	평일	주말	평일	주말	평일	주말
남 자	150	200	170	150	200	220	180	200	150	180	850	950
여 자	120	150	110	110	180	150	150	160	110	160	670	730
합 계	270	350	280	260	380	370	330	360	260	340	1,520	1,680

② 주요 대상고객인 10대의 주시간대 유동인구 분석 (단위: 명)

나이	15시		17시		19시		21시		23시	
	남/여		남/여		남/여		남/여		남/여	
	평일	주말	평일	주말	평일	주말	평일	주말	평일	주말
10대	150/120	200/150	170/110	150/110	200/180	220/150	180/150	200/160	150/110	180/160
20대	60/120	120/80	70/30	130/40	80/50	130/70	150/120	160/150	200/200	200/180
30대	80/100	100/200	90/90	120/110	90/130	100/120	200/290	100/300	200/200	180/150
40대	80/110	90/130	90/100	110/100	70/150	80/110	100/160	120/190	250/150	200/180
50대	60/60	50/70	50/60	40/60	50/50	10/60	60/70	70/90	110/80	90/60
합계	430/410	560/630	470/390	550/420	490/560	570/510	690/790	650/890	910/740	850/730

③ 거주형태 분석 (단위: 가구)

구 분	반경 100m 내	반경 300m내	반경 500m내
아 파 트	3,492	5,407	7,107
단독주택	480	577	683
합 계	3,972	5,984	7,790

④ 주위 학교 현황(학생 수) (단위: 명)

ㅇㅇ 초등학교	1,700	ㅇㅇ 중학교	1,000
ㅇㅇ 초등학교	1,500	**합 계**	**4,200**

⑤ 사업장 입지환경 분석

구 분	입 지 환 경	비 고
점포형태	• 신축 후 5년된 근린상가건물 지상 5층, 지하 1층 중 1층으로, 동 상가에 제과점1, 음악학원1, 단과학원1, 사진관1, 미용실1, 음식점1 등이 있으며, 사업장면적은 약 15평임	• 건물외양은 양호하며 근대식임
통행량 집중분포 시간	• 저녁 6시경으로, 버스정류장은 30m, 지하철역은 250m 걸리는 곳에 위치함	• 도로상태는 편도 2차선으로 폭 12임
경쟁업체 수	• 주위에 경쟁업체는 총 7업체로 경쟁이 치열하나 수요층을 감안한다면, 아직은 공급의 여지가 남아있다.	• 사업장은 상가중심지역에 소재
접근성, 발전성	• 접근성은 양호하며 거주지와 가까움 • 발전성은 주위 세대수가 많고, 소득수준은 월 평균 2백만 원 정도로 추정되며, 향후 주위상권도 추가 형성될 것으로 보임	• 주택가, 대로변 • 주요고객은 초, 중, 고등학생, 학부모
주변상권 유동인구	• 유동인구는 1일 3,000명 정도로, 고정상권 지역이며, 학원 10곳, 제과점 3곳, 음식점, 이 · 미용실 등이 분포 되어 있음.	• 점포주변 주차가능

다) 사업장 약도

5. 시장성 및 시장현황

현재 전국의 멀티게임장은 약 15,000여개에 달하여 경쟁이 치열한 것은 사실이다. 그러나 최근 들어 종전의 게임위주에서 인터넷광고, 인터넷공부방, 사이버모의고사, 사이버증권객장, 인터넷영화관으로의 활용이 급속히 증가하는 추세이다.

현재 국내의 컴퓨터 보급율은 약 30% 정도로 조사되고 있으며, 그 중 각 가정의 PC 보급률은 15~20%로 추정하고 있다. 현재 대학생 중 컴퓨터에 익숙하지 못한 사람이 전체 학생의 50%이상이라는 통계를 감안할 때 앞으로 나타날 잠재고객의 수는 실로 엄청난 것이라 아니할 수 없겠다. 누구나 어느 때든 저렴한 이용 요금으로 자유로이 최고급 사양의 컴퓨터를 자유롭게 사용할 수 있게 한다면 그 이용자는 점차 증가할 것으로 전망된다.

6. 사업추진일정

가) 입지선정

나) 지방자치단체 등록제한 여부 확인

다) 장비구입 및 전용선 설치 계약

라) 인테리어 공사

마) 랜공사 및 시운전

바) 오픈 및 영업

7. 추정손익 계산서

(단위: 원)

과 목	금 액	비 고	
Ⅰ.매출액		136,500,000	
Ⅱ.매출원가		11,700,000	
Ⅲ.매출이익		124,800,000	
Ⅳ.일반관리비		72,800,000	
1. 급 료	16,800,000		
2. 임 대 료	12,000,000		
3. 통 신 비	10,800,000		
4. 수도광열비	6,000,000		
5. 복리후생비	3,600,000		
6. 감가상각비	23,600,000		
Ⅴ.영업이익		52,000,000	
Ⅵ영업외 비용		3,300,000	
1. 지급이자	3,300,000		
Ⅶ.영업외 수익		0	
Ⅷ.경상이익		48,700,000	
Ⅸ.특별손실		0	
Ⅹ.특별이익		0	
XI.세전순이익		48,700,000	
XII.소득세등		10,700,000	
XIII.당기순이익		38,000,000	

첨부서류

1. 이력서 및 주민등록등본
2. 사업예정지 부동산등기부등본
3. 도시계획확인원
4. 거주주택 부동산등기부등본
5. 견 적 서(시설)

연습문제 CHAPTER 07

O X형 문제

01 사업의 타당성 분석은 고려하고 있는 아이템이 시장에서 수요를 창출하여 어느 정도의 성공할 가능성이 있는지를 체계적인 방법으로 분석하는 것이다.(　　)

02 사업의 타당성을 분석하는 과정은 창업자의 경영능력을 향상시키고, 창업을 실패로부터 막는데 반드시 필요한 사후점검 장치이다. (　　)

03 창업할 사업아이템의 타당성을 최대한 정확하게 분석하는 것은 창업의 성공률을 높일 수 있다.(　　)

04 사업 타당성 분석은 일반적으로 팔릴 가능성, 제품의 기술개발 가능성, 수익성 및 자금조달 가능성, 창업자의 도덕성, 경제성 등의 조건을 분석한다.(　　)

05 시장분석은 판매 가능성, 시장의 규모와 잠재성, 수익성이 어느 정도 인가를 반드시 분석해야 한다.(　　)

06 재무분석에는 새로운 사업이 적정한 수익률과 현금 흐름을 보장할 수 있을 것인가를 검토하는 것이다.(　　)

07 경제성 평가는 시장에서 얼마나 팔 수 있을 것인가를 평가한다.(　　)

08 시장성 평가에는 월간 예상매출액이 포함된다.(　　)

09 규제 대상은 아닌지 혹은 앞으로 규제할 가능성은 없는지 분석하는 것은 정책성평가이다.(　)

10 사업계획서는 창업자의 얼굴인 동시에 신용을 나타내는 사업에 대한 설계서이다.(　)

11 사업계획서는 사업을 개시하기 전에 사업에 관한 모든 계획, 즉 사업의 내용, 경영방침, 기술문제, 시장성, 수익성, 소요자금의 조달 및 운영계획, 인력 문제 등을 일목요연하게 정리하고 계수화 한 일체의 서류이다.(　)

12 체계적인 사업성 분석을 바탕으로 정확성과 객관성이 유지되어야 하며, 전문성과 독창성을 갖춰서 전문적으로 작성하여야 한다.(　)

13 경영을 한다는 것은 사업과 관련된 일체의 상황을 계획(Plan)하고 실행(Do)하고 통제(See)하는 것을 말하지만 그 중에서도 실행이 중요하다.(　)

14 사업계획서는 연구계획서와 유사하다.(　)

15 사업계획서를 통하여 사업에서 달성해야 할 목표와 수행해야 할 업무를 설계하고, 객관적으로 사업타당성을 검토할 수 있게 작성되어야 한다.(　)

16 사업계획서는 계획적인 창업을 가능하게 하여 창업기간을 단축하여 주고, 발생 가능한 불확실성에 효율적으로 대처할 수 있게 하여 창업성공률을 제고시키는 전략서로 활용될 수 있다.(　)

17 사업계획서는 동업자, 후원자, 유능한 인재 등을 찾기 위해서는 필요치 않다.(　)

18 자유형 사업계획서를 작성하는 내용은 고정형 사업계획서와 유사하지 않다.(　　)

19 완전 사업계획서는 사업 계획의 모든 내용을 상세하게 설명하여 작성한 사업계획서를 말한다.(　　)

20 사업계획서는 경영의 종합예술이라고 할 수 없다.(　　)

21 이제는 내가 필요로 하는 정보와 노하우가 어디에 있는지만 알면 되는 'Know-how'가 중요한 시대이다.(　　)

22 고정형(외부용) 사업계획서는 대부분 자금조달의 용도로 작성된다. 이때 반드시 재무제표에 대한 내용을 기재해야 한다.(　　)

23 사업계획서에는 계획하고 있는 사업이 기존의 다른 사업과 차이점을 설명하기 위하여 제조업은 핵심제품 위주로 서비스업은 고객당 매출액 등을 부각시킨다.(　　)

24 사업계획서에는 계획하는 사업과 그 사업의 잠재력에 관해서는 간결하게, 투자가의 관심을 끌 수 있는 내용만 포함시키고 자세한 것은 면담 때로 미룬다.(　　)

25 벤처캐피털의 개념을 만든 인물은 고든 무어(Gordon Moore)이다.(　　)

26 사업계획서에 담아야 할 핵심문제에는 손익분기점(bep)의 도달시기는 포함되지 않는다.(　　)

27 자유형 사업계획서는 작성자가 임의로 결정한 형식에 따라 작성한 사업계획서를 말한다. ( )

28 업계획서를 누가 보든지 그 내용을 믿을만하다고 생각할 수 있도록 현실성과 객관성이 있게 작성되어야 한다. 이를 위해서 자신의 지식과 경험, 주장을 강하게 나타내어야 한다.( )

29 사업계획서에 담아야 할 부수적인 내용은 누가 고객인가, 즉 누구를 대상으로 팔 것인가를 담아야한다.( )

4지 선택형 문제

30 사업타당성 분석의 필요성과 관계가 먼 것은?

① 객관적이고 체계적인 관점에서 창업할 사업의 타당성을 최대한 정확하게 분석
② 구상하고 있는 사업의 각종 관련요소를 정확하게 파악
③ 창업자의 경영능력 향상에 도움
④ 인허가를 받을 때 필요

31 사업타당성 분석의 내용이 아닌 것은?

① 시장의 규모 및 시장 잠재력 분석　② 제품 및 기술개발 능력 분석
③ 창업지원기관 분석　④ 재무분석 및 자금 조달능력 분석

32 사업성 평가 항목으로 틀린 것은?

① 시장성 평가　② 윤리성 평가　③ 생산성 평가　④ 정책성 평가

33 예상되는 상품의 라이프 사이클은 어느 평가항목 인가?

① 시장성 평가　② 윤리성 평가　③ 생산성 평가　④ 정책성 평가

34 **사업계획서의 용도와 관계가 먼 것은?**

① 사업계획의 타당성의 검토와 시행착오를 줄이기 위하여
② 동업자, 후원자, 유능한 인재 등을 찾기 위하여
③ 구상하고 있는 사업의 각종 관련요소를 정확하게 파악하기 위하여
④ 대외 홍보와 거래처로부터 신용확보를 위하여

35 **작성자가 임의로 결정한 형식에 따라 작성한 사업계획서란?**

① 고정형 사업계획서　　② 자유형 사업계획서
③ 약식형 사업계획서　　④ 완전형 사업계획서

36 **사업형태에 따른 사업계획서의 종류가 아닌 것은?**

① 창업을 성공으로 이끌기 위한 기초 사업계획서
② 벤처기업 확인을 위한 사업계획서
③ 경영개선 위한 사업계획서
④ 인재유치를 위한 사업계획서

37 **사업계획서 작성을 위한 기초능력과 관계가 먼 것은?**

① 회사의 사업방향과 추진전략을 명확히 숙지
② 정보를 수집 · 분석할 수 있는 능력
③ 창의성과 인간관계 능력
④ 재무제표에 대한 개략적인 이해와 작성 능력

38 **사업계획서 작성 시 기본적인 주의사항이 아닌 것은?**

① 신뢰성　② 전문성　③ 능력성　④ 독창성

39 **사업계획서가 제시해야 할 핵심문제와 관계가 없는 것은?**

① 자금조달을 어떻게 할 것인가?
② 누가 고객인가, 즉 누구를 대상으로 팔 것인가?
③ 누가 제품이나 서비스를 팔 것인가?
④ 실제로 얼마나 많은 사람들이 이 제품을 살 것인가?

40 **사업계획서의 구성요소에 포함되지 않는 것은?**

① 기업체 현황 ② 조직 및 인력 현황
③ 주식배당 계획 ④ 시장성 및 마케팅 계획

정답

01	O	02	X	03	O	04	X	05	X	06	O	07	X	08	X	09	X	10	O
11	O	12	X	13	X	14	X	15	O	16	O	17	X	18	X	19	O	20	X
21	X	22	O	23	X	24	O	25	X	26	X	27	O	28	X	29	X	30	④
31	③	32	②	33	①	34	③	35	②	36	④	37	③	38	②	39	①	40	③

CHAPTER 08 창업실행 단계

1. 창업자금 계획

1.1 창업자금의 의의

예비창업자들의 고민중에 창업자금에 대한 고민은 가장 큰 항목 중 하나다. 창업의 성패는 인적 네트워크 능력에 달린 것이 아니라 자금의 동원능력에 달려 있다. 소자본 창업에 필요한 자금으로는 시설자금과 운전자금, 예비자금이 있다. 시설자금은 사업장을 확보하는 비용, 권리금, 사업장에 필요한 간판, 인테리어, 집기 및 비품의 구입비 등이 포함되며, 운영자금에는 사업을 시작하여 현금이 들어올 때까지 운영에 필요한 재료비, 인건비 및 기타 경비 등이 포함된다. 우리나라는 창업 때 자기자본 대 타인자본 비율이 7 대 3으로 출발하여 창업 후에는 많은 대출수요로 인해 3 대 7이 되는 경향이 있다. 반대로 미국은 3 대 7로 출발하여 7 대 3이 되어 안정된 자금흐름을 보인다. 최근 미국에서는 창업 때 자기자본과 타인자본 비율을 2 대 8로 낮추어 예비 창업자들이 쉽게 사업을 시작하게 하고 있다.

1.2 자금계획 시 고려사항

1) 필요한 자금의 규모를 정확하게 추정

사업에 필요한 설비자금, 운영자금 및 예비자금을 조사하여 필요한 자금의 규모를 산출하여 자금계획에 맞추어 세부적인 지출계획을 수립하고, 월별 자금 흐름도를 작성하여 매월 말에 계속적으로 수정, 보완해야 한다. 또한 창업에 필요한 자금의 규모가 결정되면 자금을 조달할 때 지불되는 조달비용, 조달의 안정성 및 조달의 난이도 등을 충분

표 8-1 창업자금 계획서

<table>
<tr><th>구분</th><th>분류</th><th colspan="2">내용</th><th>금액</th></tr>
<tr><td rowspan="3">자금의 유형</td><td>시설자금</td><td colspan="2">권리금, 가맹보증금, 간판, 인테리어, 임차보증금, 집기비품구입비, 제조설비, 부대시설, 차량운반구, 인허가비용, 설계비 등</td><td></td></tr>
<tr><td>운영자금</td><td colspan="2">개업비, 재료비, 인건비, 광고선전비, 초도 상품비, 개업기념품 관리비, 소모품비, 공과금, 운반비, 렌탈비, 차입금 이자 등</td><td></td></tr>
<tr><td>예비자금</td><td colspan="2">최소한 시설자금과 운전자금 합계의 10% 이상</td><td></td></tr>
<tr><td rowspan="6">자금의 조달</td><td rowspan="3">자기자본</td><td>창업자자금</td><td>예금, 퇴직금, 유가증권, 부동산매각대금</td><td></td></tr>
<tr><td>현물출자금</td><td>창업자나 투자가가 보유한 현물</td><td></td></tr>
<tr><td>투자가자금</td><td>주주 출자금, 동업자 자금, 기관투자가 자금</td><td></td></tr>
<tr><td rowspan="3">타인자본</td><td>정 책 금 융</td><td>창업지원 자금</td><td></td></tr>
<tr><td>일 반 금 융</td><td>은행, 신용금고, 보험사, 리스 등</td><td></td></tr>
<tr><td>사 채</td><td>친인척, 동료, 지인, 사금융 등</td><td></td></tr>
</table>

히 고려하여 자금계획을 세워 자본구조가 최적으로 구성되도록 자금을 조달해야 한다. 자금계획서를 작성할 때 모든 항목과 예상비용을 정확하게 예측한다고 해도 예상치 못한 상황의 발생으로 당황하게 되거나, 큰 손실을 입을 수 있는 일이 발생할 수 있으므로 어느 정도의 예비자금까지 고려하여 계획을 세워야 한다.

2) 자금의 조달 방법과 조건들을 고려

대부분의 소자본 창업자들은 자기자본이 적어 다른 곳에서 자금을 조달해야 하는 경우가 많다. 주변의 친지나 개인으로부터 빌리거나 금융기관에서 대출을 받게 되는데, 사전에 대출조건, 상환방법, 기간 및 이자율에 대해서 다양한 정보를 조사하여 창업이나 영업에 지장을 주지 않게 준비되어야 한다. 특히 소규모 자영업자는 공과 사를 정확히 구별하는 것이 힘든 면이 있더라도, 점포 운영비와 집안 생활비를 분리하여 관리하여야 사업의 성과와 자금의 흐름을 정확하게 파악할 수 있다.

3) 운영자금의 중요성을 인지

시설자금에는 관심을 많이 갖지만, 운영자금은 소홀히 하여, 시설을 잘 해 놓고도 운영자금 문제로 영업에 전념할 수 없는 경우가 많다. 운영자금부족으로 소극적인 경영을 하는 기간이 길어지면 사업기반을 잡을 기회를 놓칠 수 있다. 사업은 내 돈으로 하는 것이 아니라고 말하는 사람도 있지만, 소자본 창업자에게는 신용이나 자금조달능력이 낮으므로 예상되는 자금규모의 1.5배 정도를 준비하거나 현금화할 수 있는 대안이 필요하다.

4) 금융기관이나 지원기관을 잘 알고 적절히 이용

소자본 창업자는 객관적인 신용도가 낮아서 처음부터 금융기관이나 지원기관에서 자금을 조달하는 것이 쉬운 일이 아니다. 가급적이면 하나의 금융기관을 주거래은행으로 이용하여 신용도를 높이고, 지원기관에 대한 각종 정책자금 정보를 많이 알아두어 필요한 조건을 준비하여 사업에 활용한다.

2. 자금조달과 운영

2.1 자금의 조달

대부분 개인기업의 경우는 창업자가 자금을 조달하게 되고, 법인기업은 주식과 사채를 발행하여 주주나 투자가들에게서 자금을 조달하게 된다. 사업이나 경제는 돈의 흐름이 좌우하지만, 그 흐름을 운용하고 관리하는 것은 사람이므로 나를 도와줄 수 있는 사람과 이용할 수 있는 정책기관을 자세히 알고 있어야 한다. 또한 창업을 하고 기업을 운영하는데 적정한 자금규모는 어느 정도인지를 결정하는 것은 쉬운 일이 아니므로 외부기관에서 자금조달할 때는 다음과 같은 점을 고려해야 한다.

1) 신용관리

일단 가장 먼저 고려하고 관리해야 할 부분은 신용에 대한 관리이다. 신용은 개인사업자의 경우 대표자 개인의 신용을, 법인사업자의 경우 대표자의 신용과 주주의 신용, 기업의 신용을 함께 관리해야 한다. 정책기관에서는 일반적으로 신용에 대해 제한을 걸어두었다. 직접적인 언급은 없지만, 마지노선 5~6등급을 보고있으며 6등급 보다 낮을경우 정책기관에서는 대출한도가 나오지 않는다며 거절하는 경우가 대다수이다.

2) 가점사항 확인

정부 정책에 기인하여 가점을 부여하여 비교적 자금을 조달하는데 도움이 되는 장치라고 볼 수 있다. 가점은 여러가지 있지만 일반적으로 창업교육, 여성기업, 장애인기업, 녹색기업 등이 언급되고 자금의 용도에 따라 인증이나 인 · 허가에 대해서도 가점을 부여하기도 한다. 매년 신청자가 많아 경쟁률이 워낙 치열해져서 가점을 보유하고 있는 기업이 우선적으로 자금을 받고 있는 상황이 계속되고 있는 상황이니 가점을 미리 확보해두는 것이 좋다.

3) 정책사항 확인

정책기관이 자금을 집행할 때 모든 기업을 대상으로 예산 계획을 수립하는 것은 아니다. 매년 지원정책의 방향이 정해지면 일자리 창출 능력이 높고 일자리 안정자금을 받는 기업이 우선적인 수혜를 받고 있는 실정이다. 업종이나 분야 등 산업군을 담고 있는 경우도 있는데 해마다 변경이 되기보다는 산업군의 개편에 따라서 우대하는 업종을 사전에 고시하고 있는 경우가 대부분이니 창업자들은 꼭 체크해 두어야 한다.

4) 자금조달의 기초사항 확인

(1) 업종마다 정책자금을 받을 수 있는 한도가 다르다.

(2) 정책자금은 공짜가 아니다.

(3) 거치기간 및 금리가 은행권에 비해 유리하지만, 금리는 기업의 신용에 따라 달라질 수 있다.

(4) 정책자금은 직접대출과 간접대출로 나뉘어 있다.

(5) 신용과 기술로 구분하여 보증기관 이용이 달라진다.

(6) 보증기관에서 발급한 보증서를 가지고 은행을 통해 자금을 받는 것이 간접대출이다.

(7) 1억 미만의 자금조달의 경우 신보와 기보를 이용하거나 소상공인시장진흥공단을 이용하는것이 좋다.

2.2 자금의 운용

자금운용이란 조달된 자금을 기업의 목적에 맞게 계획, 통제, 조정함으로서 기업가치를 극대화하고 유동성을 유지하고자 하는 활동이다. 창업자에게 자금의 조달이 큰 문제이지만, 최근에는 조달된 자금의 운용이 중요시되고 있다. 장부상 이익이 발생했지만 자금상황이 원활하지 못한 경우가 있고, 반대로 장부상 손실이 발생했지만 자금상태가 원활한 경우가 있으므로 부채비율, 유동비율과 같은 기본적인 재무비율과 현금흐름에 관심을 두어야 하다.

2.3 리스 활용

1) 리스의 특성

리스(lease)는 임차인(leasee)이 필요로 하는 자산을 구입하지 않고, 해당 자산을 소유한 임대인(leaser)에게 일정기간 동안 사용료를 주고 사용권을 가지는 계약으로 자산의 사용 또는 점유를 인정하는 일종의 임대차계약을 말한다. 자금조달이 어렵거나 담보력이 약한 임차인은 리스를 이용하여 고가의 자산을 구입하지 않고도 자산을 이용할 수 있는 효과가 있고, 자금의 융통성을 확보할 수 있으며, 재무구조를 건실하게 할 수 있다. 또한 자산의 진부화나 소유에 따른 위험을 감소시킬 수 있으며, 세금이 절감되는 효과가 있다. 그러나 리스를 이용한 대가인 리스료가 높고, 대상자산의 잔존가치에 대한 권리가 없으며, 소유권이 없어 자산으로 이용할 수가 없는 단점이 있다.

2) 리스의 종류

(1) 금융리스(financial lease) – 임차인이 필요로 하는 자산을 임대인이 직접 구입하여 장기임대하는 형식이다. 사실상 할부구매 성격을 가지며 자본리스(capital lease)라고도 한다.

(2) 운용리스(operating lease) – 임대인이 소유한 리스대상자산 중에서 임차인이 필요로 하는 자산을 비교적 단기간동안 임차하여 사용하는 형식이다. 렌탈(rental)의 성격이 강하며, 서비스 리스(service lease)라고도 한다.

표 8-2 금융리스와 운용리스의 비교

구분	금융리스	운용리스
계약기간	비교적 장기이고, 해당자산의 경제적 수명과 비슷한 기간	비교적 단기이고, 해당자산의 경제적 수명보다 짧은 기간
중도해약여부	원칙적으로 불가	중도해약 가능
대상자산	특수한 자산	진부화가 빠른 자산
보수유지비용	임차인이 부담	임대인이 부담
리스료	구입비용과 이익이 완전히 포함	구입비용이 완전히 포함 못함
리스성격	자금조달의 대체수단으로 이용	자산의 효율적 이용이 강조
리스품목	의료장비, 실험장비, 자동차캐피탈 등	렌터카, 컴퓨터, 복사기, 정수기렌탈 등

3. 회계와 재무제표

3.1 회계의 개요

1) 회계의 의미

회계(accounting)는 경영 주체인 사업체의 경제적 활동과 관련하여 발생한 현금과 상품의 증감 변화를 기록, 계산, 정리하는 일이다. 또한 재무보고서를 만들어 회계정보이용자(이해관계자)가 합리적인 판단이나 의사결정을 하는데 유용하도록 정보를 제공한다.

경리와 회계문제가 복잡하고 쉽게 익혀지지 않기는 하지만, 창업을 하고 사업체를 효율적으로 경영하기 위해서는 필수불가결한 업무이므로 창업자뿐만 아니라 모든 종업원은 최소한 재무제표를 보고 이해할 수 있어야 한다. 기업을 경영하면서 재무제표를 이해하지 못한다면 객관적이고 합리적인 경영이 불가능하게 되고, 이는 자금의 수요와 공급을 알지 못하게 되며 나아가 치열한 경쟁에서 이기고 살아남을 수 없다.

2) 회계의 중요성

⑴ 기업의 재무상태와 경영성과 및 현금흐름의 변동에 관한 정보를 제공하여 한정된 자원을 효율적으로 사용하는 의사결정에 필수적이다.

⑵ 경영자와 종업원 등이 기업의 인적, 물적 자원을 효과적으로 지휘와 통제하도록 필요한 정보를 수집, 분석하여 효율적으로 자원을 관리하게 한다.

⑶ 투자자, 채권자, 거래처 등 회계정보 이용자의 합리적인 의사결정에 유용한 정보를 제공하여 사회적 기능을 통제하고 촉진하게 한다.

3) 회계의 유형

기업회계는 그 목적에 따라 외부용 재무회계, 세무회계와 내부용 관리회계로 분류된다. 외부용 재무회계는 주로 기업의 외부 이해관계자들에게 회사의 현상을 보고하는 재무보고서 작성을 주된 목적으로 한다. 세무회계는 국가재정의 조달을 위하여 세법의 규정에 따라 공평, 타당한 조세부담의 배부기준으로서 과세소득의 계산, 파악을 목적으로 하는 회계로 재무회계에 세무조정 단계를 거쳐 결정한다. 이에 반해 내부용 관리회계는 경영자나 관리자가 기업의 현상을 파악하고, 이를 바탕으로 미래의 의사결정을 위한 경영관리 측면의 재무보고서 작성을 주된 목적으로 한다.

⑴ 재무회계

① 투자자, 금융기관을 비롯한 기업 외부의 정보 이용자에게 유용한 정보를 제공하는 것을 가장 기본적인 목적으로 하는 회계이다.

② 기업 외부의 이해관계자란 투자자, 금융기관 외에도 거래처, 소비자, 정부기관, 노동조합 등 다양한 집단으로 구성된다.

③ 재무회계에서는 이처럼 다양한 정보 이용자들의 요구를 모두 수용할 수 없기 때문에, 단지 그들의 공통적인 요구만을 수용하는 일반적으로 인정된 회계 목적의 보고서인 재무제표를 통해 정보를 제공한다.

(2) 관리회계

① 기업 내부의 정보 이용자인 경영자에게 유용한 정보를 제공하는 것을 목적으로 하는 회계이다.

② 관리회계는 경영자의 의사결정 유형에 적합한 회계 정보를 제공해야 한다. 관리회계에서 제공하는 회계 정보는 경영자의 특정 의사결정에 적합한 정보가 되어야 하므로 특수 목적의 재무보고서이다.

③ 관리회계는 내부의 이용자에게 정보를 제공하므로 재무회계보다 일반적으로 자세한 내용을 기술할 수가 있다.

(3) 세무회계

① 세무회계는 기업의 관련 법규에 따라 세무 신고를 하게 되는 경우 이를 뒷받침하는 것을 말한다. 따라서 세무회계에서는 기업의 소득이나 판매액을 기준으로 하여 정부에 납부할 세금을 산출하는 데 필요한 정보이다.

② 세금은 기업의 소득에 대해서만 하는 법인세뿐만 아니라, 판매액에 대해서도 징수하는 부가가치세 등 여러 가지 조세적인 특례사항들 때문에 기업의 영업 활동에 관한 회계 정보가 이용되는 경우도 있다.

3.2 재무제표

기업경영을 통하여 얼마만큼의 돈을 어떻게 하여(영업활동의 내용) 벌었으며, 그 결과 현재 보유하고 있는 자산의 구성 상태, 즉 재무상태는 어떠한지 그 내용을 통일된 양식으로 작성한 서류다. 재무제표란 경영성과 및 재무상태를 정리한 표로써 회계보고서 또는 결산보고서라고 하며, 기업의 재무내용을 보다 쉽고 구체적으로 파악할 수 있다.

1) 손익계산서

(1) 손익계산서의 개요

손익계산서(I/S: Income Statement)는 일정기간 동안의 경영성과를 측정하기 위하여 해당 기간 동안에 획득한 모든 수익과 그 수익을 얻기 위해 사용된 비용을 나타내는 동태적 보고서이다. 수익이 비용보다 많은 경우 이익이 발생하며, 수익이 비용보다 적을 때에는 손실이 발생하는 성과를 나타내는 경영성적표이다. 손익계산서는 다음의 5단계로 이루어져 있다.

① 매출총이익은 매출액에서 매출원가를 뺀 금액이다. 매출원가는 매입원가를 말하기도 한다.

② 영업이익은 매출총이익에서 판매비와 관리비를 뺀 금액으로 일반적인 영업활동에서 얻은 이익을 말한다. 판매비와 관리비를 영업비용이라고도 한다.

③ 경상이익은 영업이익에 영업외수익을 합산하고 영업외비용을 차감한 금액으로 기업의 재무활동을 포함한 영업활동에서 발생한 이익을 말한다.

④ 법인세차감전순이익은 경상이익에 특별이익을 합산하고 특별손실을 차감하여 계산한다. 특별이익이나 특별손실은 비경상적으로 발생하기에 경상손익과는 구분하여 기재하여야 한다.

⑤ 당기순이익은 법인세차감전순이익에서 법인세비용을 차감한 금액으로 외부에 발표되는 최종적인 이익이다.

(2) 손익계산서의 항목

① 매출총이익

매출원가를 계산하기 위해서는 상품 · 제품의 기말재고액을 정확하게 조사하여야 한다.

Ⅰ	매 출 액	XXX	
Ⅱ	매 출 원 가	XXX	
Ⅲ	매 출 총 이 익 (손 실)	△XXX	——①단계
Ⅳ	판매비 및 관리비(영업비용)	XXX	
Ⅴ	영 업 이 익 (손 실)	△XXX	——②단계(영업활동에서 이익)
Ⅵ	영 업 외 수 익	XXX	
Ⅶ	영 업 외 비 용	△XXX	
Ⅷ	경 상 이 익 (손 실)	△XXX	——③단계(경상적인 영업활동이익)
Ⅸ	특 별 이 익	XXX	
Ⅹ	특 별 손 실	△XXX	
Ⅺ	법 인 세 차 감 전 순 이 익	XXX	——④단계(비경상적 활동이익)
Ⅻ	법 인 세	XXX	
XIII	당 기 순 이 익 (손 실)	△XXX	——⑤단계(최종적 이익)

그림 8–1 손익계산서 구조

표 8–3 손익계산서 예시

대한산업(주)

계정과목	금액(천원)
1. 매출액	2,000,000
2. 매출원가(–)	1,200,000
3. 매출총이익	800,000
4. 판매비 및 관리비(–)	200,000
5. 영업이익	600,000
6. 영업외 수익(+)	160,000
7. 영업외 비용(–)	100,000
8. 경상이익	660,000
9. 특별이익(+)	200,000
10. 특별손실(–)	160,000
11. 법인세차감전순이익 (또는 순손실)	700,000
12. 법인세 등(–)	200,000
13. 당기순이익 (또는 순손실)	500,000

- 유통업 매출원가 = 기초상품재고액 +당기순매입액 − 기말상품재고액
- 제조업 매출원가 = 기초제품재고액 +당기제품제조원가 − 기말제품재고액

기말재고자산이 많으면 매출원가는 감소하고 이익은 증가한다.

- 기말재고자산(대) → 매출원가(소) → 이익(대)
- 기말재고자산(소) → 매출원가(대) → 이익(소)

② 판매비와 관리비

판매비와 관리비는 판매비계정과 관리비계정으로 구분하지만 일반적으로 영업비라고 한다.

판매비	판매원급료, 여비교통비, 보험료, 견본비, 복리후생비, 통신비, 판매수수료, 발송비, 광고선전비, 회의비, 보관료, 차량유지비
관리비	비임원보수, 여비교통비, 사무용품비, 소모품비, 임차료, 수선비, 접대비, 복리후생비, 보험료, 제회비, 수도광열비, 감가상각비, 사무원급료

$$영업이익률 = \frac{영업이익}{매출액} \times 100(\%)$$

예 대한산업의 손익계산서상에서 영업이익률은?

– 영업이익률= (600,000/2,000,000) × 100% = 30.0%

③ 영업외손익

영업외손익은 재무활동 및 기타 부수적인 활동에서 발생되는 손익이다.

영업외수익	이자수익, 유가증권처분이익, 임대료, 유가증권평가이익, 유형자산처분이익
영업외비용	이자비용, 외환차손, 기부금, 유가증권처분손실, 유가증권평가손실, 유형자산처분손실

④ 특별손익

특별손익은 정상적인 영업활동과 직접 관계없이 특별한 경우에 임시적으로 발생되는 손익이다.

특별이익	채무면제이익, 보험차익, 기타
특별손실	재해손실, 기타

2) 대차대조표

(1) 대차대조표의 개요

대차대조표(B/S: balance sheet)는 일정시점에 있어서 기업의 재무상태인 자산, 부채 및 자본의 변동상태를 나타내는 정태적 보고서이다. 이와 같이 대차대조표는 기업이 어떤 방법으로 자금을 조달하여 어떤 형태로 운용하였는지의 재무상태를 알 수 있으며, 수익성보다는 안정성이 창출될 수 있는 근거를 알 수 있다. 대차대조표의 구조는 왼쪽 차변에 자산이 표시되고, 오른쪽 대변에 부채와 자본이 표시되어 서로 균형을 유지하므로 대차대조표라고 한다.

차 변	대 변
자산 (유동자산 + 고정자산)	부 채(유동부채+고정부채)
	자 본(자본금+잉여금)
자산합계	부채 및 자본 합계

표 8-4 대차대조표 예시

대한산업(주)

자산	금액(천원)	부채 및 자본	금액(천원)
현금	400,000	외상매입금	1,080,000
단기금융상품	160,000	단기차입금	80,000
유가증권	1,200,000	장기차입금	140,000
외상매출금	1,020,000	미지급법인세	500,000
대손충당금	1,000,000	사채	1,200,000
상품	800,000	부채합계	3,000,000
장기금융상품	40,000		
투자유가증권	20,000	자본금	5,000,000
정기성예금	580,000	자본잉여금	300,000
토지	1,000,000	이익잉여금	400,000
건물	1,600,000	당기순이익	500,000
기계설비	1,300,000	자본합계	6,200,000
자산합계	9,200,000	부채 · 자본합계	9,200,000

(2) 대차대조표의 항목

① 유동자산 항목

- 당좌자산 – 현금 및 현금등가물, 유가증권, 매출채권, 미수금 등
- 재고자산 – 상품, 제품, 반제품, 재공품, 저장품, 원재료 등

② 고정자산 항목

- 투자자산 – 장기성예금, 투자유가증권, 보증금, 장기 대여금 등
- 유형자산 – 토지, 구축물, 건설중인 자산, 건물, 기계장치, 차량운반구 등
- 무형자산 – 영업권, 산업재산권, 차지권(토지를 빌리는 권리), 창업비, 개업비 등

③ 부채 항목

- 유동부채 – 매입채무, 선수금, 예수금, 단기차입금, 미지급법인세 등
- 고정부채 – 사채, 장기성매입채무, 장기차입금 등

④ 자본 항목

- 자본금 – 보통주자본금, 우선주자본금 등
- 자본잉여금 – 자본준비금(주식발행초과금, 감자차익), 재평가적립금 등
- 이익잉여금 – 이익준비금, 기업합리화적립금, 배당평균적립금 등
- 자본조정 – 주식할인발행차금, 배당건설이자, 자기주식 등

(3) 대차대조표의 일반적 정보

① 대변에는 자본(자금)의 조달원천인 자본과 부채의 구성상태가 나타나 있다.

② 차변에는 자금의 운용 결과인 자산의 구성상태가 나타나 있다.

③ 자산, 부채, 자본의 구성비율을 통하여 재무건전성, 채무의 지급능력, 자본에 대한 수익률 등을 알 수 있다.

④ 차입금이 많은 회사는 빚더미 경영(차입경영)을 한다고 평가할 수 있다.

경기가 확장기에 있을 때에는 금융비용이 별로 문제가 되지 않지만, 경기가 수축기로 돌아서면 금리부담은 고정비로써 경영을 압박한다.

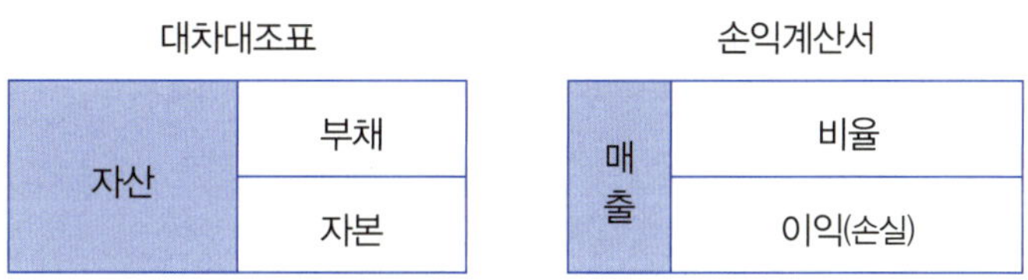

- 대차대조표: 결산일의 재무상태를 표시한 자료
- 손익계산서: 회계연도 동안의 경영성과를 표시한 자료

그림 8-2 손익계산서 VS. 대차대조표

3) 재무비율 분석

재무분석은 기업의 경영내용, 재무건전도 등을 분석하기 위하여 대차대조표나 손익계산서 등의 재무제표가 주로 이용되기 때문에 재무제표분석이라고도 하며, 범위를 넓혀

서 경영분석이라고도 한다. 재무분석은 회계자료를 수집, 분석하여 기업의 재무상태와 경영성과의 우량 여부를 파악하는 활동으로 인체의 주요 기관을 보고 건강상태를 진단하는 방법과 같다.

(1) 유동성 비율

유동성(liquidity)이란 현금이 아닌 자산을 현금으로 용이하게 전환시킬 수 있는 능력 또는 용이하게 현금을 획득할 수 있는 능력을 뜻한다. 단기채무의 지급능력을 판단하는 비율로써 현금화시킬 수 있는 확실성의 정도를 의미한다. 즉 단기채무(유동부채)를 상환할 수 있는 유동자산이 얼마나 되는가를 나타내는 비율로써, 기업의 부채 지급(상환)능력 또는 신용을 평가하는데 가장 보편적으로 이용되고 있다. 표준비율은 200% 이상이 바람직하다.

$$\text{유동비율} = \frac{\text{유동자산}}{\text{유동부채}} \times 100(\%)$$

예 대한산업 유동비율 = (5,300,000 ÷ 1,720,000) × 100(%) = 308.13%

(2) 부채 비율

부채비율(debt ratio)은 자기자본과 타인자본의 관계비율로써 자본구성의 안정성을 판단하는 대표적인 비율이다. 즉 자기자본에 대한 타인자본(=부채)의 비율로서 기업의 장기 지급능력을 검토하는 지표로 사용된다. 표준비율은 100% 이하가 좋다.

$$\text{부채비율} = \frac{\text{타인자본}}{\text{자기자본}} \times 100(\%)$$

예 대한산업 부채비율 = (3,000,000 ÷ 6,200,000) × 100(%) = 48.38%

(3) 노동생산성 비율

노동생산성(labour productivity)은 종업원 1인당 부가가치 생산액으로 나타내며, 노동생산성의 효율을 측정하는 것으로 표준비율은 높을수록 좋다.

$$노동생산성 = \frac{부가가치}{종업원수} \times 100(\%)$$

4) 손익분기점 분석

(1) 손익분기점의 의의

손익분기점(BEP: break-even point) 분석은 최초의 이익이 발생하는 총수익(매출액) 정도를 알아보고 투자를 결정하는 방법이다. 손익분기점은 한 기업의 생산이나 판매활동을 통하여 얻은 총수익이 그것을 얻기 위하여 소비된 총비용과 같아지는 점을 나타내는 것으로 손익이 영(0)인 상태를 의미한다. 즉 총수익과 총비용을 일치시켜주는 생산량이나 판매량으로서 이익이나 손실도 발생하지 않는 지점을 말한다.

손익분기점 분석에서는 총비용을 고정비와 변동비로 나누어 취급한다. 고정비는 매출액의 변동에 상관없이 일정하게 발생하는 비용을 말하며, 변동비는 매출액의 변동에 비례하여 발생하는 비용을 말한다. 고정비는 인건비, 수도세, 전기세, 임대료, 이자, 감가상각비 등이 해당되고, 변동비는 재료비, 상품구입비, 운반비, 소모품비 등이 해당된다. 손익분기점 매출액의 계산식은 아래와 같다.

BEP의 매출액 = [고정비/{1-(변동비/매출액)}]

(2) 커피전문점의 손익분기점 사례

커피전문점 손익분기점을 알아보자. 손익분기점을 계산할 때 고정비와 변동비를 가장 먼저 고려해야 한다.

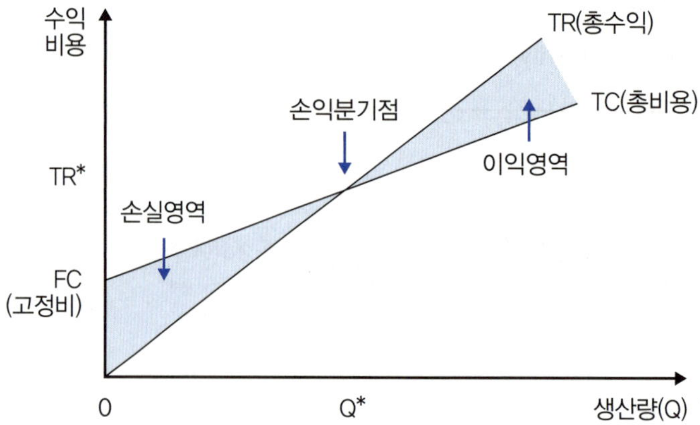

그림 8-3 손익분기점도

표 8-5 커피전문점의 초기투자비용(3억원)

항목	금액	항목	금액
임차보증금	1억 5천만원	판매장비	4천만원
프랜차이즈 비용	3천만원	인테리어	8천만원

주 고정비 중 인테리어와 집기를 5년 안에 바꿀 경우 연간 2,400만원 감가상각비(5년간 균등상각) 발생

표 8-6 커피전문점의 수입 · 지출 내역

구분	금액
커피전문점의 연 총수입	1억원
재료비, 소모품비 등	1,300만원
인건비	2,300만원
점포 임대료	1,000만원
은행이자	1,000만원(연 이율 10%)
전기세 등 기타 세금	400만원
장부상의 이윤	4,000만원

① 고정비: 고정비는 매출액과 관련 없이 항상 고정적으로 발생하는 비용이다. 인건비와 점포 임대료, 은행이자와 세금, 감가상각비 등은 수입과 관계없이, 손님이 거의 없더라도 지속적으로 나가는 비용이다.

※ 감가상각비: 유형 · 무형자산이 시간에 따라 감소(감가)되는 점을 감안하여 일정한 기간을 적용하여 비용으로 계상(처리)하는 것을 의미한다.

② 감가상각비: 고정비 중 감가상각비를 살펴보자. 점포의 인테리어와 집기를 5년 안에 바꾸어야 한다면, 감가상각비는 (판매장비+인테리어)/5년=(4천만원+8천만원)/5=2,400만원, 즉 1년에 2,400만원이 감가상각비이다. 종합해 보면, 1년 동안 나가는 고정비는 2,300만원(인건비) + 1,000만원(점포임대료) + 1,000만원(은행이자) + 400만원(세금) + 2,400만원(감가상각비) = 7,100만원이다.

③ 변동비: 재료비나 소모품비로, 변동비는 매출액에 따라 변하므로 변동률(변동비/매출액)을 예측하여 계산한다. 커피전문점은 변동비가 1년에 약 1,300만원으로 매출액당 원가 비율은 13%이다. 손익분기점을 계산해 보면 다음과 같다.

손익분기점 매출액=고정비/{1−(변동비/매출액)}=7,100/(1−0.13)≒8,160만원

종합정리하면, 커피전문점은 1년에 최소 8,160만원 이상, 즉 매월 680만원, 하루에 23만원 이상의 매출을 올려야 손해를 보지 않는다. 단 이것은 사업주의 인건비나 기회비용 등은 포함하지 않은 것으로, 그것을 포함할 경우 매출을 더 많이 올려야 손해를 면할 수 있다.

연습문제 CHAPTER 08

O X형 문제

01 창업의 성패는 자금의 동원능력에 달린 것이 아니라 인적 네트워크 능력에 달려 있다.(　)

02 운전자금은 사업장을 확보하는 비용, 권리금, 사업장에 필요한 간판, 인테리어, 집기 및 비품의 구입비 등이 포함된다.(　)

03 시설자금에는 사업을 시작하여 현금이 들어올 때까지 운영에 필요한 재료비, 인건비 및 기타 경비 등이 포함된다.(　)

04 우리나라는 창업 때 자기자본 대 타인자본 비율이 7 대 3으로 출발하여 창업 후에는 3 대 7이 되는 경향이 있는데, 미국은 3 대 7로 출발하여 7 대 3이 되는 경향이 있다.(　)

05 자금계획서를 작성할 때 어느 정도의 예비자금까지 고려하여 계획을 세워야 한다.(　)

06 소규모 자영업을 하는 사람들은 점포 운영비와 집안 생활비를 분리하여 관리할 필요는 없다.(　)

07 소자본 창업자에게는 신용이나 자금조달능력이 낮으므로 가능하다면 예상되는 자금규모의 2배 정도를 외부조달하거나 현금화할 수 있는 대안이 꼭 필요하다.(　)

08 자본조달의 중요한 시기 중의 하나가 기업성숙의 단계이다.(　)

09 소자본 창업자는 가급적이면 한 금융기관을 선택하여 꾸준히 거래하여 신용도를 높일 필요가 있다.( )

10 대부분 개인기업의 경우는 창업자가 혼자서 조달하게 되고, 법인기업은 채권과 주식을 발행하여 외부에서 자금을 조달하게 된다.( )

11 자본조달원천들 중에서 어떤 것을 택할 것인가를 결정할 때 가장 기초적이며 일차적인 요인이 운영비용이다.( )

12 자본비용을 측정할 때는 시장이자율이나 투자자들의 기대수익률로 측정하는 매몰비용뿐만 아니라 주식이나 채권발행에 수반되는 수수료, 거래비용 등의 발행비용과 법인세의 세금절감효과를 고려하여야 한다.( )

13 고정적인 재무비용의 규모가 커지게 되면 자기자본비용과 부채비용을 함께 증가시켜 기업가치가 감소하게 된다.( )

14 기업의 성장하게 되면 투자액의 증가, 종업원의 증가, 자산의 증가, 기업규모의 확대, 제품의 다양화와 매출의 증가 등의 문제가 발생한다.( )

15 자금운용이란 조달된 자금을 기업의 목적에 맞게 계획, 통제, 조정함으로서 기업가치를 극대화하고 유동성을 유지하고자 하는 활동이다.( )

16 리스(Lease)는 임차인이 필요로 하는 자산을 구입하지 않고, 해당 자산을 소유한 임대인에게 일정기간 동안 사용료를 주고 소유권을 가지는 계약으로 자산의 사용 또는 점유를 인정하는 일종의 임대차계약을 말한다.( )

17 운영리스는 사실상 할부구매성격을 가지며 '자본리스'라고도 한다.( )

18 금융리스에는 정수기 렌탈이 해당된다.(   )

19 회계는 경영 주체인 사업체의 경제적 활동과 관련하여 발생한 재화의 증감 변화를 기록, 계산, 정리하여 재무보고서를 만들어 회계정보 이용자가 합리적인 판단이나 의사결정을 하는데 유용하도록 정보를 제공하는 것이다.(   )

20 회계는 크게 보고의 목적으로 재무회계와 세무회계로 분류된다.(   )

21 재무회계는 내부보고의 목적이다.(   )

22 관리회계는 미래지향적인 자료를 제공한다.(   )

23 기업회계는 회계정보이용자가 합리적인 판단과 경제적 의사결정에 유용한 정보를 재무제표라고 불리는 보고서를 통하여 이해관계자들에게 제공하고자 하는 서비스 기능을 담당하는 회계이다.(   )

24 세무회계는 과세소득을 적정하게 계산하고 납세자간의 소득계산의 통일성과 조세부담의 공평성을 유지하는 기능을 가진 회계이다.(   )

25 손익계산서는 일정시점에 있어서 기업의 재무상태를 주주 등의 이해관계자에게 명확히 보고하기 위하여 자산, 부채 및 자본의 상태를 표시한 정태적 보고서이다.(   )

26 대차대조표는 일정기간 동안의 경영성과를 측정하기 위하여 해당 기간 동안에 획득한 모든 수익과 그 수익을 위해 사용된 비용을 계상하여 동태적 보고서이다.(   )

27 매출액 영업이익률은 경영상태를 파악하는 중요한 지표로 영업이익을 매출액으로 나누어 산출한다.( )

28 재무분석은 기업의 경영내용, 재무건전도 등을 분석하기 위하여 대차대조표나 손익계산서 등의 재무제표가 주로 이용되기 때문에 재무제표분석이라고도 한다.( )

29 수익성비율이란 기업의 재무건전성을 나타내는 비율을 말한다.( )

30 안전성비율이란 기업의 이익창출능력을 나타내는 비율을 말한다.( )

31 손익분기점(BEP)은 한 기업의 생산이나 판매활동을 통하여 얻은 총수익이 그것을 얻기 위하여 소비된 총비용과 같아지는 점을 나타내는 것으로 손익이 영(0)인 상태를 의미한다.( )

32. 감가상각비란 유형 · 무형자본이 시간에 따라 감소(감가)되는 점을 감안하여 일정한 기간을 적용하여 비용으로 계상(처리)하는 것을 의미한다.( )

4지 선택형 문제

33 소자본 창업에 필요한 자금의 유형이 아닌 것은?

① 시설자금 ② 운영자금 ③ 창업자금 ④ 예비자금

34 운영자금의 내용이 아닌 것은?

① 개업비 ② 인건비 ③ 임차료 ④ 임차보증금

35 자기자본에 속하지 않는 것은?

① 창업자 자금 ② 현물 출자금 ③ 창업지원 자금 ④ 투자가 자금

36 **타인자본에 속하지 않는 것은?**

① 정책금융 ② 기관투자가 자금 ③ 일반금융 ④ 사 채

37 **투자가 자금에 속하지 않는 것은?**

① 주주출자금 ② 동업자 자금 ③ 기관투자가 자금 ④ 은행대출 자금

38 **리스를 이용할 때 장점과 거리가 먼 것은?**

① 자금의 융통성을 확보할 수 있다.
② 소유권이 있어 자산이 늘어난다.
③ 재무구조를 건실하게 할 수 있다.
④ 세금이 절감되는 효과가 있다.

39 **재무회계의 내용과 관계없는 것은?**

① 외부보고 목적
② 특수목적의 재무보고서
③ 법에 의거하여 작성
④ 과거지향적인 분석

40 **기업회계의 내용과 관계없는 것은?**

① 기업회계기준을 적용하는 회계
② 경영성적을 측정하는 것이 목적
③ 경영과정의 회계 기록, 계산 및 정리하는 절차
④ 기업의 자의적인 계산을 규제

41 **고정자산이 아닌 것은?**

① 투자자산 ② 유형자산 ③ 재고자산 ④ 무형자산

42 **손익계산서의 기능 중에서 틀린 것은?**

① 당기 순손익의 계산
② 실현비용과 발생수익의 대응표시
③ 경영성적의 역사적 과정
④ 수익성 판단의 정보제공

43 **원가계산의 목적으로 벗어 난 것은?**

① 재무제표작성의 기초자료 ② 원가관리를 위한 원가정보
③ 장 · 단기 경영계획의 자료 ④ 재무분석의 기초자료

44 **수익성 비율분석이 아닌 것은**

① 매출총이익률 ② 매출액순이익률 ③ 타인자본이익률 ④ 총자본이익률

45 **갑회사의 손익계산서상 매출액 2,000만원, 변동비 1,200만원, 고정비 300만원일 때 손익분기점 매출액은 ?**

① 7,500,000원 ② 7,700,000원 ③ 8,000,000원 ④ 8,200,000원

정답

01	X	02	X	03	X	04	O	05	O	06	X	07	O	08	X	09	O	10	O
11	X	12	X	13	O	14	O	15	O	16	X	17	X	18	X	19	O	20	X
21	X	22	O	23	O	24	O	25	X	26	X	27	O	28	O	29	X	30	X
31	O	32	X	33	③	34	④	35	③	36	②	37	④	38	②	39	②	40	④
41	③	42	②	43	④	44	③	45	①										

CHAPTER 09

개점과 경영관리

1. 개점준비

사업장이 확정되고 사업장 임대 절차가 끝났으면 다음과 같은 단계로 개점 준비를 하여야 한다.

1) 내부시설과 실내장식

개업에 앞서 사업장의 내부 및 외부 장식을 하는 것은 기본적인 일이다. 내부 시설물 중에 가장 필수적인 것은 냉 · 온방 장치이다. 이 장치를 포함하여 간판, 쇼윈도, 출입문에 필요한 전기 장치 및 조명을 설치한다. 내부 장식이나 실내 구조는 주인의 편리함보다 고객이 이용하는데 편리하고, 고객의 감성을 자극할 수 있도록 고객 중심의 개념에 맞추어 설계되어야 한다. 간판이나 쇼윈도는 사업장에 대한 첫인상을 제공하는 것이므로 고객의 구매욕구를 자극할 수 있도록 효과적으로 만들어야 한다. 특히 간판은 사업장에 대한 이미지를 결정짓는 중요한 역할을 하기 때문에 크기나 글씨체, 색깔의 조화가 잘 이루어지도록 디자인되어야 한다.

2) 상품과 재료의 구매경로 확정

상품이나 재료를 구매하기 위해서는 시장조사가 선행되어야 한다. 시장조사를 통해 구매경로 및 경로별 특성이나 가격 등을 알아내고 가장 적합한 거래처를 선정하여 상품이나 재료를 구매한다. 이때 주의할 점은 관련 품목을 취급하는 판매처를 복수로 확보하는 것이다. 이는 가격경쟁을 위해서도 좋고, 만일의 경우 한 거래처에서 문제가 생기면 물품을 제공 못받는 사태를 대비할 수 있기 때문이다.

3) 광고 · 홍보계획 수립

홍보 및 판촉물을 제작하고 이를 어떤 방법으로 활용할 것인지를 전문업체와 함께 구체적으로 계획을 수립한다.

4) 개점

개점을 위해서는 필요한 인력을 고용하고 개점을 알리는 오픈행사와 함께 사업장의 문을 열도록 한다.

2. 경영자의 역할

창업준비를 마치고 개업을 하여 사업장을 운영하기 시작했다면 창업자는 이미 경영자로서의 지위를 갖고 있는 것이다. 경영자로서의 창업자는 자신이 세운 창업 목적에 맞추어 사람과 자본을 조달하고 사업체 운영을 위한 경영전략을 수립하는 데 있어서 최종적인 의사결정자이다. 따라서 사업 운영에 있어서 수시로 닥치는 의사결정문제를 올바르게 해결하기 위해서 경영자는 경영에 관한 전문지식을 갖출 수 있는 분석능력과 상황판단력을 갖추고 있어야 한다. 사업을 운영함에 있어서 경영자의 역할은 리더로서의 역할, 의사결정자로서의 역할 및 대외협력자로서 역할로 나누어진다.

1) 리더로서의 역할

경영자는 자신이 속한 사업체의 대표자로서 사업체의 원활한 운영을 위하여 직원의 채용, 직원과의 업무 협의 및 관계를 적절히 이끌어 갈 책임이 있다. 이를 위해서 경영자는 리더십을 갖추어야 한다. 새로운 창업 사업장에서 리더십은 새로운 직원들과 융합하여 사업체를 잘 끌고 나가는 과정이라고 볼 수 있다. 이러한 관점에서 볼 때 경영자는 리더로서 직원들과의 교감을 이루도록 애써야 하며, 동시에 사업장의 발전을 위하여 직원들이 협조하도록 직원들을 친밀하고 가족적인 분위기로 이끌 수 있어야 한다.

2) 의사결정자로서의 역할

경영자는 경영활동을 전개하며 끊임없이 수많은 업무에 대한 의사결정을 해야 한다. 의사결정자로서의 경영자는 때로는 군중 속의 고독을 느낄 만큼 사업체의 성장과 발전을 위한 결정을 내리는 데 어렵고 힘든 결정을 하여야 할 경우를 겪는다. 경우에 따라서는 사업체 운영의 존폐가 걸릴 수 있는 중대한 결정을 내려야 하기 때문에 경영자는 겪는 스트레스는 말로 표현할 수 없다. 따라서 의사결정자로서의 경영자는 강한 정신력을 유지할 수 있어야 한다.

3) 대외 협력자로서의 역할

경영자는 자신의 사업체와 직 · 간접적으로 관련이 있는 다른 사업체들의 행사나 대외적 회의에 참석하고, 사업체와 이해관계가 있는 외부 인사들과의 접촉을 통해 사업체의 운영과 관련된 정보를 수집하고 사업체의 위상을 높일 수 있도록 노력해야 한다. 경영자가 위와 같은 역할을 원활히 수행하기 위해서는 끊임없이 배우고 노력하는 자세를 갖추어야 한다.

경영자는 대 · 내외적으로 솔선수범하여야 하며, 급변하는 환경에 맞추어 변화를 추구할 수 있어야 한다. 영세한 소규모 사업체를 이끌어가기 위해서는 사업체 주변 지역의 다른 업체들과 긴밀한 협조 체제를 만들어야하고, 또한 경쟁업체들과도 원만한 관계를 유지할 수 있도록 관계 형성에 노력해야 한다.

4) 경영자에게 필요한 자세

(1) 끊임없이 배우고자 노력한다.

연륜이 따른 경험은 무시 못 한다는 말이 있다. 자신이 쌓아 온 학력이나 경력이 화려하더라도 사업에 있어서는 자신보다 먼저 창업하여 사업체를 운영하고 있는 사업주의 운영 지식이나 경험이 자신보다 훨씬 높을 수가 있다. 성공적으로 사업을 이끌기 위해서는 주변 사업체의 경영자들에게 사업에 관한 자문을 구하고, 그들의 노하우를 익힐 수 있도록 끊임없이 배우고자 노력해야 한다.

(2) 솔선수범한다.

과거의 사업체에서는 경영자의 권위주의가 먹혀들었으나 오늘날에 와서는 권위만 내세우는 경영자에게 직원들은 더 이상 호감을 보이지 않는다. 경영자가 사업체를 원활히 이끌어 나가기 위해서는 직원들의 협조 없이는 불가능하다. 궂은 일 하기를 좋아하는 사람은 세상 어디에도 없다. 경영자가 솔선수범하여 궂은 일이라도 먼저 처리하고 앞장서면 직원들을 시키지 않아도 저절로 모든 업무에 적극적으로 나서게 된다. 이는 몸소 행하는 경영자의 적극적인 행동이 직원에게는 교육이 될 수 있으며, 그 교육효과는 사업 운영에 상당한 도움이 된다.

(3) 변화를 추구한다.

기업환경은 예측할 수 없을 정도로 빠르게 변화하고 있다. 변화하는 환경을 따라가지 못하면 사업 운영이 어려워진다. 예를들어 음식업 중에 제일 간단한 라면집을 운영할 경우를 생각해 보자. 예전 같으면 라면집 메뉴로서 일반 라면 외에 떡라면과 만두라면 정도가 전부였다. 그러나 요즘 이 메뉴만 가지고 라면집을 운영하고자 하면 많은 어려움에 부딪치게 된다. 세월이 흐르면서 라면에 대한 소비자들의 욕구도 많이 변했을 뿐만 아니라, TV 등의 프로그램을 통해 전해지는 수많은 퓨전 요리들 속에 변형된 라면 요리들도 포함되어 있기 때문이다. 이는 소비자들이 아는 만큼 경영자도 자신의 사업 운영이나 내용에 있어서 변화를 추구해야 한다는 것을 시사한다. 인터넷 시대에 빠르고 쉽게 얻을 수 있는 정보를 바탕으로 빠르게 변하는 고객들의 마음을 잡기 위해서는 미래에 닥쳐올 변화를 고객들보다 먼저 읽고, 이에 대처할 수 있도록 경영자 스스로 변화를 추구하는 마음가짐을 가져야 한다.

3. 인적자원 관리

경영자가 사업을 이끌어 나가는 데 가장 먼저 당면하는 문제가 인적자원관리이다. 인적자원관리는 종업원의 확보, 개발, 활용, 보상 및 유지와 관련된 관리활동을 말한다. 끊임없는 도전과 경쟁이 펼쳐지는 기업 환경에서 인적자원관리에 기업의 성패가 달려 있다고 할 정도로 중요시 되고 있다. 인적자원관리의 특징은 관리의 주체도 사람이며, 관리의 대상도 사람이라는 것이다. 이것은 인적자원관리의 기본은 타인에게도 자신을 대하듯 인간의 존엄성과 자율성을 항상 마음에 두고 있어야 한다. 인적자원관리의 활동으로는 우수한 인력확보와 직원관리를 들 수 있다.

1) 인력확보

직원의 채용은 사전에 어떤 업무에 사람이 필요한지를 파악하고 나서 시행한다. 완전한 가족사업체가 아닌 경우에는 보통 원활한 개업준비를 위해 개업 이전에 함께 일을 시작하고 함께 개업 준비를 도와 줄 직원을 채용하는 것이 일반적이다. 오늘날 소규모 창업자들에게 가장 힘든 일은 자질 있는 직원을 채용하는 것이다. 소규모 업체에서 경영자와 직원들이 고객들과 접촉하는 빈도를 놓고 따져 보면 경영자보다 직원들이 고객과 접촉하는 빈도가 높다고 할 수 있다. 이러한 사실은 직원이 고객에 대한 응대가 사업체 운영에 상당히 중요함을 시사한다. 따라서 사업체에 다양한 도움을 줄 수 있는 직원을 채용할 수 있도록 노력해야 한다.

(1) 직원채용기준

경영자가 직원을 채용할 때 관련 업종 근무 경험자를 우대하는 것이 좋다. 관련 업종에서 근무한 경험이 있는 경우에는 새로운 사업을 시작하는 경영자가 미처 생각하지 못한 부분을 보충해 주고 원활한 운영이 될 수 있도록 도와줄 수 있다.

- 오래 근무하고자 하는 직원을 채용한다.

새로 채용한 직원이 맡은 일이 익숙할 만할 때 이직하게 되면, 일이 익숙하지 않은 신입직원을 채용해서 교육 · 훈련시켜야 하기 때문에 시간적, 업무적 손실을 입게 된다.

- 표정이 밝고 편안한 인상을 주는 사람을 채용한다.

  고객들과 직접 접촉하고 서비스를 제공하는 직원은 고객에게 사업장의 인상을 좌우한다. 따라서 고객에게 밝은 인상으로 편안한 분위기를 제공하면 고객의 마음을 사는 데 도움을 줄 수 있다.

- 성실하고 목적의식이 뚜렷한 사람을 채용한다.

  자기 자신이 왜 일을 하고자 하는가 하는 목적의식이 있는 사람일수록 자기가 맡은 일에 성실히 임하고 사업장의 일을 자기 일처럼 열심히 한다.

(2) 구직자의 조건

먹고살기 어렵던 시절에는 직업을 가질 수만 있다면 근무조건을 따지지 않았으나, 오늘날의 구직자들은 임금 외에 다양한 조건을 고려하는 실정이다. 구직자들이 원하는 조건을 살펴보면 다음과 같다.

- 출 · 퇴근에 편리성이 있어야 한다.

  교통 편리성은 구직자들이 적은 임금에도 불구하고 일하고자 하는 첫 번째 이유이다. 출 · 퇴근하기 불편한 곳이나 교통이 너무 막히는 지역에 있는 직장은 기피하는 경향이 있다.

- 급여는 평균 이상이 되기를 원한다.

  만일 최저임금 수준으로 급여를 제시하면 구직자는 자신의 가치를 너무 낮게 본다고 생각하여 일을 대충하지만, 업계평균 이상의 급여를 제시하면 자신의 가치를 높게 사 준다는 의식을 갖게 되어 동기부여가 발생된다.

- 작업 환경이 좋아야 한다.

  구직자들은 깨끗하고 좋은 환경의 일자리를 원한다. 이는 구직자뿐만 아니라 어느 누구의 입장이라도 같다. 즉 직원은 자신이 일하는 작업 환경이 양호하면 재직기간이 늘어나는 요인이 된다.

- 자신의 의사를 존중해 주길 원한다.

  경영자가 직원들의 의견을 존중해 주면 그들은 스스로 자신이 경영자와 한 팀이라는 인식을 갖게 되어 힘든 일이라도 즐겁게 받아들인다.

- 일과 성과에 대하여 경영자의 공감을 원한다.

  직원은 자신이 하는 일에 대해서 경영자가 관심을 갖고 칭찬해 주기를 원한다. 종업이 성과를 올려야 하는 것은 당연하지만, 경영자가 모든 일에 있어서 너무 성과만을 강조하는 것은 싫어한다.

- 일을 즐기고 재미를 주는 환경을 원한다.

  즐거운 작업장에서 생산성이 높다는 연구가 있다. 또한 자신의 적성에 맞는 사람들은 그 직업에 오래 남아 있고 싶어 한다. 따라서 직원들은 경영자가 이러한 업무 환경을 만들어 주길 원한다.

위와 같은 직원 채용 기준과 구직자의 조건에 따라 만족할 만한 직원을 구하는 일은 상당히 어려운 작업일 수 있다. 그러나 직원을 잘못 채용하였을 때 그에 따르는 심적 고통과 사업상 손실은 상당히 클 수 있다는 점을 간과해서는 안 된다. 상당히 성실하고 능력 있는 직원을 채용했을 때는 사업체에 활기가 생기고 성과도 올라가기 때문에 채용과정에 시간과 노력을 기울어야 한다.

2) 인력관리

직원의 채용과정에 많은 공을 들여 상당히 유능한 직원들을 채용하였다면, 다음으로 신경 써야 하는 것은 이 직원들이 다른 직장으로 이직하지 않고 오래도록 창업자와 함께 일을 하게끔 관리하는 것이다. 이를 위한 경영자의 업무는 첫째, 좋은 사업장 환경을 만드는 것과 둘째, 직원과의 좋은 관계를 형성하는 것이다.

(1) 좋은 사업장 환경 조성

앞에서 구직자들이 원하는 작업조건에서 보았듯이 좋은 사업장 환경은 일하는 사람들을 즐겁게 한다. 좋은 사업장 환경이란 물리적인 환경뿐만 아니라, 직원들이 일하면서 느낄 수 있는 직원 개인에 대한 인간적인 대접을 말한다. 좋은 사업장 환경을 생성하기 위해 경영자가 해야 할 일들을 열거해 보면 다음과 같다.

• 직원들의 개성에 맞추어 직원들을 다루도록 노력한다.

좋은 경영자가 되기 위해서 직원들 각기 개성과 욕구에 맞추어 달리 관리해야 한다. 이것이 의미하는 바는 모든 사람은 각기 다른 동기에 의해서 움직인다는 것이다. 어떤 사람들은 그들이 받는 급여에 의해서 움직이지만, 어떤 사람들은 자신들이 맡고 있는 일 자체가 좋아서 움직인다. 성공적인 경영자는 각각의 직원을 어떻게 다루어야 하는지 알아야 한다. 사업체의 정책은 표준화 될 수 있더라도 직원을 움직이는 동기는 표준화될 수 없음을 알아야 한다. 각각의 직원을 개성에 따라 리드해야 한다. 경영자가 각 직원의 개성을 알고 이에 맞추어 직원들을 이끌면 그들도 경영자의 뜻에 호응할 수 있다.

• 문제 해결에 직원들의 의견을 수용한다.

사업체 운영에서 문제가 발생하거나 새로운 시도를 하고자 할 때는 직원들의 의견을 구하여 일을 진행하는 것이 좋다. 직원들과 사업장 문제를 같이 의논하게 되면, 자신의 가치가 인정받음으로써 사업장 운영에 애착을 갖게 되고, 좋은 아이디어를 제공하고자 노력하게 된다.

- 직원들을 교육 · 훈련시킨다.

직무에 관한 교육 · 훈련은 직원들은 능숙하고, 효과적이며, 서비스마인드를 갖게 해준다. 그러나 너무 지나친 교육 · 훈련은 직원들의 반감을 살 수도 있다. 따라서 직원 각자의 개성과 의견에 맞추어 적절한 양의 교육 · 훈련을 시행하는 것이 필요하고 이는 사업체 운영에 큰 도움이 된다.

- 업무 점검리스트를 만들어 활용한다.

일별, 주별, 월별 업무 점검리스트는 소규모 사업장에서 사용할 수 있는 가장 좋은 도구들 중의 하나이다. 점검리스트에는 고객들이 없을 경우에 직원들이 해야 할 일들을 포함해야 한다. 또한 일의 중요도에 따라 우선순위를 주어 만들어져야 하고, 직원들이 모두 잘 볼 수 있는 장소에 게시되어야 한다. 업무 점검리스트의 이점은 다음과 같다. 직원이 자신의 일을 끝냈을 때 성취감을 느끼게 해 주고, 직원들이 그들 스스로 어떤 일을 해 내야 하는지 인지하도록 도와준다. 그러나 점검리스트를 만들 때 주의해야 할 점은 직원들의 인권을 해치거나, 너무 규칙에만 묶는 것이 아닌가를 살펴보아야 한다. 이를 위해서 업무 점검리스트를 게시하기에 앞서 직원들과 미리 상의하여 문제점이 없는지를 살펴보고 동의를 구하는 것이 좋다.

(2) 직원과의 좋은 관계 형성

오늘날 경영자의 역할은 직원의 정신적 지주이자 코치이며 조언자가 되는 것이다. 독재적 경영 형태는 사라졌고, 강압적으로 일을 시키는 시대는 지나갔다. 강압적으로 직원을 리드했을 경우, 다음날 그 직원을 다시 보기 어렵게 된다. 특히 소규모 사업체를 운영하는 경우에 경영자와 직원 간의 관계 형성은 상당히 중요하다. 직원과 경영자가 좋은 관계를 형성하기 위하여 필요한 내용을 살펴보면 다음과 같다.

- 직원과의 상호 신뢰 형성에 노력한다.

경영자는 직원을 단지 급여를 받고 임시로 일하는 사람이 아닌 사업체의 운영목적을 달성하기 위하여 함께 노력하는 협력자로 받아들여야 한다. 즉 경영자와 직원은 사업체의 흥망과 같이하는 한 팀으로 여겨야 한다. 이러한 관계를 만들기 위해서는 경영자와 직원 간의 상호 신뢰 형성이 필요하다. 경영자가 직원을 신뢰하지 않으면 직원도 경영자를 위해 최선을 다하지 않기 때문이다. 그러나 신뢰를 바탕으로 이루어진 관계라 하더라도 업무에 관한 사항은 서로 엄격히 지켜주어야 한다. 이를 위해서는 비록 간단한 형태라도 명시적인 근무 수칙이 만들어져야 한다. 예를들면 출 · 퇴근 시간의 엄수, 용모와 복장 단정 등과 같은 수칙 등이 있다.

- 직원의 마음을 사도록 노력해야 한다.

신뢰와 더불어 중요한 것은 직원의 자발적인 노력을 기대할 수 있도록 직원의 마음을 살 수 있어야 한다. 직원의 마음을 샀을 경우에는 그 직원이 마치 자신이 경영자인 듯 모든 일을 자기 일 같이 솔선수범하여 처리해 주게 된다. 이는 곧 수익창출로 연결된다. 예를들어 식사를 하려고 음식점에 들어갔을 때 상냥한 미소로 접대하는 종업원을 마주했을 경우와 마지못해 기계적으로 퉁명하게 응대하는 종업원을 대했을 경우에는 고객들의 음식점에 대한 이미지와 느낌은 확연히 달라진다. 즉 종업원의 태도 여하에 따라 고객들의 재방문 여부가 상당히 달라질 수 있다.

- 직원이 잘한 일에 대해 칭찬을 한다.

누구든지 칭찬받고, 인정받는 것을 좋아한다. 이러한 칭찬을 하는데도 몇 가지 방법을 생각할 수 있다. 즉 면전에 대고 하는 칭찬, 짤막한 메시지를 통한 칭찬, 회의시간에 공식적인 칭찬, 게시판에 칭찬을 게시하는 등의 방법을 들 수 있다. 어떠한 방법을 사용하던지 직원이 칭찬을 받을 일을 했다면 그 즉시 하는 것이 좋다. 때를 놓치면 칭찬의 효과는 감소되기 되기 때문이다.

• 좋은 성과를 올리는 직원에 대해 포상한다.

좋은 성과를 올린 직원을 위해서 작은 성의를 보이는 것은 직원의 기분을 좋게 만든다. 정기적인 보너스를 주는 대신에 잘한 일에 대해 때로는 인센티브를 제공하는 것이 좋다. 큰 금액이 아니어도 단지 정성이 담긴 선물이면 충분하다. 이는 직원들의 사기 진작에 도움을 주어 직원들의 능력을 제고할 수 있게 한다. 대부분의 사업체는 직원들이 원하는 것이 보너스일 것으로 생각하고 정규적인 보너스 지불 시스템을 만들어 놓고 있다. 그러나 세월이 지남에 따라 자연스럽게 이것을 보너스 자체가 아닌 자신들의 노동에 대한 대가로 받아들이게 된다. 이것은 사업체의 운영이 나빠졌을 때 경영자와 직원들 간의 관계를 악화시키는 단초가 될 수 있다. 경기불황으로 보너스를 못 주는 경우에 직원들은 자신들이 일을 열심히 했는데도 불구하고 보너스를 안 주는 상황으로 받아들여 경영자에 대한 반감을 표출하기도 한다. 그러나 부정기적인 보너스를 받아 오던 직원들은 기대하지 않았던 특별보너스 지급이 있을 경우에는 기쁨이 두 배 이상이 된다.

4. 마케팅과 홍보관리

경영자가 창업을 하고 사업체를 운영하는 데 있어서 가장 먼저 부딪치는 일이 자신의 사업장 또는 상품이나 서비스를 잠재적인 고객들에게 어떤 방식으로 선전하는 일이다. 독립사업체 창업에 비해 프랜차이즈 창업은 프랜차이즈 본부에서 전반적인 광고를 해주기 때문에 프랜차이즈 브랜드 인지도에 묻어서 가면 된다고 단순히 생각할 수도 있지만 현실은 그리 녹녹하지 않다. 일단 창업을 하면 사업체의 존재감과 함께 이 사업체에서 취급하는 상품이나 서비스를 알리고자 하는 노력이 필요하고 이 노력의 주체는 창업자가 되어야 한다. 이러한 노력 자체를 우리는 좁은 의미의 마케팅이라 말할 수 있다.

마케팅은 이윤추구라는 사업체의 목적을 만족시키는 교환 혹은 거래를 생성시키기 위해서 상품이나 서비스의 품질, 가격, 광고 · 홍보, 판매촉진, 배달 등을 계획하고 실현하는 과정이다. 교환이란 사람들이 자신이 원하는 것을 갖기 위해 '어떤 것'을 포기하는 것을 말한다. '어떤 것'은 보통 돈으로 가격으로 대체된다. 이는 상품이나 서비스를 얻기 위해 돈을 지불하는 행위를 의미한다. 그러나 마케팅은 가격에 의한 교환만을 의미하는 것이 아니다.

예를들어 중고 전자제품을 취급하는 사업채가 중고 TV를 팔기 위해 아파트 단지 내에 광고판를 걸었을 경우를 생각해 보자. TV에 대해 문의하는 전화가 오기도 하고 어떤 사람은 직접 와서 TV를 만져 보고 틀어보고 가격을 흥정하다 돌아갔다고 하자. 이 경우에 TV가 팔리지 않았기 때문에 교환은 일어나지 않았다. 그러나 교환이 일어나지 않았더라도 사업체는 마케팅을 수행한 것이다. 즉 사람들이 사업체의 존재를 알게 되고 사업체가 취급하는 상품에 대해 알게 되었기 때문이다.

모든 사업의 기본적인 목적은 이윤을 남기고, 생존하고, 성장하는 것이다. 마케팅은 직접적으로 이 목적을 달성할 수 있도록 도와준다. 사업체를 운영하는 데 있어서 꼭 필요한 사항으로는 고객의 욕구와 필요가 무엇인지 알아내고, 품질이나 가격정책을 결정하고, 유통전략을 개발하고, 고객과의 소통 등을 들 수 있는데 이를 가능하도록 도와주는 것이 마케팅이다. 현대인은 매일 광고의 홍수 속에서 살아간다. TV, 라디오, 신문, 잡지는 물론이고 거리를 지나가는 버스에 부착된 광고판을 포함하여 컴퓨터를 틀면 느닷없이 튀어나오는 팝업 광고까지 수많은 광고가 우리 주변에 산재한다. 기업들은 상품이나 서비스를 판매하기 위하여 수많은 매체를 이용하여 가능한 모든 노력을 기울이고 있는 것이 현실이다.

그러나 이러한 대량 마케팅 기법은 오늘날 새로운 변화에 부응할 수가 없다. 기업들은 모든 구매자들의 욕구와 구매 패턴이 다양하고 이를 모두 만족시킬 수 없다는 판단하에 기업에 맞는 고객과 적절한 관계를 맺는 것이 가장 큰 수익을 낼 수 있다고 생각하게 되었다. 이에 따라 기업들은 고객지향적 마케팅의 일환으로서 표적시장 마케팅을 시도하게 되었다. 표적시장 마케팅 기법은 소규모 창업기업에게 가장 적합한 마케팅 방법이라고 할 수 있다. 표적시장 마케팅은 시장세분화를 통해 표적시장들을 정하고 각 표적시장에 맞는 제품 및 마케팅 프로그램을 개발하는 것이다.

1) 시장세분화와 표적시장 선정

기업은 모든 고객의 요구 사항에 일일이 반응하여 대응하는 것이 어렵기 때문에 기업 여건에 따라 고객들을 세분화하여 가장 유리한 고객들을 선정하고, 이들을 대상으로 마케팅 활동을 하는데 이를 시장세분화라고 한다. 시장세분화를 하는 이유를 좀 더 구체적으로 살펴보면 다음과 같다.

⑴ 시장세분화는 유사한 욕구와 취향을 가진 고객 집단을 알 수 있게 하고, 이 집단의 특성이나 구매행위 분석을 할 수 있게 한다.

⑵ 시장세분화는 세분화된 집단의 특성이나 집단이 원하는 정보에 맞추어 마케팅 활동을 설계할 수 있게 한다.

시장세분화의 기준으로 성별, 나이, 직업 등과 같은 인구통계학적인 특성, 주거지역이나 인구밀도와 같은 지리적 특성, 생활패턴에 따른 심리적 특성, 구매계기, 사용률 및 충성도에 따른 행위적 특성 등을 들 수 있다. 시장세분화를 마케팅 전략에 유용하게 사용하기 위해서는 세분시장들은 다음과 같은 범주를 만족시켜야 한다.

⑴ 규모의 적정성

세분시장은 특정 마케팅 믹스를 개발하고 유지할 수 있도록 충분히 커야 한다.

⑵ 구분성과 측정가능성

세분시장은 반드시 구분되어야 하고 그 크기는 측정 가능해야 한다. 지역적 인구데이터, 나이별 인구수, 직업별 인구수 등은 비교적 얻기 쉽고 측정가능한 지표이다.

⑶ 접근가능성

기업은 목표 세분시장에 접근하여 특정 마케팅 믹스를 적용할 수 있어야 한다. 그러나 기업이 목표 세분시장에 접근할 수 없다면 시장세분화의 효과를 기대할 수 없게 된다.

위와 같은 범주를 만족시키는 시장세분화 과정을 거친 후에는 세분화된 시장에서 표적시장을 결정해야 한다. 표적시장은 세분화된 시장 중에서 기업이 마케팅 활동을 하는데 가장 매력적인 시장으로써 표적시장에 맞는 마케팅믹스를 개발하여 공략하여야 한다. 마케팅 믹스는 고객이 원하는 바를 충족시키기 위해 기업이 제공하고자 하는 통제가능한 요인들의 조합을 의미한다. 즉 어떤 제품을 어떤 가격에 어떤 유통경로로 어떻게 촉진하고 판매할 것인가의 조합을 의미한다. 마케팅 믹스의 개발을 위해서는 고객들의 행동 특성이나 원하는 바를 알아내기 위한 마케팅조사가 선행되어야 한다.

2) 마케팅믹스 개발

(1) 제품설계

제품이란 모든 물리적 제품, 서비스 및 아이디어 등 기업이 고객에게 대가를 받고 고객의 욕구 충족을 위해 제공하는 모든 것을 지칭한다. 고객들이 제품의 가치를 평가하는 기준은 고객들이 생각하는 편리함 또는 이익이나 혜택, 서비스를 포함한 여러 요인에 따라 달라진다. 이러한 점을 고려하여 기업은 제품과 서비스 생산에 접근하게 된다. 고객에게 제안된 제품이 고객의 기대를 충족시킬 수 있다면 이 제품에 대한 생산이 시작되고, 브랜드명과 포장 설계를 고안하게 된다.

(2) 가격결정

제품설계가 끝나면 이에 대한 적절한 가격을 설정해야 한다. 대부분의 고객들은 가격을 제품의 가장 중요한 요소로 간주한다. 제품의 가격을 결정하는 방법은 다음과 같이 세 가지가 있다.

- 제품에 들어가는 비용에 근거한 가격 결정
- 수요를 고려한 가격 결정
- 경쟁을 고려한 가격 결정

제품에 들어가는 비용에 근거한 가격 결정은 제품의 생산, 유통, 촉진에 투입되는 비용 등을 기초로 하여 가격을 결정하는 방법이다. 수요를 고려한 가격 결정은 고객의 준거 가치에 의해 가격을 결정하거나 수요의 강도에 따라 가격을 결정하는 방법이다. 예를들어 기존의 제품에 비해 우월한 성능을 지닌 신제품을 개발하였을 경우에 충분한 광고를 통해 수요가 많을 것 같으면 고가의 가격 정책을 쓰는 것도 하나의 방법이 될 수 있다.

경쟁을 고려한 가격 결정은 시장에서 경쟁 상태에 있는 타사 제품의 가격을 고려하여 제품의 가격을 결정하는 방법이다. 소비자들 사이에 자사의 제품이 타사의 특정 제품과 유사한 품질이라는 인식이 주어진 경우에는 경쟁 제품의 가격이 준거 가격이 되어 제품의 원가나 수요의 강도는 상대적으로 덜 고려될 수밖에 없다.

(3) 유통경로 선택

제품이 생산된 후에는 이 제품을 소비자들에게 전달하는 경로를 선택해야 한다. 즉 적합한 유통경로를 선택하여 소비자들이 원하는 장소와 시간에 맞추어 제품을 제공할 수 있어야 한다.

(4) 촉진전략 개발

촉진은 기업이 제품이나 기업에 대한 정보를 소비자에게 의도적으로 전달하여 제품이나 기업의 이미지를 높이고자 하는 커뮤니케이션 활동을 말한다. 촉진의 궁극적인 목적은 판매이기 때문에 촉진을 통해 기업은 제품이나 서비스를 소비자가 구매하도록 동기를 부여한다. 촉진 전략에는 광고, 홍보, 판매촉진 및 구전 활동 등 모든 판매 노력이 동원된다. 판매촉진 수단으로는 상품 샘플, 쿠폰, 경품, 묶음판매, 가격인하 및 마일리지 포인트 등이 있다.

3) 포지셔닝

포지셔닝(positioning)은 기업의 브랜드, 제품, 또는 기업 자체에 대한 잠재고객들의 전반적인 인식에 영향을 미칠 수 있는 마케팅 믹스를 개발하는 것을 말한다. 또한 포지셔닝은 브랜드나 제품에 관해 소비자가 인식하는 경쟁 기업과의 자사의 상대적인 위치를 나타낸다. 효과적인 포지셔닝은 경쟁 제품이 차지하고 있는 위치에 비해 고객이 원하는 위치에 차별적으로 접근하는 것이다. 즉 시장 내의 경쟁구조를 확인하고 경쟁기업들과 비교하여 어떤 포지션을 구축하여 자신만의 포지션을 만들 것인가를 결정해야 한다. 이는 경쟁을 하는 데 있어서 다른 경쟁 사업체가 하는 방식을 참고하는 것은 좋으나 굳이 따라 할 필요가 없다는 것을 의미한다. 예를들어 경쟁 커피숍에서 싼 가격의 무한 리필 정책을 내세우면, 이에 반해 고급화를 위한 고가 정책을 사용하는 것도 자신만의 포지셔닝을 위한 하나의 방법이 된다.

그러나 시장세분화를 통한 표적시장의 선정에 이은 포지셔닝은 그리 간단한 문제가 아니다. 고객의 행동은 관련된 여러 변수에 의해서 영향을 받기 때문에 포지셔닝은 마케팅 방법이나 필요에 따라 그 적용 범위가 달라질 수 있다. 또한 표적시장 선정과 포지셔닝을 위해서는 사업의 목표가 명확히 설정되어야 한다. 이 목표는 경영자가 원하는 사업 방향에 따라 정해져야 한다. 예컨대 음식업 경영자가 직장인을 대상으로 하는 사업을 구상하였다면, 이 사업체는 시내의 빌딩가에 자리를 잡고 바쁜 직장인들을 대상으로 빠르고 간편한 식사를 제공하도록 노력하게 된다. 그러나 한가한 주부들의 점심시간을 목표로 하였다면 조금 한가한 외곽 지역에 자리를 잡고 주부들이 편히 대화하며 긴 시간을 즐길 수 있도록 환경 조성을 하게 된다. 이 두 가지 경우에 표적시장과 포지셔닝은 달라질 수 있다.

4) 광고 · 홍보관리

오늘날의 소비자들은 예전에 비해 더 많은 요구 사항을 갖고 있다. 이들은 예전에 비해 더 많은 정보를 갖고 있기 때문에 더 많은 욕구를 갖고 있다. 대부분의 소비자들은 특정 사업체에서 취급하는 제품에 관해 그 사업체의 경영자보다 더 많이 알고 있을 수도 있다. 그 이유는 소비자들은 많은 지식을 책이나 인터넷을 통해 이미 숙지하고 있기 때문이다. 소비자들은 구매전 시장조사를 한 후에 구매를 결정하는데, 이러한 과정은 오늘날 어렵지 않게 이루어진다. 따라서 경영자들은 소비자들의 구매행동에 초점을 맞출 수 있도록 노력해야 한다.

사업을 시작하였으면 아이템이나 사업체 자체에 대한 광고나 홍보를 하는 것이 필요하다. 창업 후 사업체나 상품에 대해서 알려야 하는 필요성에 따라 행하는 광고의 종류로는 사업체의 개점 초기에 사업체의 위치와 취급하는 제품 등을 알리기 위한 알림 광고가 있으며, 사업체의 이미지를 소개하여 고객들이 점포로 찾아오게 하는 이미지 광고와, 상품의 판매 촉진을 위한 판촉 광고가 있다. 창업 초기에는 이러한 광고 방법들을 이용하여 신규 고객창출을 위해서 오픈 가격할인 행사와 더불어 경품 제공 등의 방법을 활용하는 것이 필요하다.

그러나 소규모 사업체에 대한 광고에는 입소문 홍보가 좋은 효과를 볼 수 있다. 입소문은 사업을 성장하고 번창하게 만들어 준다. 개인의 추천에 의해 사업은 굳건한 토대를 만들 수 있다. 입소문 홍보는 전통적인 광고 기법에 비해 비용이 적게 들고, 쉽고, 재미가 있다. 한 사람이 다른 사람에게 소개하고 이 사람이 또 다른 사람에게 소개하는 식으로 SNS을 통해 계속해서 소개가 이어지다 보면 많은 사람들이 찾는 사업체가 될 수 있다. 입소문 홍보를 활용하려면 경영자는 제품 자체만을 판매하는 생각에서 벗어나 제품 판매뿐만 아니라 고객들이 사업장에서 좋은 경험을 갖도록 해야 한다. 이 경험은 구매 경험을 포함하여 사업장 전반에 걸친 분위기에 대하여 인식한 것이 될 수 있다. 이러한 경험은 창업자의 사업장과 타 경쟁자들의 사업장을 구분시키는 방법이고, 입소문 홍보의 소재가 된다. 이를 위해서 소비자들이 사업장을 재방문하도록 강렬하고 기억할 만한 경험을 만들 수 있는 방법을 찾아야 한다.

좋은 서비스나 비교적 괜찮은 가격만으로는 더 이상 소비자들을 사로잡을 수 없게 되었다. 오늘날의 소비자들은 가격이외에 세련되고 편리한 매장, 매우 잘된 제품 분류와 진열, 제품에 대해 충분히 지식을 갖춘 판매원 등 전반적인 요인을 보고 그 사업체에 대하여 판단하기 때문이다.

5. 고객관계관리(CRM)

고객들은 잘 알고 지내는 상인이나 이전에 물건을 구매경험이 있는 점포에서 구입하는 경향이 있다. 이에 따라 상인들은 항상 자신을 찾는 고객들이 무엇을 좋아하고 왜 좋아하는지, 어떤 것을 싫어하는지를 알아야하고, 고객들의 필요나 요구에 맞추어 상품을 구비할 수 있어야 한다. 이러한 과정 속에서 고객들을 위한 서비스가 좋아지고 새로운 상품들을 소개하게 되면서 고객들과의 관계가 더욱 강화되고 소위 단골고객들이 생겨나게 된다. 단골고객들은 새로운 고객을 소개하기도 하며, 자신이 거래하는 상인들과 그들의 사업체를 지인들에게 홍보하는 밑거름이 될 수 있다. 사업체는 고객들과 교류하는 방법에 따라 고객들의 충성도 강화에 큰 영향을 받기 때문에 고객에 대한 맞춤서비스가 중요하다.

고객관계관리(customer relationship management)는 고객에 대한 정보를 활용하여 고객과의 강한 관계를 장기간 유지하고 고객의 요구와 행위에 관한 학습을 통해 고객의 평생가치를 극대화하는 경영전략이다. 기업들간의 고객유치를 위한 치열한 경쟁으로 특정 기업에 대한 고객 충성도가 점차 낮아지고 고객이탈이 가속화되고 있다. 고객이탈을 방지하기 위해서는 기존 고객의 가치를 인정하고 고객과의 좋은 관계를 장기간 유지하는 것은 기업성공의 핵심요소로 떠오르고 있다.

고객관계관리의 목적은 수많은 고객들의 정보를 바탕으로 세분화된 고객들에게 차별화된 서비스를 제공하여 고객의 이탈을 방지하며, 충성도가 높은 고객 유지를 강화, 잠재고객의 활성화를 통해 마케팅 비용을 감소시킴은 물론 궁극적으로는 기업의 수익성을 극대화시키는데 있다.

1) 고객관계관리 과정

효과적인 고객관계관리는 다음과 같은 내용을 바탕으로 이루어질 수 있다.

- 고객들의 구매습관, 의견, 기호(취향) 확인
- 판매 효과와 증진을 위한 개인들이나 집단에 대한 특성 발견

- 고객 서비스와 마케팅을 적용시키기 위한 방안의 설계

위와 같은 내용으로 시작되는 고객관계관리 과정은 고객에 대한 정보의 수집으로 시작해서 이 정보를 이용하여 마케팅과 고객과의 관계형성을 위한 처리과정을 포함한 네 단계를 거친다.

(1) 단계: 고객정보수집과 저장

고객관계 관리에서 가장 먼저 필요한 정보는 고객 식별을 위한 정보와 고객들의 행위에 관한 정보이다.

(2) 단계: 정보의 가공

수집되고 저장된 정보는 모든 직원에게 유용하도록 가장 적절한 형태로 가공, 공유되어야 한다.

(3) 3단계: 고객행위 분석

고객들의 행동 패턴이나 활동 추이를 알아내어 이에 따른 판매 전략을 마련한다.

(4) 단계: 효과적인 마케팅 방안 모색

많은 사업 분야에서 20/80 법칙이 적용되어 상위 20% 고객이 전체매출액의 80%를 만들고 있는 것으로 알려져 있다. 따라서 고객의 수요나 요구사항 등을 분석하여 가장 가치 있는 고객군을 알아내고 이들을 유치할 수 있는 마케팅 방안을 마련해야 한다. 또한 소규모 불평 고객들을 만족 고객으로 변화시키기 위해서는 상당히 많은 시간을 할애해야 한다. 고객들의 불편사항을 빨리 알아내고 빨리 해결해 줄 수 있는 방안도 고려해서 효과적인 마케팅 활동을 수행할 필요가 있다.

2) 고객관계관리 효과

고객관계관리에 의해 고객들과 좀 더 나은 관계를 유지함으로써 얻을 수 있는 잠재적 이익으로는 다음을 들 수 있다.

- 기존고객 이탈방지
- 우수고객 유지와 잠재고객 활성화를 통한 판매증대
- 고객들의 구매 기록을 통한 수요 예측에 의한 판매증가
- 특정고객의 요구분석을 통한 교차 및 상승판매 기회 발견
- 지속가능한 경쟁력을 위해 새롭고 발전된 제품과 서비스의 개발

궁극적으로 고객관계관리는 고객만족과 유지를 증진시키고, 시장에서 기업의 평판을 높여 지속적인 성장을 입증해 준다. 이와 더불어 고객관계관리는 기존고객이 느끼는 기업의 가치를 증가시키고, 이들을 지원하고 서비스하는 데 드는 비용을 줄여주며, 기업의 전반적인 효율성을 증가시켜 전체 판매비용을 감소시켜 기업의 이윤과 부가가치를 극대화시킨다.

매장과 고객을 잇는 연결고리 '핸드SOS'인터뷰

뷰티샵을 운영하기 위해서는 관리해야 할 사항이 많다. 단순히 시술만을 진행하는 것이 아닌 고객 정보관리, 시술관리, 매출관리, 예약관리, 직원관리까지 여러 가지 요소를 통합적으로 관리해야 하며 이를 위한 미용실 · 네일샵 고객관리프로그램 솔루션은 날로 발전하고 있다. IT의 발달과 소비자 개인별 다양한 서비스 욕구가 높아지는 시대로 접어들면서 CRM(고객관리서비스)은 뷰티샵을 운영하는 매장에서 중요한 관리 요소로 자리 잡게 됐지만 소상공인들은 뷰티샵에서 별도의 관리자를 채용해서 고객관리, 마케팅과 같은 세부적인 관리를 하기 어려운 실정이다. 이에 핸드SOS 신봉웅 대표이사는 "고객에게 집중을 한 상태로 업무를 하면서도 다양한 관리를 한 번에 처리 할 수 있는 시스템을 만드는 것에 집중했다. 현재는 추후 자체 홈페이지나 미용 트렌드에 관심 있는 언론과 함께 월간 트렌드를 꾸준히 제공하는 것이 목표다"라고 말했다.

■ 쉽고 편리한 원스톱 통합 솔루션 제공

핸드SOS는 미용실, 네일샵, 피부관리샵 등 다양한 뷰티샵에서 매장 운영을 효율적으로 할 수 있도록 도움을 주는 프로그램이다. 즉 고객관리, 매출관리, 예약관리, 직원관리, 마케팅까지 모든 것을 하나의 시스템에서 처리할 수 있는 매장관리용 통합 솔루션이라고 할 수 있다. 미용실, 네일샵 등과 같은 뷰티샵들은 대표적인 소상공인 업종으로 고객과 1:1 대면 서비스를 진행한다. 하지만 소비자들은 단순히 시술뿐만 아니라 다양한 서비스를 원한다. 신 대표는 이에 맞춰 다양한 매장에서 나오는 새로운 서비스에 따른 시스템 변화와 업그레이드에 대해 많은 신경을 쓰고 있다. 때문에 고객사들이 필요로 하는 시스템에 대한 의견을 취합하고, 전국에 있는 핸드SOS지사에서 매장 방문을 통해 수집되는 다양한 정보를 바탕으로 한발 앞선 서비스를 진행하고 있다.

■ 다양한 데이터베이스를 바탕으로 한 철저한 고객관리

매장에서는 고객이 처음 방문했을 때 정보를 정확하게 받아 두는 것이 중요하다. 이를 위해 핸드SOS에서는 회원신청서 인쇄를 통해 간편하게 고객에게 정보를 획득할 수 있도록 하며 마케팅에 대한 동의까지 한 번에 처리를 한다. 이후 고객 시술에 대한 기록 시 선불정액권의 사용 내역이나 쿠폰사용 및 상세 시술기록을 남겨 두고 이를 통한 고객에게 자동 메시지 발송으로 세밀한 관리가 가능하다. 또한 고객접객 시 상담을 위해 스마트폰 애플리케이션이나 태블릿을 활용해 핸드SOS에 기록된 정보를 확인하고 고객과의 상담을 진행할 수 있다. 미용요금 사전고지의 의무에 따라 고객과의 상담 후 시술내용 및 결제 금액에 대한 서명까지 바로 이어진다.

아울러 자동화된 메시지 발송 시스템을 통해 일손이 부족한 뷰티샵의 마케팅 담당자 역할을 하고 있다. 생일 쿠폰 발송, 휴면 고객을 대상으로 한 재방문 유도 및 선불권에 대한 잔여금액 안내 등 간단한 설정만으로도 알아서 진행해 주기 때문에 누구나 쉽게 활용할 수 있다. 기존 프로그램 사용자들에게 활용도를 높이기 위해 세미나도 운영하고 있다. 미용 트렌드, 핸드SOS프로그램 100% 활용하는 법, 온라인마케팅을 위한 네이버관리 팁 등을 알려주는 세미나를 운영해 각 지역에 접근성이 좋은 교육장을 회사에서 임대해 무료로 제공하고 있다.

핸드SOS가 다른 미용실 네일샵 고객관리 프로그램 브랜드와 차별화되는 점이 있다면 당사 주요 임원들은 모두 최소 10년간 미용CRM분야에서 몸담았던 사람들이라는 것이다. 신생업체들은 미용업 자체를 이해 못하고 단순히 프로그램만 가지고 개발한다. 그러나 실제 수십 년간 쌓았던 개발 노하우 및 현장 경험으로 고객의 소리를 파악하는 관점은 핸드SOS의 특별한 부분이라고 할 수 있다.

매장의 홍보를 위해 가장 먼저 해야 하고, 제일 중요하게 관리해야 할 부분이 네이버 검색 노출이다. 이제는 소비자들이 매장을 검색하고 온라인에서 바로 예약까지 진행하는 시대다. 이에 핸드SOS는 네이버 예약과 연동을 통해 매장의 예약가능 시간과 네이버 예약 시간을 실시간 동기화 해 예약 시간의 중복 없이 관리할 수 있도록 하고 있다.

신 대표는 단순히 현재 프로그램을 유지 · 보수하는 데만 그치면 안 된다고 강조한다. 현재 핸드SOS는 수만의 데이터베이스 활용해 빅데이터 분석하는 새로운 연구를 진행 중이다. 어떤 파마가 유행인지, 어떤 염색을 선호하는지, 어떤 커트가 인기인지와 같은 미용 시술 트렌드를 연령별로 분석 하는 작업으로 현재 자체적으로 연구진행중이며 검증단계에 있다.

■ 뷰티분야와 핸드SOS는 필연적 관계

뷰티분야와 핸드SOS는 필연적 관계라고 할 수 있다. 미용, 네일 등 분야가 성공하고 발전해야 당사 또한 성장할 수 있기 때문이다. 수많은 미용실과 네일샵이 생기고 사라지는 상황에 대해 안타까움을 내비치던 신 대표는 오너 중심적 사고와 판단을 하는 것을 문제로 꼽으며, 데이터 분석을 통한 명확하고 객관적인 의사결정이 롱런할 수 있는 지름길이라고 덧붙였다.

그는 "오랜 시간 운영하는 매장을 보면 철저한 관리체계를 가지고 있다는 공통점이 있다. 고객 분들에 대한 접객부터 매장을 나갈 때 까지 서비스는 물론이고 다음번 방문 시점을 미리 알려 드리거나 예약 시 확정알림, 방문 리마인드 알림 등과 같이 고객이 놓치기 쉬운 부분을 매장에서 먼저 챙기는 모습을 보여주는 것이 중요하다. 아울러 신규 고객유입에 사활을 걸어 무분별한 마케팅에 집중하기보다 신규고객 유입량과 그 신규고객이 고정화를 위한 노력이 선행돼야 한다"고 했다. 이어 "뷰티산업과 우리는 상생관계라고 할 수 있다. 때문에 뷰티분야 발전에 도움이 될 수 있도록 최소한의 한의 가격으로 최고의 품질의 IT서비스를 제공하는데 노력할 것이다. 또한 회사는 결국 직원들의 손끝과 입에서 시작된다. 근무자는 힘든 업무시간으로 지칠 수밖에 없다. 경영자로서 매출, 제품 연구개발뿐만 아니라 직원들이 꿈을 펼칠 수 있는 기업이 되고 싶다"고 덧붙였다.

출처: G밸리뉴스(2019.5.7.)

연습문제 CHAPTER 09

O X형 문제

01 내부 장식이나 실내 구조는 직원의 편리함보다 주인이 이용하는데 편리하고 고객의 감성을 자극할 수 있도록 고객 중심의 개념에 맞추어 설계되어야 한다.( )

02 만일의 경우 한 거래처에서 문제가 생기면 물품을 제공 못받는 사태를 대비할 수 있기 때문에 구매처를 다수로 확보하는 것이 바람직하다.( )

03 사업을 운영함에 있어서 경영자의 역할은 리더로서의 역할, 의사결정자로서의 역할 및 대외협상자로서 역할로 나누어진다.( )

04 소규모 사업체를 이끌어가기 위해서는 사업체 주변 지역의 경쟁 업체들과 긴밀한 협조체제를 만들어야하고, 또한 다른 업체들과는 경쟁관계를 유지할 수 있도록 관계 형성에 노력해야 한다.( )

05 고객들의 마음을 잡기 위해서는 미래에 닥쳐올 변화를 고객들보다 먼저 읽고 이에 대처할 수 있도록 경영자 스스로 변화를 추구하는 마음가짐을 가져야 한다.( )

06 인적자원 관리는 종업원의 확보, 개발, 활용, 보상 및 유지와 관련된 관리활동을 말한다.( )

07 종업원은 업계평균 이상의 급여를 제시하면 자신의 가치를 높게 사 준다는 의식을 갖게 되어 동기부여가 발생된다.( )

08 좋은 사업장 환경이란 물리적인 환경뿐만 아니라, 직원들이 일하면서 느낄 수 있는 직원 개인에 대한 인간적인 대접을 말하는 것이다.( )

09 사업체의 정책은 비표준화 될 수 있더라도 직원을 움직이는 동기는 표준화될 수 없음을 알아야 한다.( )

10 직원 각자의 개성과 의견에 맞추어 적절한 양의 교육 · 훈련을 시행하는 것이 필요하고 이는 사업체 운영에 큰 도움이 된다.( )

11 종업원의 태도 여하에 따라 고객들의 재방문 여부가 상당히 달라질 수 있다.( )

12 마케팅은 이윤추구라는 사업체의 목적을 만족시키는 교환 혹은 거래를 생성시키기 위해서 상품이나 서비스의 품질, 가격, 광고 · 홍보, 판매촉진, 배달 등을 계획하고 실현하는 과정이다.( )

13 고객의 욕구와 필요가 무엇인지 알아내고, 품질이나 가격정책을 결정하고, 유통전략을 개발하고, 고객과의 소통 등을 들 수 있는데 이를 가능하도록 도와주는 것이 SNS이다.( )

14 시장세분화는 유사한 욕구와 취향을 가진 고객 집단을 알 수 있게 하고, 이 집단의 특성이나 구매행위 분석을 할 수 있게 한다.( )

15 마케팅 믹스는 고객이 원하는 바를 충족시키기 위해 기업이 제공하고자 하는 통제불가능한 요인들의 조합을 의미한다.( )

16 경쟁을 고려한 가격 결정은 시장에서 경쟁 상태에 있는 타사 제품의 가격을 고려하여 제품의 가격을 결정하는 방법이다.( )

17 판매촉진은 기업이 제품이나 기업에 대한 정보를 소비자에게 의도적으로 전달하여 제품이나 기업의 이미지를 높이고자 하는 커뮤니케이션 활동을 말한다.(　　)

18 포지셔닝(positioning)은 기업의 브랜드, 제품, 또는 기업 자체에 대한 잠재고객들의 전반적인 인식에 영향을 미칠 수 있는 마케팅 믹스를 개발하는 것을 말한다.(　　)

19 창업 후 사업체나 상품에 대해서 알려야 하는 필요성에 따라 행하는 광고의 종류로는 사업체의 개점 초기에 사업체의 위치와 취급하는 제품 등을 알리기 위한 이미지 광고가 있다.(　　)

20 고객관계관리는 고객에 대한 정보를 활용하여 고객과의 강한 관계를 단기간 유지하고 고객의 요구와 행위에 관한 학습을 통해 고객의 평생가치를 극대화하는 경영전략이다.(　　)

4지 선택형 문제

21 경영자의 역할에서 벗어난 것은?

① 리더로서의 역할　② 의사결정자로서의 역할
③ 솔선수범자로서의 역할　④ 대외 협력자로서의 역할

22 경영자에게 필요한 자세에서 벗어난 것은?

① 끊임없이 배우고자 노력한다.　② 솔선수범한다.
③ 변화를 추구한다.　④ 외부활동을 추구한다.

23 좋은 사업장 환경 조성에서 틀린 것은?

① 직원들의 개성에 맞추어 직원들을 다루도록 노력
② 문제 해결에 직원들의 의견을 수용
③ 직원들을 온정적으로 관리
④ 업무 점검리스트를 만들어 활용

24 **직원과의 좋은 관계 형성을 방안에서 벗어난 것은?**

① 정규적인 보너스 지불 시스템　② 직원의 마음을 사도록 노력
③ 직원과의 상호 신뢰 형성　④ 직원이 잘한 일에 대해 칭찬

25 **마케팅믹스 개발에서 벗어난 것은?**

① 제품설계　② 가격결정　③ 목표시장 선택　④ 촉진전략 개발

26 **기업의 브랜드, 제품, 또는 기업 자체에 대한 잠재고객들의 전반적인 인식에 영향을 미칠 수 있는 마케팅 믹스를 개발하는 활동으로 맞는 것은?**

① 포지셔닝　② 목표고객　③ 시장세분화　④ 머천다이징

27 **시장세분화의 기준으로 틀린 것은?**

① 인구통계학적인 특성　② 지리적 특성
③ 가격적 특성　④ 심리적 특성

28 **시장세분화를 마케팅 전략에 유용하게 사용하기 위해서는 세분시장들이 갖추어야할 조건에서 벗어난 것은?**

① 규모의 적정성　② 대량판매성　③ 측정가능성　④ 접근가능성

29 **고객의 준거 가치에 의해 가격을 결정하거나 수요의 강도에 따라 가격을 결정하는 방법은?**

① 수요를 고려한 가격결정　② 인기를 고려한 가격결정
③ 경쟁을 고려한 가격결정　④ 비용에 근거한 가격결정

30 **판매촉진 수단으로 틀린 것은?**

① 샘플 제공　② POP 부착　③ 경품 행사　④ 쿠폰 제공

31 **효과적인 고객관계관리를 위한 바탕의 내용에서 벗어난 것은?**

① 고객들의 구매습관, 의견, 기호(취향) 확인

② 판매 효과와 증진을 위한 개인들이나 집단에 대한 특성 발견

③ 고객의 거주지역, 가족관계 확인

④ 고객 서비스와 마케팅을 적용시키기 위한 방안의 설계

32 **고객관계관리 과정에서 고객의 수요나 요구사항 등을 분석하여 가장 가치 있는 고객군을 알아내고 이들을 유치할 수 있는 단계는?**

① 고객정보수집과 저장

② 정보의 가공

③ 고객행위 분석

④ 효과적인 마케팅 방안 모색

정답

01	X	02	X	03	O	04	X	05	O	06	O	07	O	08	O	09	X	10	O
11	O	12	O	13	X	14	O	15	X	16	O	17	X	18	O	19	X	20	X
21	③	22	④	23	③	24	①	25	③	26	①	27	③	28	②	29	①	30	②
31	③	32	④																

CHAPTER

10 창업사례와 프로젝트

1. 창업사례분석: 팬시문구점

수많은 업종이 있는 자영업 시장에서 특정 업종을 선택하여 창업사례를 논의하기가 쉽지 않으나 주변에 쉽게 눈에 띄는 업종 중의 하나인 팬시문구점 창업을 예로 들어 창업에 대한 이해를 돕고자 한다. 본 사례에서 적용하는 수치는 창업하는 장소와 형태에 따라 달라질 수 있음을 염두에 두어야 한다.

1.1 팬시문구점의 현황

문구점 운영은 상당히 복잡하다고 볼 수 있다. 2,000가지가 넘는 상품을 취급하다 보면 상품의 진열도 쉽지 않고 그 유통 단계도 파악하기 어려울 정도이다. 제조업, 도매업, 소매업에 걸쳐 수많은 상품들이 유통되는 가운데 이들이 소비자들의 소비 패턴이나 유행 변화에 민감하게 대처하지 못하기 때문에 문구점 계통의 운영이 쉽지만은 않다. 팬시문구점도 초기에는 기존 문구점과의 차별점을 만들지 못해 창업과 동시에 폐업하는 경우가 많았다. 그러나 기존 문구점과의 차별화를 위해 문구의 진열 상태에 변화를 주고 취급하는 판매용품을 학용문구, 팬시용품, 선물용품, 액세서리 및 완구 등으로 확장시켜 유행에 민감한 소비자들의 성향에 대처해 가며 문구점 계통에서 그 입지를 세워 가고 있다.

1.2 경쟁 환경

팬시문구점의 경쟁업체들의 경쟁상대는 기존의 소형 문구점, 대형 문구센터, 대형 할인매장 등을 들 수 있다.

1) 팬시문구점과 소형문구점

팬시문구점은 기존 소형문구점을 능동적으로 발전시킨 문구전문점이다. 팬시문구점이 소형문구점의 주요 취급 물품인 문구류를 취급하기 때문에 판매품 측면에서 상호 경쟁자 관계에 놓이게 되었다. 그러나 소형문구점이 객단가 1,000원 정도의 학용문구 위주로 판매한다. 반면에 팬시문구점은 평균 객단가 3,500원 정도의 캐릭터의 문구를 취급하기 있기 때문에 주력 판매 품목이 다르고 주변 인구 흡수 측면에서 상호 보완성이 있다고 본다.

2) 팬시문구점과 대형 문구센터

대형 문구센터는 가격 및 제품의 다양성 측면에서 강점을 갖고 있다. 그러나 소형문구점과 마찬가지로 소비자들의 유행 민감도에 대한 대처가 느리다는 문제가 있다.

3) 팬시문구점과 대형 할인매장

대형 할인매장은 유행에 둔감한 제품이나 가격단가를 낮추기 위한 비메이커 제품을 묶음판매 형태로 판매하기 때문에 유행에 민감하게 움직이는 팬시문구점의 운영 상태와 차이가 많이 난다. 이러한 대형 할인매장은 팬시문구점의 매출액에 큰 영향력을 미치지는 않는다.

1.3 사업전망

팬시문구점은 기존의 소형 문구점이 지니고 있는 매장 형태인 복잡한 진열형태를 벗어나 정돈된 진열 형태를 유지하며 고객을 흡수하고 있다. 팬시문구점은 예전에 미국에서 '미키마우스'와 같은 캐릭터 상품이 많이 팔렸던 것과 같이 '뽀로로'나 '둘리' 등과 같은 유명 캐릭터 상품을 도입하여 매출을 올리 수 있도록 하고 있다. 이와 같은 사업 방향은 캐릭터 산업이 뜨고 디자인 산업이 발달할수록 더욱 긍정적으로 인식되고 있다.

팬시문구점은 시즌별 행사에 어떻게 대처하는가에 따라 매출에 영향을 받는다. 여기서 시즌이라 함은 신학기, 발렌타인데이, 화이트데이, 어린이날, 어버이날, 스승의날, 대학수학능력시험일, 크리스마스 등을 말한다. 팬시문구점의 수익은 많은 부분을 시즌별 행사에 의존하며 특히 8월 방학기간과 12월 하순~1월 동안은 비수기에 해당되기 때문에 창업 시기도 이에 맞추어 조정해야 한다. 팬시 문구점은 유행에 민감하게 대처할 수 있어야 하기 때문에 개인 독립사업체로 시작하는 것보다 프랜차이즈 가맹점으로 시작하는 것이 바람직하다.

1.4 입지선정

팬시문구점에 적합한 입지로는 주로 아파트와 주거 밀집지역이 바람직하다. 또한 중, 고등학교 근처도 비교적 좋은 지역으로 본다. 아파트 밀집지역의 경우에는 기본적인 잠재고객을 끼고 있어서 안정적이라고 볼 수 있다. 주 소비층이 아파트 주민과 초, 중, 고등학생이며, 이들을 대상으로 할 경우에는 상품판매가 용이하고 가격이 어느 정도 비싸도 판매가 가능하다. 중, 고등학교 근처의 매장인 경우에는 유행과 시즌 행사에 민감한 중, 고등학생을 대상으로 시즌 판매가 가능하다. 단 기존 팬시문구점의 존재나 소형 문방구가 선점되어 있는 지역은 피하는 것이 좋다.

1.5 초기 투자비용 산출

초기 창업투자 비용의 산정에는 여러 변수가 작용한다. 첫째, 프랜차이즈에 가맹할 경우에 프랜차이즈 본부에 따라 각기 다른 가맹비와 추가 요구 금액이 있을 수 있다. 둘째, 매장 크기에 따른 임대 보증금의 차이가 있다. 셋째, 인테리어의 정도에 따라 투자비용이 달라질 수 있다. 따라서 창업투자 비용을 산출할 때에는 이들의 세부 내용을 잘 살펴보아야 한다.

표 10-1 창업비용 산출

내역	금액(만원)	비고
임차보증금	2,000	영업권리금 제외
인테리어 비용	1,400	
초도상품비	1,500	
프랜차이즈 가맹비 등	200	
초기 운영자금	1,200	
합계	6,300	추가 상품 구입비

1.6 수익성 분석

팬시문구점은 상품에 대한 마진율을 40% 정도로 산정하다. 소형 문구점과 달리 상품의 가격 분포는 3,000원에서 10,000원 사이로 평균 객단가를 6,000원 정도로 산정하였을 때 수입과 지출 내역을 추정하였다.

표 10-2 팬시문구점의 월 수입 · 지출 내역

내역	수입(만원)	지출(만원)
매출액	1,500	
상품구입비, 소모품비		700
점포임대료		150
인건비		200
제세공과금		20
합계	1,500	1,070
순이익		430

펜시문구점의 손익분기점을 알아보자. 손익분기점을 계산할 때 고정비와 변동비를 가장 먼저 고려해야 한다.

① 고정비: 고정비는 매출액과 관련 없이 항상 고정적으로 발생하는 비용이다. 인건비와 점포 임대료, 은행이자와 세금, 감가상각비 등은 수입과 관계없이, 손님이 거의 없더라도 지속적으로 나가는 비용이다. 사례에서는 감가상각비는 없는 것으로 추정하였다.

② 매월 나가는 고정비는 200만원(인건비) + 150만원(점포임대료) + 20만원(제세공과금) = 370만원이다.

③ 변동비: 재료비나 소모품비 등으로, 변동비는 매출액에 따라 변하므로 변동률(변동비/매출액)을 예측하여 계산한다. 변동비가 매월 약 700만원으로 매출액당 원가 비율은 47%이다.

손익분기점 매출액을 계산해 보면 다음과 같다.

손익분기점 매출액=고정비÷{1−(변동비/매출액)}=370÷(1−0.47)≒698만원

종합정리하면, 펜시문구점은 매월 최소 698만원 이상, 즉 하루에 23만원 이상의 매출을 올려야 손해를 보지 않는다. 단 이것은 사업주의 인건비나 기회비용 등은 포함하지 않은 것으로, 그것을 포함할 경우 매출을 더 많이 올려야 손해를 면할 수 있다.

또한 총매출액은 1,500만원이고 총지출액은 1,070만원으로 430만원의 수익을 올렸다. 월간 손익분기점 달성 고객수를 계산(객단가 6천원)해 보자.

손익분기점 고객수=(총지출/평균객단가)÷30일=(10,70,000/6,000)/30=59.4(명)

이는 상품을 구입하는 고객이 하루 약 60명 이상이 되어야만 월 430만원 이상의 수익을 올릴 수 있다는 것을 보여 준다.

2. 창업프로젝트

창업프로젝트의 목적은 이 책에서 소개한 창업의 내용과 실질적인 시장에서의 체험을 추가하여 창업에 대한 이해를 돕고자 하는데 있다. 이 책을 통해 창업에 대하여 습득하고 논의하는 것은 기본적이 사항이나 창업이라는 것은 실질적인 현장 감각을 통해서야 비로소 이해하 수 있는 분야라고 본다. 즉 창업 현장을 직접 실사하고 시장에 대한 실상을 체험하지 않고서는 창업에 대한 올바른 이해나 가치관을 갖기 어렵다는 것이다. 따라서 본 프로젝트에서는 예비 창업자들의 현실 감각을 일깨워 주는 데 필요한 내용을 포함하기 위하여 만일 창업을 한다면, 어떤 식으로 창업을 진행할 것인지를 예비 창업자 스스로 정리하고 조사하고 결론을 내릴 수 있도록 유도한다. 본 프로젝트는 독자 자신이 소규모 사업 예비창업자로서 창업자금 1억원을 한도로 프로젝트 진행 순서에 따라 결과물을 만들기로 한다.

1) 창업하고자 하는 업종과 아이템은 무엇인가?
   업종과 아이템의 선정 이유나 과정을 밝혀야 한다.(예를들면, 시장조사를 통한 결과물인지 본인의 취미나 적성과 맞는 분야인지 등)
2) 창업은 어느 지역(상권)에서 하고자 하며 그 이유는 무엇인가?
3) 창업하고자 하는 입지에서 본인이 창업하고자 하는 업종에 대한 상권 현실은 어떠한가?
   이 분석에는 '소상공인시장진흥원 상권정보시스템'을 이용한 분석을 먼저 실시한다. 그 후 실질적인 현장 답사를 하여 앞에서 상권정보시스템을 이용한 분석과 차이가 있는지 알아보고 차이가 있으면 그 원인은 어디에 있는지를 알아보자.
4) SWOT 분석을 통한 본인이 선택한 업종과 아이템에 대한 사업 전망을 분석한다.
5) 사업계획서를 작성한다.
6) 창업 비용을 산출한다.
   현장 답사를 통한 건물 임대료, 시설비 등을 포함한 구체적인 비용 항목들을 산출한다.

7) 선택한 업종과 아이템을 다루고 있는 기존 업체를 방문하여 실질적인 월별 수익과 비용 등을 산출하고 손익분기점을 넘는 데 걸리는 기간을 알아본다.

8) 에필로그를 작성한다.
   자료조사나 업체와 관련된 조사를 하면서 어려웠던 점, 재미있었던 일 등을 포함하여 본 프로젝트를 수행하면서 창업에 대하여 본인이 느낀 점을 기술한다.

9) 프로젝트 결과를 작성한다.

본 프로젝트를 제대로 수행하려면 상당히 긴 시간이 요구되므로, 프로젝트 수행자는 이 점을 염두에 두고 가능한 한 충분한 여유 시간을 가지고 프로젝트를 수행할 수 있도록 프로젝트 수행 계획을 짜야 한다. 본 프로젝트에서 사용되는 양식들은 다음과 같다.

양식 1 창업업종 및 아이템

업종:	아이템:
선정 이유나 선정 과정:	

양식 2 창업입지 선택

창업 입지:
입지 선정 이유:
상권 분석 내용:

양식 3 SWOT 분석

강점(Strengh)	약점(Weakness)
기회(Opportunity)	위협(Threat)

양식 4 사업계획서

회사명	
대표자	
회사정보	
사업분야	
경영목표	
시장분석	
사업장 선정 계획	
운영 계획	
재무 계획	
홍보 계획	
마케팅 전략	
일정 계획	

양식 5 창업비용 산출

내역	금액	비고
임차보증금		권리금 제외
인테리어비용		
초도상품비		
프랜차이즈 가맹비 등		가맹할 경우
초기운전자금		추가상품구입비
합계		

양식 6 창업수익 산출

내역	수입	지출
매출액		
상품구입비		
임대료		

내역	수입	지출
인건비		
제세공과금		
합계		
순이익		

■ 손익분기점 매출액

■ 손익분기점 고객수

참고문헌

1. 국내자료

강기찬 · 김정호, 「기업가정신과 창업」, 두남, 2015.
김미영, 「10평의 기적」, 서울문화사, 2010.
김수행, 「새로운 사회를 위한 경제이야기」, 한울아카데미, 2008.
김승욱외 3인, 「시장경제: 대한민국 경제원론」, 박영사, 2008.
김성원, 「창업경영의 이해」, 비엔엠북스, 2013.
김정식, 「CEO가 만든 사업계획서 작성」, 북넷, 2013.
김희철, 「실전 창업경영론」, 두남, 2016.
김형호, 「펀드매니저가 쓴 채권투자 노트」, 경성문화출판사, 2009.
남상섭 · 한성수, 「시장경제원리」, 현우사, 2010.
다케다 요이치, 이선희 옮김, 「소자본 창업의 11가지 매뉴얼」, 홍익출판사, 2000.
박명희, 「소자본 창업실무」, 신성출판사, 2007.
박정기, 「소상공인 창업론」, 대진, 2007.
박한혁 · 이상윤, 「소매점창업론」, 2016.
신웅, 「소자본 창업 색다른 아이템으로 승부하라」, 행복을 만드는 세상 , 2008.
이우창 · 허동욱 · 선명옥, 「소자본 창업경영론」, 민영사, 2013.
이장우, 「창조경제에서 기업가정신과 창업」, 법문사, 2014.
정덕화 · 오종근, 「소자본창업과 사업계획서」, 대경사, 2009.
조보상, 「소자본창업실무」 무역경영사, 2005.
조영관, 「경제초보자가 알아야 꼭 할 경제지식 105」, 원앤원북스, 2009.
최진기, 「지금당장 경제공부 시작하라」, 한빛비즈, 2009.
최재희, 「소자본 창업 어떻게 할까요」, 중앙경제평론사, 2008.
차명수, 「금융 공황과 외환위기」, 아카넷, 2004.
한국은행 경제교육센터, 「한국은행의 알기쉬운 경제이야기」, 한국은행, 2010.
한길석, 「창업과 기업가정신」, 비엔엠북스, 2013.

2. 인터넷 자료

기획재정부 – www.mosf.go.kr
공정거래위원회 –www.ftc.go.kr
국민일보 – www.kukinews.com
국세청 – www.nts.go.kr
국제통화기금– www.imf.org
경제협력개발기구 – www.oecd.org
대한상공회의소 – www.korcham.net
동아일보 – www.donga.com
두산백과사전 두피디아 – www.doopedia.co.kr
매일경제신문 – www.mk.co.kr
매경이코노미 – www.mkeconomy.com
서울신문 – www.seoul.co.kr
삼성경제연구소 – www.seri.org
소상공인지원센터 – www.sbdc.or.kr
연합뉴스 – www.yonhapnews.co.kr
조선일보 – www.chosun.com
중소벤처기업부 – www.smba.go.kr
전자신문 – www.etnews.co.kr
창업가이드 – www.changupguide.com
통계청 – www.kostat.go.kr
한국경제신문 – www.hankyung.com
한국은행 – www.bok.or.kr
한국프랜차이즈협회 – www.ikfa.or.kr
KT경제경영연구소 – www.digieco.org

찾아보기

ㄱ

ㅇ

ㅎ

로마자

숫자

저자소개

정덕화 jungdh@pcu.ac.kr

- 충남대학교 이학사
- 충남대학교 대학원 석사 · 박사(마케팅전공)
- (현) 배재대학교 교양교육학부 및 컨설팅대학원 연계전공 교수
- 경영지도사 출제 및 자문위원
- 대전시 중소기업지원센터 평가위원
- 지식경제공무원 교육원 자문위원
- 소상공인시장공단 교육위원

주요 저서 및 연구논문

- 핵심단기완성 유통관리사2급, 현우사, 2016.
- 문제해결과 리더십, 현우사, 2016.
- 창업능력향상–이론과 실무, 현우사, 2014.
- 손에 잡히는 생활경제와 창업경영, 현우사, 2013.
- 기업경영과 문제해결, 현우사, 2013.
- 한권으로 끝내는 유통관리사 2급, 현우사, 2013.
- 생활경제와 창업경영, 현우사, 2011.
- 유통관리사2급 단기완성, 대경, 2010.
- 문제해결과 의사결정 이해, 대경, 2009.
- 소자본창업과 사업계획서, 대경, 2009.
- 마케팅과 영업관리–이론과 실제, 대경, 2008.
- 인터넷과 마케팅, 대경, 2007.
- 고객지향적 유통원론, 대경, 2007.
- 대학생의 창업가정신이 창업지원시스템과 창업의지 간의 관계에 미치는 매개효과, 2018.12.
- 대학의 창업지원프로그램이 창업의도에 미치는 영향: 창업효능감의 조절효과, 2018.7.
- O2O 서비스에서 지각된 위험이 소비자 만족, 신뢰, 재구매의도에 미치는 영향, 2018.7.
- 보험기업의 m–CRM 특성과 시장지향성이 고객충성도에 미치는 영향: 관계기간의 조절효과, 2016.6.
- 모바일 소셜네트워크게임(SNG)의 지각된 사회적영향 및 자기결정성이 사용자 만족과 지속사용의도에 미치는 영향, 2016.2.
- 소셜커머스의 특성이 만족도와 재이용의도에 미치는 영향, 2015.4.
- 오픈마켓 이용자의 지각된 위험이 신뢰와 충성도에 미치는 영향, 2014.8.
- 중소벤처기업의 전략지향성이 기업가정신에 따라 기업성과에 미치는 영향, 2014.7.
- 모바일 SNS 이용의도에 영향을 미치는 선행요인과 관여도의 조절역할, 2013.3.
- 제조기업의 전략지향성이 신제품성과에 미치는 영향: 시장진입순서의 조절효과를 중심으로2013.4.
- 기술지향성이 제품품질, 혁신속도, 기술역량 그리고 신제품성과에 미치는 영향: 시장진입순서의 조절효과, 2012.9.
- ERP 도입성과 영향요인에 관한 실증적 연구: 중소제조기업을 중심으로, 2012.4.
- 식품 · 제약업체의 시장지향성이 신제품성과에 미치는 영향: 제품품질, 직원만족 및 혁신속도의 매개역할, 2011.12.
- 보험기업의 CRM 정보특성 및 시장지향성이 영업성과에 미치는 영향: 직무교육의 조절효과, 2011.9.
- IPTV의 서비스품질이 고객충성도에 미치는 영향: 서비스가치와 고객만족을 매개변수로, 2010.8.
- 보험서비스에서 고객만족과 전환장벽이 고객유지와 구전의도에 미치는 영향, 2010.7 외 다수

소자본 창업경영론

2019년 8월 20일 초판 인쇄
2019년 8월 25일 초판 발행

저　　자 정덕화
발 행 인 배영환
발 행 처 도서출판 현우사
등록번호 제10-929호
주　　소 서울시 영등포구 영중로 138-1(영등포동 8가 80-2) 드림프라자 B 901호
Tel 02) 2637-4806, 4863　Fax 02) 2637-4807
홈페이지 www.hyunwoosa.co.kr
E-mail okpress1208@naver.com
정　　가 19,000 원
I S B N 978-89-8081-547-0 93320